A ÉTICA PROTESTANTE E O ESPÍRITO DO CAPITALISMO

Título original: *Die protestantische Ethik und der Geist des Kapitalismus*. Publicado pela primeira vez na Alemanha em 1905. Traduzido com base em uma edição da heptagon-Verlag, Berlim, 2013 (versão digital).

Grafia conforme o novo Acordo Ortográfico da Língua Portuguesa.

1ª edição, 2020.

Editores: Jair Lot Vieira e Maíra Lot Vieira Micales
Coordenação editorial: Fernanda Godoy Tarcinalli
Produção editorial: Carla Bitelli
Preparação e edição de textos: Marta Almeida de Sá
Assistente editorial: Thiago Santos
Revisão: Thiago de Christo
Diagramação: Estúdio Design do Livro
Capa: Studio DelRey

Dados Internacionais de Catalogação na Publicação (CIP)
(Câmara Brasileira do Livro, SP, Brasil)

Weber, Max, 1864-1920.

A ética protestante e o espírito do capitalismo / Max Weber ; tradução e notas de Karina Jannini. — São Paulo : Edipro, 2020.

Título original: Die protestantische Ethik und der Geist des Kapitalismus

ISBN 978-85-521-0129-1 (impresso)
ISBN 978-85-521-0130-7 (e-pub)

1. Capitalismo - Aspectos religiosos - Igrejas protestantes 2. Ética cristã 3. Religião e sociologia I. Título.

20-35862 CDD-306.6

Índice para catálogo sistemático:
1. Religião e sociologia 306.6

Maria Alice Ferreira - Bibliotecária - CRB-8/7964

EDITORA AFILIADA

edipro

São Paulo: (11) 3107-4788 • Bauru: (14) 3234-4121
www.edipro.com.br • edipro@edipro.com.br
@editoraedipro @editoraedipro

O livro é a porta que se abre para a realização do homem.

Jair Lot Vieira

MAX WEBER

A ÉTICA PROTESTANTE E O ESPÍRITO DO CAPITALISMO

Tradução
KARINA JANNINI
Graduada em Francês e Português pela USP,
especializada em tradução alemão-português, francês-português
e pós-graduada em Língua e Literatura Italiana também pela USP.
Traduz ficção, ensaios e fascículos de revistas para diversas editoras.

edipro

Nota da tradutora: "A ética protestante e o espírito do capitalismo" foi publicada em *Max Weber: Gesammelte Aufsätze zur Religionssoziologie*, vol. I, Tübingen, 1920, p. 17-206. O volume foi editado pelo próprio Max Weber. Trata-se de uma versão revista de um ensaio de mesmo título, publicado em duas partes em *Archiv für Sozialwissenschaft und Sozialpolitik*, em 1905 (vol. 20, p. 1-54; vol. 21, p. 1-110).

Sumário

Prefácio do autor

O filho da moderna civilização europeia não escapará de tratar os problemas da história universal fazendo-se, com razão, a seguinte pergunta: a qual encadeamento de circunstâncias se deve o fato de que, justamente em solo ocidental e apenas nele, surgiram fenômenos culturais que — pelo menos como gostamos de imaginar — se encontravam em uma linha de desenvolvimento com importância e valor *universais*?

Apenas no Ocidente existe *ciência* no estágio de desenvolvimento que hoje reconhecemos como "válido". Conhecimento empírico, reflexão sobre os problemas do mundo e da vida, sabedoria filosófica e teológica extremamente profundas — embora o completo desenvolvimento de uma teologia sistemática seja próprio do cristianismo, influenciado pelo helenismo (apenas o Islã e algumas seitas na Índia demonstram alguns indícios) —, saber e observação de extraordinário refinamento também existiram em outros lugares, sobretudo na Índia, na China, na Babilônia e no Egito. No entanto, à astronomia babilônica e a todas as outras faltou — o que torna a ciência dos astros na Babilônia ainda mais surpreendente — a fundamentação matemática que os gregos foram os primeiros a lhes dar. À geometria indiana faltou a "demonstração" racional, outro produto do intelecto helênico que, por sua vez, também foi o primeiro a criar a mecânica e a física. Às ciências naturais indianas, tão desenvolvidas no que se refere à observação, faltaram o experimento racional — que, após seus primórdios na Antiguidade, é essencialmente um produto do Renascimento — e o laboratório moderno. Por isso, a medicina, que sobretudo na Índia alcançou um elevado desenvolvimento técnico e empírico, mostrou-se desprovida de fundamento biológico e especialmente bioquímico. Faltou uma química racional a todas as civilizações, exceto ao Ocidente. À historiografia chinesa, altamente desenvolvida, falta o *pragma* de Tucídides. Maquiavel tem antecessores na Índia, mas toda ciência política asiática carece de uma sistemática semelhante à aristotélica e de conceitos racionais de modo geral. Apesar de todas as abordagens na Índia (Escola de Mimamsa), das abrangentes coletâneas de leis sobretudo na Ásia Menor e de todos os livros jurídicos, tanto indianos quanto de outras regiões, em outros lugares a doutrina racional do direito não conheceu os rigorosos esquemas jurídicos nem as formas de pensamento do direito romano e do direito ocidental nele baseado. Além disso, apenas o Ocidente conhece uma estrutura como o direito canônico.

Algo semelhante se pode dizer a respeito da arte. Aparentemente, o ouvido musical de outros povos teve um desenvolvimento mais refinado do que o nosso hoje; em todo caso, não foi menos apurado. Vários tipos de polifonia difundiram-se amplamente no mundo inteiro. A combinação de um grande número de instrumentos e o descante também se encontram alhures. Outros povos também calcularam e conheceram todos os nossos intervalos sonoros racionais. Contudo, apenas no Ocidente havia a música harmônica racional — tanto o contraponto quanto a harmonia de acordes —; a formação do material sonoro com base nas três tríades com a terça harmônica; nosso cromatismo e nossa enarmonia, desde o Renascimento interpretados não em termos de distância, e sim de forma racional; nossa orquestra com seu quarteto de cordas como núcleo e a organização dos conjuntos de instrumentos de sopro; o baixo contínuo; nossa notação musical (a primeira a tornar possível a composição e a execução de obras musicais modernas, portanto, toda a sua existência ao longo do tempo); nossas sonatas, sinfonias, óperas — embora nas artes musicais mais diversas houvesse música programática, reprodução de sons do ambiente, alteração sonora e cromatismo como meio de expressão e para todos os nossos instrumentos de base (órgão, piano e violino).

Na Antiguidade e na Ásia, arcos ogivais também foram usados em outros lugares como recursos de decoração. Supõe-se que a combinação arco ogival e abóbada de arestas não fosse conhecida no Oriente. No entanto, falta em outros lugares o uso racional da abóbada gótica como meio de distribuir o empuxo e recobrir espaços de formato variado e, sobretudo, como princípio construtivo de edifícios monumentais e fundamento de um estilo que inclui escultura e pintura, tal como criado na Idade Média. Faltam igualmente aquela solução do problema da cúpula — cujos fundamentos técnicos, no entanto, foram tomados do Oriente — e aquele tipo de racionalização "clássica" da arte como um todo — obtida na pintura mediante a utilização racional da perspectiva linear e aérea —, entre nós criada pelo Renascimento. A arte da impressão existia na China, mas apenas no Ocidente surgiram uma literatura impressa, concebida *unicamente* para a impressão e possível somente por meio dela, e sobretudo a "imprensa" e os "periódicos". Em outros lugares (China, Islã), também houve instituições de ensino superior de toda sorte, superficialmente até parecidas com nossas universidades e academias. Todavia, uma especialização racional e sistemática da ciência, ou seja, um *corpo treinado de especialistas*, em um sentido que se aproxima de sua importância predominante em nossa cultura atual, existiu apenas no Ocidente. Isso se aplica, sobretudo, ao *funcionário público* especializado, pilastra angular do Estado moderno e da economia moderna do Ocidente. Dele se encontram apenas indícios, que em nenhum outro lugar se integraram tanto à ordem social como no Ocidente. Obviamente, o "funcionário público", mesmo quando especializado em determinado trabalho, é um fenômeno muito antigo das mais diversas culturas. No entanto, nenhum país e nenhuma época chegaram a ter, como o Ocidente moderno, toda a sua existência e as condições políticas, técnicas e econômicas de sua vida presas de maneira absolutamente inelutável ao arcabouço de uma *organização* de funcionários públicos qualificados do ponto de vista técnico, comercial e, sobretudo, *jurídico* para desempenhar as funções cotidianas mais importantes da vida social. A organização *estamental* das associações políticas e sociais foi amplamente difundida. Entretanto, apenas o Ocidente conheceu o *Estado* dividido em estamentos, o *rex et regnum* [o rei e o poder real], no sentido ocidental. Além disso, apenas o Ocidente produziu parlamentos constituídos por "representantes do povo" periodicamente eleitos, os demagogos e o domínio dos líderes partidários como "ministros" responsáveis do ponto de vista parlamentar — embora naturalmente no mundo inteiro tenha havido "partidos" no sentido de organizações para a conquista e a influência do poder político. De modo geral, o "Estado" no sentido de uma *instituição* política, com uma "Constituição" racionalmente escrita, um direito racionalmente constituído e uma administração conduzida por funcionários *especializados*, segundo regras ou "leis" racionalmente definidas, é conhecido apenas no Ocidente, nessa combinação, para ele essencial, de características decisivas, apesar de todas as outras abordagens a respeito.

Isso também vale para o poder mais fatídico de nossa vida moderna: o *capitalismo.*

Por si só, o "impulso de aquisição", a "aspiração ao lucro", a ganhar o máximo possível de dinheiro, nada tem a ver com o capitalismo. Essa aspiração existia e existe entre garçons, médicos, cocheiros, artistas, cocotes, funcionários corruptos, soldados, ladrões, cavaleiros cruzados, frequentadores de cassinos, mendigos. Pode-se dizer que é encontrada em *all sorts and conditions of men* [em toda sorte e em todas as condições de homens], em todas as épocas e em todos os países da Terra, onde houvesse e houver a possibilidade objetiva para tanto. Em matéria de história cultural, deveria fazer parte da educação básica o abandono definitivo dessa definição ingênua do conceito de capitalismo. A avidez sem limites não é nem um pouco idêntica ao capitalismo, menos ainda a seu "espírito". O capitalismo *pode* até ser idêntico a uma *domesticação*, pelo menos com uma moderação racional, desse impulso irracional. Contudo, é idêntico à aspiração por *lucro* em uma empresa capitalista racional e contínua; aspira à *rentabilidade* e a um lucro que sempre se *renova*. Pois tem de ser assim. Em uma ordem capitalista da economia como um todo, uma empresa capitalista individual que não seja orientada para a oportunidade de obter rentabilidade está fadada à extinção.

Para começar, daremos uma *definição* mais precisa do que se costuma fazer. A princípio, um ato de economia "capitalista" seria aquele que se baseia na expectativa de lucro por meio do aproveitamento de oportunidades de *troca*, ou seja, de oportunidades (formalmente) *pacíficas* de aquisição. A aquisição violenta (formal e atual) segue suas leis especiais, e não é oportuno (embora não haja como proibir alguém de fazê-lo) colocá-la na mesma categoria da ação orientada (em última instância) para o lucro obtido com a troca.[1] Quando se persegue racionalmente a aquisição capitalista, a ação correspondente se orienta pelo *cálculo* de capital. Isso significa que a ação é incorporada a uma utilização planejada de prestações materiais ou pessoais como meios de aquisição, de tal modo que, no fechamento das contas, o rendimento final da empresa individual, calculado com base no valor monetário do patrimônio (ou, no caso de uma empresa estável, a estimativa do valor monetário do patrimônio, calculado periodicamente no *balanço*), *supere* o "capital", ou seja, o valor estimado no *balanço* dos meios materiais utilizados para a aquisição por meio de troca. No caso de uma empresa estável, essa superação se dá *de modo recorrente*. Não faz diferença se se trata de um conjunto de mercadorias *in natura*, consignado a um caixeiro-viajante, cujo lucro final, por sua vez, pode consistir em outras mercadorias compradas *in natura*, ou se implica uma fábrica, cujos componentes, edifícios, máquinas, reservas de dinheiro, matérias-primas, produtos semiprontos ou acabados representam exigências às quais se opõem compromissos. O importante é que o *cálculo* do capital seja sempre feito em dinheiro, seja por meio de uma técnica contábil moderna, seja de modo primitivo ou superficial. No início da empresa, faz-se um balanço inicial; antes de toda ação individual, efetua-se um cálculo dos custos para controlar e verificar a conveniência do empreendimento; e, ao final, encerra-se com um balanço, a fim de averiguar se os custos previamente calculados se confirmaram e qual foi o "lucro" obtido. Por exemplo, o balanço inicial de uma consignação é a determinação do valor monetário que as mercadorias entregues *devem* ter para as partes — desde que já não consistam em dinheiro —, e o balanço final é a estimativa na qual se baseia a distribuição dos lucros ou das perdas. No caso de um procedimento racional, o cálculo é o fundamento de toda ação individual do consignatário. O fato de um cálculo e uma estimativa não serem exatos, de se proceder de modo puramente estimativo, tradicional ou convencional, é algo que até hoje ocorre em toda forma de empresa capitalista sempre que as circunstâncias não exigem cálculos mais precisos. Contudo, esses são pontos que dizem respeito apenas ao grau de *racionalidade* da aquisição capitalista.

Para o conceito, importa apenas que a orientação *efetiva* a uma comparação, ainda que primitiva, entre o resultado da avaliação monetária e o investimento avaliado em dinheiro determine decisivamente a ação econômica. Nesse sentido, até onde remontam os documentos econômicos, houve "capitalismo" e empresas "capitalistas", mesmo com certa racionalização do cálculo de capital, em *todos* os países civilizados do mundo. Na China, na Índia, na Babilônia, no Egito, na Antiguidade mediterrânea, na Idade Média e na Idade Moderna. Houve não apenas empreendimentos individuais e isolados, mas também economias inteiramente baseadas em novos empreendimentos capitalistas individuais e "empresas" estáveis — embora por muito tempo o comércio não tenha tido o caráter de nossas "empresas" estáveis, mas, antes, essencialmente aquele de uma série de empreendimentos individuais, e somente aos poucos tenha adquirido uma coesão interna (orientada por "ramos") e ingressado na atividade dos *grandes* comerciantes. Em todo caso, a empresa e o empresário capitalista, não apenas como empreendedor ocasional, mas também como permanente, são muito antigos e foram amplamente difundidos no mundo.

No entanto, o Ocidente tem um grau de importância, pois produziu tipos, formas e tendências nunca encontrados em outros lugares.

Em todo o mundo houve comerciantes, atacadistas e varejistas, locais e internacionais; foram feitos empréstimos de toda espécie; existiram bancos com as mais diferentes funções, mas pelo menos em essência semelhantes às dos bancos do nosso século XVI; empréstimos marítimos, consignações, negócios e associações ao modo das sociedades comanditárias também estiveram em operação em muitas regiões. Onde quer que houvesse instituições *financeiras* públicas também surgiram investidores, na Babilônia, na Grécia, na Índia, em Roma; sobretudo para o financiamento de guerras e pirataria, para abastecimentos e construções de toda espécie; na política ultramarina, como empresários individuais, proprietários e exploradores de terras agrícolas com escravos ou com trabalhadores direta ou indiretamente oprimidos; para arrendamento de domínios, cargos públicos e, sobretudo, impostos; para o financiamento de líderes de partidos em eleições e de *condottieri* em guerras civis; e, por fim, como "especuladores" em busca de toda sorte de oportunidade em valor monetário. Essa espécie de personagens empreendedores, os *aventureiros* capitalistas, existiu no mundo inteiro. Dependendo do foco e com exceção do comércio e das operações bancárias e de crédito, suas possibilidades eram puramente irracionais, de caráter especulativo, ou então orientadas à aquisição pela força, sobretudo à aquisição de despojos ocasionais e de guerra, ou crônicos e fiscais (pela pilhagem dos súditos).

O capitalismo de fundadores, grandes especuladores, o capitalismo colonial e o moderno capitalismo financeiro dos tempos de paz, mas sobretudo e especificamente aquele orientado para a *guerra*, costumam trazer essas características também na atualidade ocidental; e algumas partes — apenas algumas — do comércio internacional em larga escala lhe são familiares, hoje como em todas as épocas. Porém, na *época moderna*, o Ocidente conhece outra forma bem diferente de capitalismo, que não se desenvolveu em nenhum outro lugar: a organização capitalista racional do *trabalho* (formalmente) *livre*. Em outras regiões encontram-se apenas etapas prévias desse capitalismo.

Mesmo a organização do trabalho *não livre* alcançou certo grau de racionalidade apenas nas plantações e, em medida muito restrita, nas *ergasteria* [oficinas de artesanato] da Antiguidade. Teve um grau de racionalidade ainda menor nos mansos senhoriais e nas oficinas ou nas indústrias domésticas de senhores feudais, com trabalho executado por servos no início da Idade Moderna. Quanto ao trabalho livre fora do Ocidente, apenas em casos isolados há testemunhos seguros de verdadeiras "indústrias domésticas"; e o emprego de assalariados diaristas, que naturalmente se encontrava por toda parte — com exceções muito raras e particulares (especialmente de monopólios estatais), mas em todo caso muito distantes das organizações empresariais modernas —, não conduziu a manufaturas, nem mesmo a uma organização racional da aprendizagem do ofício com as características da Idade Média ocidental. Contudo, a organização empresarial racional, orientada para as possibilidades do *mercado de bens*, e não àquelas da violência política ou da especulação irracional, não é o único fenômeno particular do capitalismo ocidental. A organização racional moderna da empresa capitalista não teria sido possível sem outros dois elementos importantes de desenvolvimento: a *separação entre administração doméstica e empresa*, que simplesmente domina a vida econômica atual e, relacionada a ela, a *contabilidade* racional. A separação espacial dos locais de produção e venda daqueles da residência também ocorreu em outros lugares (no bazar oriental e nas *ergasteria* de outras civilizações). A criação de associações capitalistas com contabilidade separada também se sucedeu na Ásia oriental, no Oriente e na Antiguidade. Contudo, em relação à autonomização das empresas modernas, estes são apenas estágios iniciais. Sobretudo porque os meios *internos* para essa autonomia — tanto nossa *contabilidade* empresarial racional quanto nossa separação *jurídica* entre patrimônio empresarial e patrimônio pessoal — faltaram por completo ou se desenvolveram apenas de modo incipiente.[2] De resto, em outros lugares, o desenvolvimento tendeu a fazer surgir empresas como partes de uma grande administração *doméstica* (do *oikos*)* de príncipes e senhores de terra; como já reconhecido por Rodbertus, um desenvolvimento que, apesar de uma afinidade aparente, é muito diferente e quase oposto ao das empresas modernas.

Contudo, em última análise, todas essas peculiaridades do capitalismo ocidental adquiriram sua atual importância apenas por meio de sua relação com a organização capitalista do trabalho. A isso também se vincula o que se costuma chamar de "comercialização": o desenvolvimento de títulos de crédito e a racionalização da especulação, ou seja, a Bolsa. Pois, sem uma organização racional e capitalista do trabalho, tudo isso — inclusive o desenvolvimento da "comercialização", até onde fosse possível —, nem de longe alcançaria a mesma importância, sobretudo no que se refere à estrutura social e aos problemas especificamente modernos e ocidentais a ela ligados. Um cálculo exato, que é a base de todo o restante, só é possível no terreno do trabalho livre. E como — e porque — não houve uma organização racional do trabalho, fora do Ocidente moderno o mundo tampouco conheceu um *socialismo* racional. Por certo, assim como conheceu a economia urbana, a política alimentar urbana, o mercantilismo e a política de bem-estar dos príncipes, os racionamentos, a economia regulada, o protecionismo e as teorias de *laissez-faire* (na China), também conheceu economias comunistas e socialistas de características muito diferentes: um comunismo de caráter familiar, religioso ou militar; organizações de socialismo de Estado (no Egito), de cartéis monopolizadores e de consumidores das mais diferentes espécies. No entanto, assim como em toda parte, exceto no Ocidente moderno, faltava o conceito de "burguês" e de "burguesia" — embora em vários lugares existissem, nas formas mais variadas, privilégios de mercados urbanos, corporações, guildas e toda sorte de distinções

* Palavra de origem grega que significa "casa", "família". Na Grécia Antiga, o *oikos* se assemelhava ao feudo medieval, ou seja, era uma grande propriedade de terra, de economia rural, dominada por um senhor. (N. T.)

jurídicas entre cidade e campo —, também faltava o conceito de "proletariado" como *classe*. E tinha de faltar, pois não existia a organização racional do *trabalho livre* como *empreendimento*. Por muito tempo, em toda parte e em diferentes constelações, houve "lutas de classe" entre estratos de credores e devedores, proprietários de terra e sem-terra, servos ou arrendatários, entre interesses comerciais e consumidores ou proprietários de terras. Porém as lutas medievais do Ocidente entre os provedores de matérias-primas e ferramentas e os operários que as utilizavam em seu trabalho no sistema doméstico aparecem em outros lugares apenas de forma incipiente. Falta por completo a contraposição moderna entre o empresário da grande indústria e o trabalhador assalariado livre. Por isso, tampouco podia haver uma problemática como aquela conhecida pelo socialismo moderno.

Portanto, em uma história universal da civilização e de um ponto de vista puramente econômico, o problema central *não* é, em última análise, o desdobramento da atividade capitalista como tal, que muda em diversos lugares apenas na forma: o capitalismo de tipo aventureiro ou comercial, ou ainda aquele orientado para a guerra, a política, a administração e suas possibilidades de lucro. O problema está, antes, no surgimento do capitalismo *empresarial burguês*, com sua organização racional do *trabalho livre*. Ou, se quisermos formulá-lo do ponto de vista da história da civilização, o surgimento da *burguesia* ocidental com suas particularidades, que por certo está estreitamente conectado ao surgimento da organização capitalista do trabalho, mas não é idêntico a ele. Pois "burgueses", no sentido de membros de um estamento social, já existiam antes do desenvolvimento do capitalismo especificamente ocidental; porém, é claro, apenas no Ocidente. Esse capitalismo moderno, típico do Ocidente, também foi manifestamente determinado, em forte medida, pelo desenvolvimento das possibilidades *técnicas*. Hoje, sua racionalidade é essencialmente condicionada pela *previsibilidade* dos fatores técnicos decisivos, ou seja, pelos fundamentos do cálculo exato. Todavia, na verdade, isso significa que sua racionalidade é condicionada pela particularidade da ciência ocidental, sobretudo as ciências naturais, fundamentadas na matemática e em experimentos exatos e racionais. Por outro lado e por sua vez, o desenvolvimento dessas ciências e da técnica nelas baseada recebeu e recebe impulsos decisivos das oportunidades capitalistas, que se vinculam como prêmios à sua aplicabilidade econômica. É bem verdade que o surgimento da ciência ocidental foi determinado por essas oportunidades. Cálculos com valores posicionais e álgebra também foram usados pelos indianos, inventores do sistema de numeração posicional; porém, apenas no Ocidente foram postos a *serviço* do capitalismo em desenvolvimento, enquanto na Índia não originaram nenhuma forma moderna de cálculo nem de balanço. O surgimento da matemática e da mecânica tampouco foi condicionado por interesses capitalistas. Contudo, o mesmo não se pode dizer da aplicação técnica de conhecimentos científicos, que foi decisiva para o estilo de vida de nossas massas, além de condicionada por prêmios econômicos, que justamente no Ocidente se baseavam nessa aplicação. No entanto, esses prêmios derivavam da peculiaridade da ordem *social* do Ocidente. Portanto, há que se perguntar de *quais* elementos dessa peculiaridade, posto que, sem dúvida, nem todos tiveram a mesma importância. Entre os indubitavelmente importantes está a estrutura racional do *direito* e da administração. Pois o moderno capitalismo racional e empresarial depende tanto de meios técnicos previsíveis de trabalho como do direito previsível e de uma administração conforme as regras formais, sem os quais podem até existir capitalismos aventureiros, especulativos, comerciais e toda sorte de capitalismo condicionado pela política, mas não uma empresa racional, de economia privada, com capital fixo e *cálculo* seguro. *Apenas* o Ocidente colocou à disposição da condução da economia um sistema jurídico e uma administração como esses, com *tal* perfeição técnico-jurídica e formalista. Portanto, é natural que se pergunte: de onde o mundo ocidental obteve esse sistema jurídico? Além de outras circunstâncias, sem dúvida interesses capitalistas *também* prepararam o terreno para o predomínio, tanto na justiça quanto na administração, de uma classe de juristas especialmente instruída em direito racional, conforme demonstrado por qualquer pesquisa. Porém esses interesses não foram, absolutamente, a única ou a principal causa, tampouco *criaram* eles próprios esse direito. Ao contrário, forças completamente diferentes atuaram nesse desenvolvimento. E por que os interesses capitalistas não fizeram o mesmo na China ou na Índia? Por que nesses países os desenvolvimentos científico, artístico, estatal e econômico não tomaram o caminho da *racionalização*, que é próprio do Ocidente?

Afinal, em todos os casos particulares apresentados, trata-se de um "racionalismo" específico da civilização ocidental. Porém, com essa palavra podem-se entender coisas muito distintas, como ilustrarão reiteradas vezes as considerações apresentadas mais adiante. Por exemplo, há "racionalizações" da contemplação mística, ou seja, de um comportamento que, visto a partir de outros âmbitos da vida, é especificamente "irracional"; assim como há racionalizações da economia, da técnica, do trabalho científico, da educação, da guerra, da jurisprudência e da administração. Além disso, é possível "racionalizar" cada uma dessas áreas sob pontos de vista e objetivos muito diferentes; e o que de um ponto de vista é "racional", de outro, pode ser considerado "irracional". Portanto, racionalizações dos mais diferentes tipos existiram em vários âmbitos da vida e em todos os círculos culturais. Para caracterizar sua diferença histórico-cultural, primeiro é preciso estabelecer *quais* esferas foram racionalizadas e em qual direção. Sendo assim, mais uma vez se trata de reconhecer a especial *particularidade* do racionalismo ocidental — e, dentro dele, do racionalismo ocidental moderno —, e de explicar seu surgimento. Dada a importância fundamental da economia, toda tentativa semelhante de explicação terá de considerar as condições econômicas. No entanto, não se deve deixar de observar também a relação causal inversa. Pois em sua evolução o racionalismo econômico depende não apenas da técnica racional e do direito racional, mas também da capacidade e da disposição do ser humano para determinadas formas práticas e racionais de *conduzir a vida*. Quando essa conduta foi obstruída por impedimentos de caráter psicológico, o desenvolvimento de uma conduta de vida racional do ponto de vista *econômico* também deparou com fortes resistências internas. No passado e em toda parte, entre os mais importantes elementos formadores do estilo de vida figuravam as forças mágicas e religiosas, bem como as ideias éticas de dever, ancoradas na crença nessas forças. Trataremos *dessas* ideias nos ensaios aqui reunidos e complementados.*

No início foram colocados dois ensaios mais antigos, que tentam abordar, em *um* ponto importante, aquele aspecto do problema que, de modo geral, é o mais difícil de compreender: o fato de o surgimento de uma "mentalidade econômica" — do *ethos*, de uma forma de economia — ser condicionado por determinados conteúdos de fé religiosa, e isso tomando como exemplo as relações entre o *ethos* da economia moderna e a ética racional do protestantismo ascético. Portanto, aqui investigaremos apenas *um* aspecto da relação causal. Com uma visão geral sobre as relações das religiões culturais mais importantes com a economia e a estratificação social de seu ambiente, os ensaios posteriores sobre "a ética econômica das religiões mundiais" tentam, na medida do necessário, investigar as *duas* relações causais, a fim de encontrar os pontos de *comparação* com o desenvolvimento ocidental, a ser analisado mais adiante. Pois apenas desse modo é possível abordar a *atribuição* causal e, em certa medida, unívoca daqueles elementos da ética econômica e religiosa do Ocidente, que se mostram característicos em oposição a outros. Portanto, esses ensaios não pretendem ser uma análise

---

* Weber se refere não apenas ao ensaio aqui traduzido, mas também ao conjunto de ensaios contidos em sua obra *Gesammelte Aufsätze zur Religionssoziologie* [Ensaios reunidos sobre a sociologia da religião]. (N. T.)

cultural abrangente nem concisa. Ao contrário, em cada área cultural enfatizam deliberadamente o que esteve e está em *contraste* com o desenvolvimento cultural do Ocidente. Por conseguinte, orientam-se por aquilo que, a partir *desse* ponto de vista, parece importante na exposição do desenvolvimento ocidental. Dado o propósito estabelecido, não pareceu possível proceder de outro modo. Contudo, para evitar equívocos, é necessário indicar expressamente essa limitação do objetivo. De outro ponto de vista, os não iniciados na matéria têm ao menos de ser avisados para não sobrevalorizarem a importância dessas descrições. Por certo, nelas o sinólogo, o indólogo, o semitista e o egiptólogo não encontrarão nada objetivamente novo. Seria desejável apenas que não encontrassem algo *essencial* sobre o tema que pudessem julgar como objetivamente *errôneo*. O autor não tem como saber em que medida foi bem-sucedido ao aproximar-se desse ideal, pelo menos no que é possível para um não especialista. Obviamente, quem depende de traduções e precisa orientar-se sobre a maneira de utilizar e avaliar uma grande quantidade de fontes documentárias ou literárias na literatura especializada — que muitas vezes é controversa e cujo valor, por sua vez, tal pessoa não é capaz de analisar por conta própria — tem todos os motivos para considerar modesto o valor de sua própria obra. Sobretudo porque o número das traduções disponíveis das verdadeiras "fontes" (ou seja, de inscrições e documentos) ainda é parcialmente muito pequeno (em especial na China) em relação ao que existe e é importante. De tudo isso se depreende o caráter *provisório* desses ensaios, principalmente das partes que se referem à Ásia.[3] Apenas aos especialistas cabe um julgamento definitivo. E, naturalmente, meus ensaios foram escritos somente porque até então não havia estudos técnicos com esse objetivo especial e sob esses pontos de vista em particular. Estão destinados a ser logo "superados" em uma medida e em um sentido muito maiores do que acaba ocorrendo com qualquer trabalho científico. Nesse tipo de trabalho, por mais questionável que seja, é inevitável que se façam incursões comparativas em outras especialidades; entretanto, dessas incursões há de se tirar como lição uma forte resignação no que se refere à medida do êxito. O especialista atual acredita poder prescindir da moda ou da aspiração literária, ou ainda rebaixar-se à condição de trabalhador subalterno para o "espectador". Quase todas as ciências devem algo aos diletantes, com frequência pontos de vista muito valiosos. No entanto, o diletantismo como princípio da ciência seria o fim. Quem deseja "espetáculo", que se dirija ao cinema. Atualmente, encontrará uma oferta maciça, inclusive em forma literária, justamente nesse campo.[4] Nada é mais distante das exposições extremamente sóbrias desses estudos, que visam ao rigor empírico, do que essa mentalidade. E eu gostaria de acrescentar: quem deseja um "sermão", que busque um conventículo. A discussão sobre a relação de *valor* entre as civilizações aqui comparadas não será abordada. É verdade que o curso dos destinos da humanidade agita e estremece o peito de quem os contempla por um período. No entanto, o observador fará bem em guardar para si seus pequenos comentários pessoais, tal como se faz quando se contempla o mar ou as montanhas — a menos que se sinta vocacionado e dotado para a criação artística ou a pretensão profética. Na maioria dos outros casos, o copioso discurso sobre "intuição" simplesmente esconde uma falta de distanciamento em relação ao objeto que deve ser analisada, do mesmo modo como a falta de distanciamento em relação ao ser humano.

É necessário justificar que, para os objetivos aqui perseguidos, não se recorreu à pesquisa *etnográfica* com a profundidade que, no estado atual dessa ciência, seria naturalmente indispensável para uma exposição exaustiva, sobretudo no que se refere à religiosidade asiática. Isso se deu não apenas porque a capacidade humana de trabalho tem suas limitações, mas também e acima de tudo porque pareceu lícito, uma vez que se tinha de tratar das relações da ética determinada pela religião, representadas por aqueles estratos que eram os "portadores culturais" da área em questão. Trata-se justamente das influências exercidas por *seu* estilo de vida. Portanto, não há dúvida de que a peculiaridade desse modo de conduzir a vida só pode ser corretamente compreendida quando confrontada com fatos etnográficos e etnológicos. Destarte, vale admitir e enfatizar expressamente que há aqui uma lacuna que o etnógrafo, com razão, tem de criticar. Espero poder preenchê-la com um estudo sistemático da sociologia da religião. No entanto, uma iniciativa como essa transcenderia o âmbito dessa exposição, que tem objetivos limitados. Teve de contentar-se com a tentativa de expor, da melhor maneira possível, os pontos de *comparação* com nossas religiões *culturais* do Ocidente.

Por fim, vale lembrar também o aspecto *antropológico* dos problemas. Se no Ocidente, e *apenas* nele, encontramos reiteradas vezes determinados *tipos* de racionalização — mesmo em áreas do comportamento que (aparentemente) se desenvolveram de maneira independente umas das outras —, é natural supor que as qualidades hereditárias ofereceram a base decisiva para tanto. O autor reconhece que, de maneira pessoal e subjetiva, tende a atribuir grande importância à *hereditariedade* biológica. Contudo, apesar dos resultados significativos do trabalho antropológico, por enquanto não vejo nenhum caminho para apreender com exatidão ou apenas indicar de maneira hipotética a extensão e, sobretudo, o tipo e os pontos de incidência da participação dessa hereditariedade no desenvolvimento *aqui* pesquisado. Antes de tudo, uma das tarefas do trabalho sociológico e histórico será justamente descobrir todas aquelas influências e concatenações causais que podem ser explicadas de maneira satisfatória por meio de reações ao destino e ao ambiente circunstante. Em seguida, e quando a neurologia e a psicologia comparativas das raças tiverem superado seus atuais primórdios, que em casos isolados são muito promissores, *talvez* se possam esperar resultados satisfatórios também para esse problema.[5] Por ora, parece-me faltar esse pressuposto, e a referência à "hereditariedade" seria uma renúncia prematura ao que *hoje* talvez já se possa conhecer e uma transferência do problema para fatores (ainda) desconhecidos.

Max Weber

Notas do autor para o Prefácio

1. Aqui, como em outros pontos, afasto-me do nosso venerado mestre Lujo *Brentano* (em sua obra que citarei mais adiante), principalmente no que se refere à terminologia, mas também nas questões objetivas. Não me parece oportuno colocar na mesma categoria coisas tão heterogêneas como a aquisição por saque e o lucro obtido com a condução de uma fábrica; menos ainda designar como "espírito" do capitalismo — em oposição a outras formas de aquisição — todo esforço para ganhar *dinheiro*, pois, do meu ponto de vista, com a segunda se perde toda precisão dos conceitos, e com a primeira, sobretudo a possibilidade. Na obra *Philosophie des Geldes* [Filosofia do dinheiro], de G. Simmel, "a economia monetária e o capitalismo" também são equiparados, em grande medida, em detrimento das exposições objetivas. Nos escritos de W. Sombart, sobretudo na mais recente edição de sua bela e principal obra sobre o capitalismo, o caráter *específico* do Ocidente, ou seja, a organização racional do trabalho — ao menos do ponto de vista do meu problema —, retrocede muito em favor de fatores de desenvolvimento que tiveram efeito no mundo inteiro.

2. Obviamente essa contraposição não pode ser compreendida de maneira absoluta. Do capitalismo politicamente orientado (sobretudo aquele do imposto sobre os arrendamentos [*Steuerpacht*], cobrado por pessoas privadas, e não pelo Estado) surgiram empresas racionais e *permanentes* já na Antiguidade mediterrânea e oriental, mas também na China e na Índia, cuja contabilidade, que conhecemos apenas graças a escassos fragmentos, deveria ter tido um caráter "racional". Além disso, os maiores pontos de contato entre o capitalismo "de aventura", politicamente orientado, e o capitalismo racional das empresas encontram-se na história da origem dos *bancos* modernos, que, como o Banco da Inglaterra, surgiram em grande parte de negócios *políticos* e motivados por guerras. É o que se pode identificar, por exemplo, no contraste entre a individualidade de um "promoter" típico como Paterson e aqueles membros do diretório, que foram determinantes para a manutenção de sua política permanente e logo foram caracterizados como *The Puritan usurers of Grocers' Hall* [os usurários puritanos de Grocers' Hall]. O mesmo se pode dizer do descarrilamento da política bancária desse banco "extremamente sólido", ainda por ocasião da fundação do South Sea. Portanto, naturalmente o contraste é bastante fluido, mas existe. As organizações racionais de *trabalho* não foram criadas pelos grandes *promoters* e financistas, tampouco — de modo geral e em casos isolados — pelos típicos representantes do capitalismo financeiro e político, ou seja, os judeus, e sim por pessoas (como tipos!) completamente diferentes.

3. O que me resta de meus conhecimentos de hebraico também é muito insuficiente.

4. Não preciso dizer que isso não se aplica a tentativas como a de K. Jaspers (em seu livro *Psychologie der Weltanschauungen* [Psicologia das visões de mundo], 1919) ou, por outro lado, a de Klages (em *Charakterologie* [Caracterologia]) e estudos semelhantes, que se diferenciam de meu estudo por seu ponto de partida. Este não seria o espaço adequado para uma discussão a respeito.

5. Um eminente psiquiatra exprimiu a mesma opinião há alguns anos.

PARTE I

O problema[1]

1. Confissão e estratificação social

Uma consulta à estatística ocupacional de um país onde haja a coexistência de confissões religiosas mistas costuma trazer à luz, com notável frequência,[2] uma constatação que muitas vezes provocou intensa discussão na imprensa e na literatura[3] católicas, bem como nos congressos católicos na Alemanha: o caráter prevalentemente *protestante* tanto da posse do capital e do empresariado quanto das camadas superiores e letradas da mão de obra, mas sobretudo dos profissionais com instrução técnica e comercial altamente qualificada das empresas modernas.[4] Não apenas onde a diferença da confissão religiosa coincide com uma diferença de nacionalidade e, portanto, de grau de desenvolvimento cultural, como ocorre entre alemães e poloneses no leste da Alemanha, mas quase em todos os lugares onde o desenvolvimento capitalista, em seu período de florescimento, teve liberdade para alterar a estratificação social e reordenar a estrutura profissional da população de acordo com suas necessidades. Quanto mais isso ocorreu, mais claramente encontramos esse fenômeno expresso nos números da estatística confessional. Por certo, a participação relativamente grande dos protestantes — no sentido de que supera a população total em termos percentuais — na posse do capital,[5] na administração e nos níveis mais elevados do trabalho nas grandes empresas comerciais e industriais[6] modernas, pode ser, em parte, atribuída a razões históricas,[7] que remontam a um passado distante e nas quais a afiliação religiosa não aparece como a *causa* de fenômenos econômicos, e sim, até certo ponto, como sua *consequência*. A participação nessas funções econômicas pressupõe, em parte, a posse do capital, em parte, uma educação onerosa, em parte — e na maioria das vezes —, ambas, e hoje está ligada à posse de riquezas herdadas ou a certo bem-estar material. Justamente grande parte dos mais ricos territórios do *Reich*, mais favorecidos pela natureza ou pela localização e mais desenvolvidos economicamente, mas em especial a maioria das *cidades* ricas, converteu-se ao protestantismo no século XVI, e ainda hoje os efeitos desse fato beneficiam os protestantes na luta econômica pela existência. Contudo, surge então a questão histórica: por que os territórios mais desenvolvidos do ponto de vista econômico tiveram essa predisposição especialmente forte para uma revolução na Igreja? A resposta não é tão simples como inicialmente se poderia acreditar. Por certo, a emancipação do tradicionalismo econômico aparece como um fator que deveria favorecer em grande medida a tendência a duvidar também da tradição religiosa e a se insurgir contra as autoridades tradicionais de modo geral. No entanto, é preciso considerar o que hoje costuma ser esquecido: que a Reforma significou não tanto a *eliminação* do domínio da Igreja sobre a vida em geral, mas sobretudo a substituição da forma de domínio vigente até então por *outra*. Para ser mais exato, significou a substituição de um domínio extremamente cômodo, na época pouco perceptível na prática, muitas vezes quase apenas formal, por uma regulamentação infinitamente incômoda e séria de toda a condução da vida, que penetrava, da maneira mais ampla que se possa pensar, em todas as esferas da vida pública e privada. O domínio da Igreja Católica — "que pune os hereges, mas é indulgente com os pecadores", tal como fez mais no passado do que faz hoje — também é tolerado no presente por povos de fisionomia inteiramente moderna, e foi tolerado pelos territórios mais ricos e economicamente desenvolvidos que a Terra conheceu na virada do século XV. O domínio do calvinismo, tal como vigorou no século XVI em Genebra e na Escócia, na virada do século XVI para o XVII em grande parte dos Países Baixos, no século XVII na Nova Inglaterra e, durante certo tempo, na própria Inglaterra, seria para nós a forma mais insuportável que possa existir de controle eclesiástico sobre o indivíduo. Foi o que também sentiram amplos estratos do antigo patriciado daqueles tempos, tanto em Genebra como na Holanda e na Inglaterra. O que os reformadores que surgiram nos países economicamente mais desenvolvidos achavam criticável não era o fato de o controle eclesiástico e religioso sobre a vida ser excessivo, e sim de não ser suficiente. Como é possível que, na época, justamente esses países de maior desenvolvimento econômico e, como ainda veremos, dentro deles, justamente as classes médias "burguesas" que então prosperavam não apenas toleraram essa tirania puritana, até então desconhecida, mas também desenvolveram em sua defesa um heroísmo que as classes *burguesas como tais* raramente haviam conhecido até então e nunca conheceriam depois: *the last of our heroisms* [o último de nossos heroísmos], como diz Carlyle, não sem razão?

Prossigamos salientando que, se hoje, como já dito, a participação mais intensa dos protestantes na posse do capital e nos postos diretivos dentro da economia moderna deve ser entendida, em parte, como consequência de suas condições materiais, em média melhores, transmitidas pela história, por outro lado, há fenômenos nos quais a relação causal sem dúvida *não* ocorre do mesmo modo. Entre eles, para mencionar apenas alguns, estão os seguintes: em primeiro lugar, a diferença, que pode ser verificada de maneira bastante genérica tanto em Baden quanto na Baviera e, por exemplo, na Hungria, em relação ao *tipo* de educação superior que pais católicos, ao contrário dos protestantes, costumam proporcionar a seus filhos. O fato de o percentual de católicos entre os estudantes e graduados das instituições de ensino "superior" permanecer consideravelmente inferior[8] ao dos católicos na população total pode ser atribuído, em grande parte, às diferenças que citamos anteriormente em relação ao patrimônio herdado. Também *entre* os graduados católicos, o percentual daqueles que vêm de instituições destinadas e adequadas à preparação para estudos técnicos e ocupações industriais e comerciais e, de modo geral, para uma vida profissional burguesa — *Realgymnasien*, *Realschulen* e *höhere*

Bürgerschulen, etc. — é notavelmente *mais baixo* do que o percentual de protestantes,[9] enquanto os católicos preferem o tipo de formação oferecida pelos *Gymnasien* humanistas. Esse é um fenômeno que não se explica com o que foi acima demonstrado, mas que, ao contrário, deve ser considerado para esclarecer a baixa participação de católicos nos lucros capitalistas. Porém, o que chama ainda mais atenção é uma observação que ajuda a entender a menor participação dos católicos entre a *mão de obra* instruída da grande indústria moderna. O conhecido fenômeno de que, em grande medida, a fábrica tirou sua força de trabalho instruída da nova geração de artesãos, deixando ao artesanato a preparação dos operários e tirando-o deles depois que a preparação é concluída, mostra-se de maneira ainda mais enfática entre os aprendizes protestantes do que entre os católicos. Em outras palavras, entre os aprendizes, os católicos são os que mostram uma tendência maior a permanecer no artesanato e, portanto, tornam-se *mestres* com frequência relativamente maior, enquanto os protestantes tendem a buscar mais as fábricas, para nelas ocupar os postos mais altos da mão de obra qualificada e dos cargos industriais.[10] Nesses casos, não há dúvida de que a relação causal se explica pelo fato de que a *peculiaridade mental*, aqui *adquirida* graças à atmosfera religiosa da pátria e da casa paterna, determinou a orientação da educação, a escolha da profissão e os outros destinos profissionais.

A participação mais escassa dos católicos na vida profissional moderna na Alemanha chama tanto mais atenção por contradizer a experiência feita desde sempre,[11] inclusive na atualidade: as minorias nacionais ou religiosas, que se opõem como "dominadas" a um grupo "dominante", costumam ser impelidas, de maneira especialmente intensa, para o caminho da atividade remunerada em razão de sua exclusão voluntária ou não de posições de grande influência política; seus membros mais bem-dotados buscam aqui satisfazer a uma ambição que não pode encontrar valorização no serviço estatal. É o que ocorre de modo inequívoco com os poloneses na Rússia e na Prússia Oriental, que sem dúvida progrediram do ponto de vista econômico, ao contrário do que ocorreu na Galícia por eles dominada. É o que ocorreu no passado com os huguenotes na França, sob Luís XIV, com os não conformistas e os *quakers* na Inglaterra e — *last not least* — com os judeus há dois milênios. No entanto, entre os católicos na Alemanha não vemos nada desse efeito ou, pelo menos, nada que chame nossa atenção. E mesmo no passado, em uma época em que foram perseguidos ou apenas tolerados, os católicos não chegaram a manifestar nenhum desenvolvimento *econômico* importante na Holanda nem na Inglaterra, ao contrário dos protestantes. Antes, tem-se o fato de que os protestantes (em especial certas vertentes entre eles, a serem discutidas mais adiante), *tanto* como classe dominante quanto como classe dominada, *tanto* como maioria quanto como minoria, mostraram uma tendência específica para o racionalismo econômico, tendência essa que nunca foi observada do mesmo modo entre os católicos, *nem* em uma situação *nem* em outra.[12] Portanto, a razão para o comportamento diferente deve ser buscada no caráter intrínseco e permanente das confissões religiosas, e *não* na situação histórico-política externa de cada época.[13]

Seria importante investigar inicialmente quais são ou foram os elementos peculiares dessas confissões religiosas que atuaram e, em parte, ainda atuam no sentido anteriormente ilustrado. Com uma observação superficial e a partir de certas impressões modernas, poder-se-ia ficar tentado a formular essa oposição, dizendo que o maior "alheamento do mundo" [*Weltfremdheit*], próprio do catolicismo, a saber, os traços ascéticos que apontam para seus mais elevados ideais, deveriam educar seus fiéis para uma indiferença maior em relação aos bens deste mundo. De fato, essa justificativa corresponde ao habitual esquema popular, hoje usado para julgar ambas as confissões. Da parte dos protestantes, utiliza-se essa concepção para criticar aqueles ideais ascéticos (reais ou presumidos) da conduta de vida católica. Da parte dos católicos, responde-se com a objeção de que o "materialismo" seria a consequência da secularização de todos os propósitos de vida pelo protestantismo. Um escritor moderno também acreditou poder formular a oposição que se manifesta no comportamento de ambas as confissões em relação à vida profissional da seguinte maneira:

> O católico [...] é mais tranquilo, dotado de menos impulso de aquisição; prefere uma carreira segura, mesmo com um rendimento menor, a uma vida de riscos e emoções, mas que eventualmente traga honra e riquezas. Como diz o povo com ironia, 'ou se come bem, ou se dorme com tranquilidade'. No caso presente, o protestante gosta de comer bem, enquanto o católico quer dormir com tranquilidade.[14]

De fato, a expressão "querer comer bem" pode ser uma forma ao menos parcialmente correta, embora incompleta, de caracterizar a motivação da parte dos protestantes mais indiferente à Igreja na *Alemanha atual*. Entretanto, não apenas no passado as coisas se deram de maneira muito diversa: sabe-se que os puritanos ingleses, holandeses e americanos eram caracterizados exatamente pelo contrário da "alegria com o mundo" [*Weltfreude*], e, conforme ainda veremos, para nós justamente esse era um de seus traços característicos mais importantes. Por outro lado, o protestantismo francês, por exemplo, conservou por muito tempo e, de certo modo, conserva até hoje o caráter que por toda parte marcou as igrejas calvinistas de modo geral e, em particular, aquelas "sob a cruz" na época das guerras religiosas. Contudo — ou talvez até por causa disso, como questionaremos mais adiante —, sabe-se que o protestantismo francês foi um dos principais portadores do desenvolvimento industrial e capitalista na França, e assim permaneceu na pequena escala que lhe permitiram as perseguições. Se quisermos chamar de "alheamento do mundo" essa seriedade e o forte predomínio de interesses religiosos na conduta de vida, *então* os *calvinistas* franceses foram e são pelo menos tão alheios ao mundo quanto, por exemplo, os *católicos* do norte da Alemanha, para os quais o catolicismo indubitavelmente é uma questão de suma importância, como não se vê em nenhum outro povo da Terra. E, no mesmo sentido, *ambos* se distinguem da parte religiosa predominante: os católicos da França, que em suas camadas inferiores demonstram grande alegria de viver e, em suas camadas superiores, chegam a ser hostis à religião; e os protestantes da Alemanha, atualmente ocupados com a vida profissional, cujas classes superiores costumam ser indiferentes à religião.[15] Dificilmente outro exemplo como esse paralelo mostra de maneira tão evidente que, com ideias tão vagas como a do (suposto!) "alheamento do mundo", próprio do catolicismo, e da (suposta!) "alegria" materialista "com o mundo", própria dos protestantes, bem como muitas outras ideias semelhantes, não se chega a lugar nenhum, pois, com essa generalização, elas não se confirmam inteiramente hoje nem em relação ao passado. Todavia, se quisermos trabalhar com elas, *então*, às observações já feitas deveriam ser acrescentadas outras, que se impõem prontamente e até nos levam a questionar se toda a oposição entre alheamento do mundo, ascese e devoção eclesiástica, de um lado, e participação na vida profissional capitalista, de outro, não poderia ser convertida em um íntimo *parentesco*.

De fato, para começar com alguns fatores bastante superficiais, é impressionante constatar como era grande o número de representantes das formas mais interiorizadas de devoção cristã provenientes de círculos mercantis. Em especial o pietismo deve um número consideravelmente grande de seus seguidores mais sérios a essa origem. Poder-se-ia pensar em uma espécie de efeito contrastivo do "mamonismo" sobre naturezas introspectivas que não se adaptam à profissão de comerciante, e por certo, como no caso de Francisco de Assis e de muitos desses pietistas, muitas vezes, o processo da "conversão" se apresentou subjetivamente desse modo ao convertido. De maneira semelhante, o fenômeno de frequência igualmente surpreendente de que empresários capitalistas de grande envergadura — em retrospectiva até Cecil Rhodes — saem de casas paroquiais poderia ser explicado como uma reação contra a educação ascética dos jovens. No entanto, essa explicação falha onde um excepcional tino capitalista para os negócios *coincide*, nas mesmas pessoas e nos mesmos grupos, com as formas mais intensas de uma devoção que penetra e regula toda a vida. Esses casos não são isolados; ao contrário, constituem até mesmo um traço característico de grupos inteiros das igrejas e seitas protestantes mais importantes da história. Especialmente o calvinismo mostra essa combinação, *onde quer que tenha surgido*.[16] Ainda que no tempo da expansão da Reforma o calvinismo (ou qualquer outra confissão protestante) não estivesse muito ligado a uma classe determinada em nenhum país, é característico e, em certo sentido, "típico" o fato de que em igrejas huguenotes francesas monges e industriais (comerciantes e artesãos) tivessem forte representação entre os prosélitos e assim tenham permanecido, especialmente nos períodos de perseguição.[17] Já os espanhóis sabiam que "a heresia" (ou seja, o calvinismo dos Países Baixos) "promovia o espírito comercial", e isso correspondia inteiramente às concepções apresentadas por Sir W. Petty em sua discussão sobre os motivos do crescimento acelerado do capitalismo nos Países Baixos. Com razão, Gothein[18] define a diáspora calvinista como o "viveiro da economia capitalista".[19] Nesse caso, poder-se-ia considerar decisiva a superioridade da cultura econômica francesa e holandesa, da qual sobretudo essa diáspora provém, ou também a forte influência do exílio e da extirpação de suas relações de vida tradicionais.[20] Contudo, tal como sabemos pelos soldados de Colbert, na França do século XVII a situação era a mesma. A própria Áustria — para não falar nos outros países — importou diretamente industriais protestantes em certas ocasiões. Porém, nem todas as denominações protestantes parecem atuar com a mesma intensidade nessa direção. Aparentemente, o calvinismo também parece ter agido desse modo na Alemanha; em comparação com outras confissões, a "reformada"[21] parece ter sido favorável ao desenvolvimento do espírito capitalista tanto em Wuppertal como em outras regiões. Mais favorável do que, por exemplo, o luteranismo, como parece demonstrar a comparação, tanto em casos gerais quanto nos particulares, especialmente em Wuppertal.[22] No que se refere à Escócia, Buckle e, entre os poetas ingleses, sobretudo Keats enfatizaram essas relações.[23] Ainda mais espetacular é a conexão, que basta apenas ser lembrada, de uma regulamentação religiosa da vida com a forma mais intensa de desenvolvimento do tino para os negócios entre muitas dessas seitas — especialmente os *quakers* e os *menonitas* —, cujo "alheamento da vida" chegou a se tornar tão proverbial quanto sua riqueza. O papel que os primeiros desempenharam na Inglaterra e na América do Norte coube aos segundos nos Países Baixos e na Alemanha. Que na Prússia Oriental até mesmo Frederico Guilherme I tenha tolerado os menonitas como esteios indispensáveis da indústria, apesar de sua recusa absoluta em prestar o serviço militar, é apenas um dos inúmeros casos bem conhecidos a ilustrar esse fato, mas que, dado o temperamento desse rei, é um dos mais fortes. Por fim, sabe-se que a combinação de intensa devoção com um tino para os negócios e um sucesso igualmente bem desenvolvidos também valeu para os *pietistas*[24] — basta lembrarmo-nos das circunstâncias na Renânia e de Calw. Portanto, não se devem acumular exemplos nessa exposição meramente provisória, pois esses poucos já demonstram que o "espírito do trabalho", do "progresso", ou como quer que seja nomeado, cujo despertar tende-se a atribuir ao protestantismo, não pode ser entendido hoje, tal como costuma acontecer, como "alegria com o mundo" ou em algum outro sentido "iluminista". O antigo protestantismo de Lutero, Calvino, Knox e Voët tinha muito pouco a ver com o que hoje se chama de "progresso". Era inimigo declarado de toda sorte de aspectos da vida moderna, dos quais hoje o sectário mais extremista não abriria mão. Portanto, se tiver de ser encontrado algum parentesco íntimo entre certas peculiaridades do antigo espírito protestante e a cultura capitalista moderna, querendo ou não teremos de tentar buscá-lo *não* em sua "alegria com o mundo", (supostamente) mais ou menos materialista ou antiascética, e sim em seus traços puramente *religiosos*. Diz

Montesquieu (*Esprit des lois*, livro XX, cap. 7), sobre os ingleses, que "foi o povo do mundo que melhor soube valer-se, ao mesmo tempo, destas três grandes coisas: a religião, o comércio e a liberdade". Estaria sua superioridade no campo comercial — e sua aptidão para instituições políticas liberais, que pertence a outro contexto — relacionada àquele recorde de religiosidade que Montesquieu lhes atribui?

Um bom número de possíveis relações vagamente percebidas emerge diante de nós quando fazemos a pergunta desse modo. Portanto, será nossa tarefa *formular*, com tanta clareza quanto permite a inesgotável diversidade presente em todo fenômeno histórico, o que paira de maneira tão confusa diante de nós. No entanto, para fazer isso, deve-se forçosamente deixar o território das vagas concepções gerais, com as quais trabalhamos até agora, e tentar penetrar a peculiaridade característica e as diferenças daqueles amplos mundos do pensamento religioso, que nos são dados historicamente nas diferentes expressões da religião cristã.

Antes, porém, algumas observações se fazem necessárias: em primeiro lugar, a respeito da particularidade do objeto, de cuja explicação histórica se trata; em segundo, a respeito do sentido em que essa explicação é possível nos limites dessas pesquisas.

Notas do autor para a Parte I — Capítulo 1

1. Publicado no *Archiv für Sozialwissenschaft und Sozialpolitik* de Jaffé (J. C. B. Mohr, Tübingen), vol. XX, XXI (1904/1905). Da extensa bibliografia sobre o assunto, destaco apenas as críticas mais detalhadas: F. Rachfahl, "Kalvinismus und Kapitalismus", *Internationale Wochenschrift für Wissenschaft, Kunst und Technik*, 1909, nº 39-43. A esse respeito, meu artigo: "Antikritisches zum 'Geist' des Kapitalismus", *Archiv*, vol. XXX, 1910. Em resposta, novamente Rachfahl, citado acima: "Nochmals Kalvinismus und Kapitalismus", *Internationale Wochenschrift für Wissenschaft, Kunst und Technik*, 1910, nº 22-25. Por fim, meu "Antikritisches Schlußwort", *Archiv*, vol. XXXI. (Aparentemente, na crítica a ser mencionada, Brentano não conhecia essas últimas exposições, pois não as cita.) Nesta edição, nada incorporei da polêmica que, como não podia deixar de ser, foi bastante inconcludente contra Rachfahl, estudioso que admiro, mas que nesse caso se aventurou em um campo que não domina muito bem. Apenas acrescentei as (pouquíssimas) citações complementares de minha anticrítica e tentei, por meio de incisos e notas, evitar todos os possíveis equívocos futuros. Outra referência: W. *Sombart*, em seu livro *Der Bourgeois* (Munique e Leipzig, 1913), ao qual retornarei em notas abaixo. Por fim: Lujo Brentano, em *Exkurs II*, no apêndice de seu discurso solene na Academia de Ciências de Munique (1913) sobre *Die Anfänge des modernen Kapitalismus* (publicado em 1916, em Munique, em edição especial e ampliada com excursos). Também retornarei a essa crítica em notas especiais nas ocasiões adequadas. Convido todo aquele que, contra minha expectativa, se interessar pelo assunto a convencer-se mediante comparação de que *não* cancelei, alterei nem atenuei *nenhuma frase sequer* de meu ensaio que contivesse alguma afirmação objetivamente essencial nem acrescentei afirmações *divergentes* do que já havia sido dito. Não houve nenhuma ocasião para fazer isso, e o desenvolvimento da exposição haverá de finalmente convencer quem ainda duvida disso. Os dois últimos estudiosos citados encontram-se em um conflito ainda mais acirrado entre si do que comigo. Considero a crítica de Brentano à obra *Die Juden und das Wirtschaftsleben*, de W. Sombart, fundamentada em muitos aspectos, mas injusta em tantos outros, para não mencionar o fato de que Brentano parece não compreender a fundo o fator decisivo do problema judaico (em um primeiro momento, totalmente excluído de seu ensaio, mas tratado *a posteriori*). Dos teólogos recebi inúmeros incentivos valiosos para esse trabalho, e, de modo geral, eles o receberam de maneira amigável e com muita objetividade, apesar das divergências em relação a alguns pontos específicos. Essa recepção me foi ainda mais valiosa, pois eu não me surpreenderia de encontrar certa antipatia pelo modo como esses temas tiveram necessariamente de ser tratados neste ensaio. Naturalmente, aqui não se fará justiça ao que, para um teólogo, é *precioso* em sua religião. *Do ponto de vista* religioso, lidamos com o que, muitas vezes, são os aspectos superficiais e rudimentares da vida das religiões, mas

que por certo existiram e, justamente por serem superficiais e rudimentares, *também* desempenharam uma enorme influência externa. Em vez de fazer reiteradas citações a cada passagem, vale mencionar brevemente aqui o grande livro de E. Troeltsch, *Die Soziallehren der christlichen Kirchen und Gruppen* (Tübingen, 1912), que, além do rico conteúdo, constitui uma complementação e uma confirmação extremamente bem-vindas para nosso problema. Essa obra trata da história universal da ética do cristianismo ocidental a partir de pontos de vista próprios e bastante abrangentes. O autor se interessa sobretudo pela *doutrina*; eu, por outro lado, me interesso pelo *efeito* prático da religião.

2. Os casos divergentes se explicam — nem sempre, mas com frequência — pelo fato de que, naturalmente, a confissão professada pela força de trabalho de uma indústria depende, em *primeira* instância, da confissão religiosa do local onde essa indústria se localiza ou da região onde essa força de trabalho foi recrutada. Muitas vezes, essa circunstância modifica a imagem que algumas estatísticas de confissões religiosas oferecem à primeira vista — por exemplo, na Província do Reno. Além disso, não há dúvida de que os números só podem ser conclusivos com uma especificação e uma contagem mais ampla de cada profissão. Do contrário, em algumas circunstâncias, grandes empresários e "mestres artesãos" que trabalham sozinhos poderiam ser agrupados na mesma categoria de "dirigentes de empresas". No entanto, sobretudo o "capitalismo avançado" dos *dias atuais* emancipou-se daquelas influências que a confissão religiosa *podia* ter no passado, em especial no que se refere à ampla camada sem instrução da classe trabalhadora. Trataremos desse tema mais adiante.

3. Cf., por exemplo, *Schell, Der Katholizismus als Prinzip des Fortschrittes*, Würzburg, 1897, p. 31, e v. *Hertling, Das Prinzip des Katholizismus und die Wissenschaft*, Freiburg, 1899, p. 58.

4. Um dos meus alunos elaborou o material estatístico mais aprofundado de que dispomos a respeito: a estatística das confissões *de Baden*. Cf. Martin Offenbacher, "Konfession und soziale Schichtung. Eine Studie über die wirtschaftliche Lage der Katholiken und Protestanten in Baden." Tübingen und Leipzig, 1901 (vol. IV, fascículo 5 de *Volkswirtschaftliche Abhandlungen der badischen Hochschulen*). Os fatos e números que mais adiante são utilizados à guisa de ilustração provêm desse trabalho.

5. Por exemplo, em 1895, em Baden, para cada mil evangélicos, o capital sujeito a imposto sobre *rendimento de capital* era de 954.060 marcos. Para cada mil católicos, de 589 mil marcos. É bem verdade que os judeus, com mais de 4 milhões por mil, destacam-se no topo da lista. (Números segundo Offenbacher, op. cit., p. 21.)

6. A esse respeito, vale comparar as apresentações completas no trabalho de Offenbacher.

7. Também a esse respeito, os dois primeiros capítulos do trabalho de Offenbacher trazem exposições mais detalhadas sobre Baden.

8. Em 1895, a população de Baden era composta da seguinte forma: 37% de protestantes, 61,3% de católicos, 1,5% de judeus. No entanto, de 1885 a 1891, a confissão professada pelos alunos nas escolas *não* obrigatórias e de grau superior às elementares compulsórias [*Volksschulen*] era dividida da seguinte maneira (segundo Offenbacher, op. cit., p. 16):

	Protestantes	Católicos	Judeus
Gymnasien	43%	46%	9,5%
Realgymnasien	69%	31%	9%
Oberrealschulen	52%	41%	7%
Realschulen	19%	40%	11%
Höhere Bürgerschulen	51%	37%	12%
Média	48%	42%	10%

Os mesmos fenômenos ocorrem na Prússia, na Baviera, em Württemberg, na Alsácia-Lorena e na Hungria (ver números em Offenbacher, op. cit., p. 18 s.).

[*Gymnasien*: escolas de ensino médio com duração de nove anos. Sua conclusão, conhecida como *Abitur* (certificado de maturidade), permite o acesso às universidades. *Realgymnasien*: escolas de ensino médio, com ênfase em ciências naturais e línguas estrangeiras. *Oberrealschulen*: antiga forma de ensino médio na Alemanha e na Áustria, na qual o latim não era disciplina obrigatória. Durava nove anos e enfatizava disciplinas como matemática, ciências naturais e línguas modernas, mas não preparava os alunos para a universidade. *Realschulen*: semelhantes aos *Oberrealschulen*, compreendem seis anos e se iniciam após o término do quarto ano da escola primária. *Höhere Bürgerschulen*: escolas municipais que não preparam os alunos para a universidade, mas para ocupações práticas nas áreas do comércio e da indústria. (N. T.)]

9. Ver números na nota anterior, segundo a qual a frequência dos católicos nas escolas de ensino médio é um terço menor do que a proporção de católicos na população, ultrapassando um pouco a média (em porcentagem) *apenas* nos *Gymnasien* (essencialmente tendo em vista a preparação para os estudos teológicos). Em relação ao que discutiremos mais adiante, vale ressaltar como característico o fato de que na Hungria os *reformados* apresentam os fenômenos típicos da frequência dos protestantes nas escolas de ensino médio, em uma medida ainda mais elevada (Offenbacher, op. cit., p. 19, nota ao final).

10. Para as demonstrações, ver Offenbacher, op. cit., p. 54, e as tabelas ao final do trabalho.

11. Muito bem explicitado nas passagens das obras de Sir William Petty, citadas mais adiante.

12. Pois o exemplo oportunamente citado por Petty a respeito da *Irlanda* tem uma razão muito simples: o fato de que, nesse país, a camada protestante é representada

apenas por *landlords* absentistas. Se quisesse afirmar algo a mais, seria (manifestamente) errôneo, conforme demonstra a situação dos "Scotch-Irish". A típica relação entre capitalismo e protestantismo existe na Irlanda como em qualquer outro lugar. (Sobre os "Scotch-Irish" na Irlanda, cf. C. A. Hanna, *The Scotch-Irish*, 2 volumes, Nova York, Putnam.)

13. Por certo, isso não exclui o fato de que essas circunstâncias também tiveram consequências extremamente importantes e não contradizem o que discutiremos mais adiante. Conforme demonstrarei, foi de fundamental importância para o desenvolvimento de toda a atmosfera em que viviam algumas seitas protestantes e para a sua participação na vida econômica o fato de representarem minorias pequenas e, portanto, homogêneas, como foi o caso dos calvinistas de *estreita* observância fora de Genebra e da Nova Inglaterra, mesmo onde detinham o domínio político. Nosso problema nada tem a ver com o fenômeno universal dos *emigrantes* de todas as confissões religiosas do mundo — indianos, árabes, chineses, sírios, fenícios, gregos, lombardos, "caorcinos" —, que atuaram como portadores do *saber mercantil* de países altamente desenvolvidos ao se transferirem para outras regiões. [No ensaio *Die Anfänge des modernen Kapitalismus*, ao qual remeterei com frequência, Brentano refere-se à própria família. No entanto, *banqueiros* de proveniência estrangeira existiram em *todas* as épocas e em todos os países sobretudo como portadores de experiência e relações comerciais. Não constituem uma especificidade do capitalismo *moderno* e foram considerados pelos protestantes com uma desconfiança de ordem ética (ver infra). Diferente foi o caso de famílias protestantes como os Muralt, os Pestalozzi, etc., que migraram de Locarno para Zurique, onde logo se tornaram representantes de um desenvolvimento capitalista (*industrial*) especificamente *moderno*.]

14. Dr. Offenbacher, op. cit., p. 68.

15. Observações extraordinariamente refinadas sobre a peculiaridade característica das confissões religiosas na Alemanha e na França, bem como a intersecção desses contrastes com os elementos culturais na luta de nacionalidades na Alsácia, encontram-se no excelente estudo de W. Wittich, "Deutsche und französische Kultur im Elsaß" (*Illustrierte Elsäß. Rundschau*, 1900, também publicado separadamente).

16. Naturalmente, isso só se confirmaria se houvesse a *possibilidade* de desenvolvimento capitalista na região considerada.

17. A esse respeito, ver, por exemplo, Dupin de St. André, "L'ancienne église réformée de Tours. Les membres de l'église", *Bull. de la soc. de l'hist. du protest.*, t. 4, p. 10. Também aqui — e esse pensamento ocorrerá sobretudo a um crítico católico — poder-se-ia considerar um motivo determinante o desejo de *emancipação* do controle monástico ou, de modo geral, eclesiástico. No entanto, a essa visão se opõe não apenas o julgamento de adversários contemporâneos (inclusive Rabelais), mas também os escrúpulos de consciência do primeiro sínodo nacional dos huguenotes (por exemplo, Primeiro Sínodo, C. partic., qu. 10, in Aymon, *Synod. Nat.*, p. 10) sobre a questão de um *banqueiro*

poder ou não se tornar o decano de uma igreja, e a discussão sempre recorrente nos sínodos nacionais, apesar da posição inequívoca de Calvino, sobre a permissibilidade de empréstimo a juro, sobre a qual membros escrupulosos da comunidade pediam explicações. Isso demonstra a forte participação de pessoas interessadas na questão, mas, *ao mesmo tempo*, que o desejo de poder exercer a *usuraria pravitas* [agiotagem] sem o controle da confissão não podia ser decisivo. O mesmo vale em relação à Holanda (ver abaixo). Que se diga expressamente, a *proibição* canônica *de juro* não desempenha nenhum papel *neste* estudo.

18. W. G. des Schwarzwalds, I, p. 67.

19. Em correlação, ver as breves observações de *Sombart, Der moderne Kapitalismus*, 1ª ed., p. 380. Mais tarde, nas partes que considero mais fracas de suas obras mais vastas (*Der Bourgeois*, Munique, 1913) e sob a influência de um estudo de F. Keller (*Unternehmung und Mehrwert*, publicações da Görres-Gesellschaft, 12º fascículo), Sombart infelizmente defendeu uma "tese" totalmente errada, à qual retornarei na ocasião apropriada. Apesar de muitas observações boas (mas, *nesse* sentido, não novas), esse estudo de Keller encontra-se *abaixo* do nível de outros trabalhos recentes da apologética católica.

20. Pois já está comprovado que o simples fato de mudar de pátria constitui um dos meios mais eficazes de intensificar o trabalho (cf. também nota 13). A mesma moça polonesa que em seu país não poderia ser retirada de sua inércia tradicional, por mais favoráveis que fossem as oportunidades de ganhar dinheiro, parece mudar toda a sua natureza e se tornar capaz de esforços gigantescos quando atua como trabalhadora rural ocasional em terras estrangeiras. Exatamente o mesmo fenômeno se mostrou em relação aos operários migrantes italianos. Não se trata aqui apenas da influência educativa ao se entrar em um "meio cultural" mais elevado — que, naturalmente, desempenha algum papel, mas não é decisivo. Afinal, o mesmo fenômeno também ocorre onde, tal como na agricultura, o *tipo* de ocupação é exatamente igual ao do país natal, e o alojamento em casernas para trabalhadores migrantes, entre outros, pode até implicar uma degradação temporária a um nível de vida que jamais seria tolerado no país de origem. O simples fato de trabalhar em um ambiente completamente diferente do habitual rompe o tradicionalismo e constitui o componente "educativo". Quase não há necessidade de ressaltar o quanto do desenvolvimento econômico americano baseia-se nesses efeitos. No que se refere à Antiguidade, pode-se dizer que a importância bastante semelhante do exílio babilônico para os judeus é palpável nas inscrições, e o mesmo se aplica, por exemplo, aos persas. Todavia, para os protestantes, a influência de sua particularidade religiosa obviamente desempenha um papel como fator *autônomo*. É o que demonstra a diferença inegável entre a peculiaridade econômica das colônias na Nova Inglaterra e a católica Maryland, o Sul episcopal e a Rhode Island interconfessional. Algo análogo se pode dizer da Índia, por exemplo com os jainistas.

21. Como se sabe, na maioria de suas formas, ela é um calvinismo ou um zwinglianismo mais ou menos *moderado*.

22. Em Hamburgo, cidade quase inteiramente luterana, o *único* patrimônio que remonta ao século XVII é o de uma conhecida família *reformada* (informação gentilmente cedida pelo professor A. Wahl).

23. Não é "novidade", portanto, que aqui se afirme essa relação, já tratada por Laveleye, Matthew Arnold, entre outros. Ao contrário, novidade é colocá-la em dúvida. É mister *explicá-la*.

24. Obviamente, isso não exclui o fato de que o pietismo oficial, tal como outras orientações religiosas, opôs-se mais tarde, de um ponto de vista patriarcal, a certos "progressos" da constituição capitalista da economia — por exemplo, a transição da indústria doméstica para o sistema fabril. Conforme ainda veremos muitas vezes, é preciso fazer uma nítida distinção entre o ideal *almejado* por uma orientação religiosa e a influência efetiva que esta *exerce* sobre o modo de vida de seus seguidores. (Sobre a capacitação característica da força de trabalho pietista, dei alguns exemplos em meu artigo "Zur Psychophysik der gewerblichen Arbeit", *Archiv f. Soz.*, vol. XXVIII, p. 263, e em várias ocasiões.)

2. O "ESPÍRITO" DO CAPITALISMO

No título deste estudo empregou-se o conceito aparentemente um tanto pretensioso de "*espírito* do capitalismo". O que se deve entender por essa expressão? Na tentativa de dar uma "definição" a respeito, logo surgem algumas dificuldades inerentes ao objetivo da pesquisa.

Se for possível encontrar um objeto ao qual esse conceito pode ser aplicado com algum sentido, ele só poderá ser um *indivíduo histórico*, ou seja, um complexo de relações na realidade histórica, que reunimos conceitualmente em um todo sob o ponto de vista de sua *relevância cultural*.

No entanto, por referir-se em seu conteúdo a um fenômeno importante para seu *caráter* individual, esse conceito histórico não pode ser definido segundo o esquema *genus proximum, differentia specifica** (ou seja, "por delimitação"); ao contrário, tem de ser *composto* aos poucos, a partir de seus componentes individuais, a serem extraídos da realidade histórica. Portanto, a compreensão conceitual definitiva não pode estar no início da investigação, mas tem de ser colocada em sua *conclusão*. Em outras palavras, temos de mostrar ao longo da discussão e como seu resultado essencial qual o melhor modo de formular o que entendemos aqui por "espírito" do capitalismo, ou seja, qual a maneira mais adequada para os pontos de vista que nos interessam aqui. Por sua vez, esses pontos de vista (dos quais ainda falaremos) não são os únicos sob os quais podem ser analisados aqueles fenômenos históricos que consideramos. Outros pontos de vista dariam como resultado,

---

* Forma abreviada da sentença escolástica *definitio fi(a)t per genus proximum et differentiam specificam* [a definição se faz por gênero próximo e diferença específica]. (N. T.)

neste como em qualquer outro fenômeno histórico, aspectos diferentes daqueles "essenciais". Como consequência natural desse fato, por "espírito" do capitalismo não se pode nem se deve necessariamente entender *apenas* o que se apresentar a *nós* como essencial para nossa concepção. Trata-se de algo inerente à formação do conceito histórico que, para os fins de seu método, não tenta encaixar a realidade em conceitos abstratos de gênero, e sim inseri-la em relações genéticas concretas, que sempre e inevitavelmente apresentarão tonalidades *individuais* específicas.

Não obstante, caso se determine o objeto a ser analisado e explicado do ponto de vista histórico, não se poderá ter uma definição conceitual, mas, pelo menos no início, apenas uma *ilustração* provisória daquilo que aqui se entende por "espírito" do capitalismo. De fato, essa ilustração é indispensável para se compreender o objeto da pesquisa. Para atingir esse objetivo, recorremos a um documento desse "espírito" que contém, em uma pureza quase clássica, aquilo que nos interessa a princípio e, ao mesmo tempo, oferece a vantagem de estar livre de *toda* relação direta com o aspecto religioso; portanto, para nosso tema, é "livre de pressupostos".

> Lembra-te de que *tempo* é *dinheiro*. Quem pode ganhar dez xelins por dia com seu trabalho e passear a metade do tempo ou dedicar-se ao ócio em seu quarto, ainda que gaste apenas seis *pence* para sua diversão, não deve calcular apenas estes como despesa. Além deles, terá gastado, ou melhor, jogado fora cinco xelins.
>
> Lembra-te de que *crédito* é *dinheiro*. Se alguém a quem devo dinheiro permite que eu continue com este além do prazo de pagamento, estará me dando os juros de presente ou o tanto que eu posso lucrar com esse dinheiro nesse período. Isso pode alcançar uma soma considerável se um homem tiver um bom crédito e dele fizer bom uso.
>
> Lembra-te de que o dinheiro é *de natureza fecunda e frutífera*. Dinheiro pode gerar dinheiro, e seus frutos podem gerar ainda mais, e

assim por diante. Cinco xelins bem aplicados se transformarão em seis, que, por sua vez, se aplicados, se converterão em sete xelins e três *pence*, e assim por diante até cem libras esterlinas. Quanto mais dinheiro houver, mais ele produzirá ao ser aplicado, de maneira que o lucro crescerá cada vez mais rápido. Quem mata uma porca aniquila todos os seus descendentes até o milésimo membro. Quem mata uma moeda de cinco xelins *assassina* (!) tudo o que poderia ser produzido com ela: pilhas inteiras de libras esterlinas.

Lembra-te de que, como diz o ditado, "o *bom pagador*, da bolsa alheia é senhor". Quem é conhecido por pagar pontualmente na data prometida sempre poderá pedir emprestado todo o dinheiro que a seus amigos não faz falta. Às vezes, isso pode ser de grande utilidade. Além do esforço e da moderação, nada contribui mais para o *progresso* de um jovem no mundo do que pontualidade e retidão em todos os seus negócios. Por isso, nunca retenhas o dinheiro que pediste emprestado por uma hora além do combinado, a fim de que o ressentimento de teu amigo não te feche sua bolsa para sempre.

O homem tem de levar em conta as ações mais insignificantes que influenciam seu *crédito*. O golpe do teu martelo, que teu credor ouve às cinco horas da manhã ou às oito da noite, deixa-o satisfeito por seis meses. Porém, se ele te vir à mesa de bilhar ou ouvir tua voz na taberna quando devias estar no trabalho, na manhã seguinte te lembrará o pagamento e cobrará seu dinheiro antes de o teres à disposição.

Ademais, isso mostra que tens memória para tuas dívidas e te fará *parecer um homem* cuidadoso e *honesto*, o que aumentará teu *crédito*.

Evita considerar tua propriedade tudo o que possuis e viver conforme essa ideia. Muitas pessoas que dispõem de crédito caem nessa ilusão. Para evitá-lo, mantém um cálculo preciso de tuas despesas e receitas. Se te deres ao trabalho de prestar atenção nos detalhes, isso terá o seguinte bom efeito: descobrirás que os gastos incrivelmente pequenos se elevam a grandes somas, e perceberás o que poderia ter sido economizado e o que poderá ser economizado no futuro...

Por seis libras esterlinas anuais, podes ter o usufruto de cem, contanto que sejas um homem de reconhecida inteligência e honestidade. Quem gasta inutilmente uma moeda de quatro *pence* por dia gasta inutilmente seis libras por ano, e esse é o preço do usufruto de cem libras. Quem desperdiça diariamente parte de seu tempo pelo valor de uma moeda de quatro *pence* (e podem ser apenas alguns minutos) perde com o passar dos dias o privilégio de poder usar cem libras por ano. Quem desperdiça tempo pelo valor de cinco xelins perde cinco xelins e poderia igualmente lançá-los ao mar. Quem perde cinco xelins perde não apenas a soma, mas também tudo o que poderia ganhar com ela ao aplicá-la em uma atividade lucrativa — o que pode montar a uma soma considerável, no caso de um jovem que alcance idade avançada.

É *Benjamin Franklin*[1] quem nos prega essas máximas, as mesmas que Ferdinand Kürnberger ironiza como suposta profissão de fé dos ianques em sua espirituosa e maliciosa "imagem da civilização americana".[2] Ninguém duvidará de que é o "espírito do capitalismo" a falar aqui de maneira característica; tampouco se poderá afirmar que *tudo* o que se entende por esse "espírito" esteja contido no texto. Se nos detivermos um pouco mais nesse trecho — cuja sabedoria de vida a obra *Amerikamüde* [Cansado da América], de Kürnberger, resume da seguinte forma: "Do gado se faz sebo, dos homens se faz dinheiro" —, notaremos como peculiaridade nessa "filosofia da avareza" o ideal do homem honrado, *digno de crédito*, e sobretudo a ideia da *obrigação* do indivíduo perante o interesse, pressuposto como fim em si mesmo, pelo aumento de seu capital. De fato, o que se prega aqui não é simplesmente uma técnica de vida, e sim uma "ética" particular, cuja violação é tratada não apenas como tolice, mas como uma espécie de negligência dos próprios deveres. Nisso reside a essência da questão. O que se ensina nesse caso não é apenas a "astúcia nos negócios"

— preceitos como esses também se encontram com frequência em outros lugares —, mas também um *ethos*, que se manifesta e nos interessa justamente por *essa* qualidade.

Ao conversar com um colega de negócios aposentado que o aconselhava a fazer o mesmo, visto que já tinha ganhado o suficiente e deveria deixar que outros também ganhassem, Jakob Fugger refutou o conselho como "pusilânime" e respondeu que "tinha uma opinião totalmente diferente e queria continuar ganhando enquanto pudesse".[3] Desse modo, o "espírito" dessa declaração *distingue-se* claramente do de Franklin: o que em Fugger é expresso como resultado de uma ousadia comercial e de uma tendência pessoal, moralmente indiferente,[4] em Franklin assume o caráter de uma máxima de tonalidade *ética*, relativa ao modo de conduzir a vida. Nesse sentido específico, emprega-se aqui o conceito de "espírito do capitalismo",[5] obviamente do capitalismo *moderno*. Pois, pelo modo como apresentamos a questão, subentende-se que aqui se trata apenas desse capitalismo europeu ocidental e americano. Houve "capitalismo" na China, na Índia, na Babilônia, na Antiguidade e na Idade Média. *No entanto, conforme veremos, faltou-lhe justamente esse ethos característico.*

Em todo caso, todas as admoestações morais de Franklin têm uma orientação utilitária: a honestidade é *útil* porque traz crédito; isso também ocorre com a pontualidade, a dedicação e a moderação, e *por isso* são virtudes. Disso se poderia concluir, por exemplo, que, quando a *aparência* de honestidade presta o mesmo serviço, ela deveria ser suficiente, e um excesso desnecessário dessa virtude pareceria reprovável como um desperdício improdutivo aos olhos de Franklin. De fato, quem em sua autobiografia ler o relato sobre sua "conversão" a essas virtudes[6] ou as discussões sobre o benefício que trazem para a obtenção do reconhecimento[7] geral a estrita observância da *aparência* de modéstia e a diminuição intencional dos próprios méritos, haverá de chegar à conclusão de que, segundo Franklin, essas virtudes, como todas as outras, *só* são virtudes *enquanto* se mostrarem úteis *in concreto* para o indivíduo, e que substituí-las por sua mera aparência é suficiente em todo lugar onde prestar o mesmo serviço. Com efeito, uma consequência inevitável para o utilitarismo estrito. Aquilo que os alemães estão acostumados a sentir como "hipocrisia" nas virtudes do americanismo parece ser surpreendido aqui *in flagranti*. Porém, na realidade, as coisas não são nem um pouco simples. Não apenas o caráter de Benjamin Franklin, tal como se manifesta em sua autobiografia com uma honestidade que não deixa de ser rara, mas também a circunstância de ele atribuir sua descoberta da "utilidade" da virtude a uma revelação divina, como se Deus quisesse destiná-lo a ela, mostram que aqui existe algo diferente de uma paliação de máximas puramente egocêntricas. Mas, sobretudo, o *summum bonum* [bem maior] dessa "ética", a saber, o ganho crescente de dinheiro, porém evitando, da maneira mais estrita, qualquer prazer espontâneo. Essa concepção, totalmente desprovida de pontos de vista eudemonistas ou até hedonistas, é pensada como fim em si mesmo e, diante da "felicidade" ou da "utilidade" do indivíduo, aparece como algo completamente transcendente e até irracional.[8] A aquisição se torna o objetivo de vida do homem e deixa de ser o meio para satisfazer às suas necessidades materiais. Essa inversão do estado "natural" de coisas, que chega a ser desprovida de sentido para a percepção ingênua, é manifestamente um *Leitmotiv* fundamental do capitalismo, tanto quanto parece estranha ao homem não tocado por seu sopro. No entanto, ela contém ao mesmo tempo uma série de percepções estreitamente conectadas a certas ideias religiosas. Caso se pergunte *por que*, afinal, "dos homens é preciso fazer dinheiro", Benjamin Franklin, embora fosse um deísta sem muita convicção, responde em sua autobiografia com um versículo da Bíblia, que seu pai estritamente calvinista lhe inculcara reiteradas vezes na juventude: "Viste o homem diligente *em sua obra*? Perante reis será posto.".[9] Desde que ocorra de modo lícito, a aquisição de dinheiro na ordem econômica moderna é o resultado e a expressão da competência na *profissão*, e *essa competência*, como é fácil reconhecer, é o verdadeiro alfa e ômega da moral de Franklin, tal como aparece nos trechos citados e em todos os seus escritos, sem exceção.[10]

De fato, essa concepção peculiar do *dever profissional* — tão familiar a nós hoje, mas na verdade muito pouco evidente — é característica da "ética social" da cultura capitalista e, em certo sentido, de fundamental importância para ela. É uma obrigação que o indivíduo deve sentir e sente em relação ao conteúdo de sua atividade "profissional", seja ela qual for e, sobretudo, independentemente do fato de ela aparecer à percepção ingênua como pura utilização da força de trabalho do indivíduo ou apenas de seus bens materiais (como "capital"). Não que essa concepção tenha crescido *apenas* no terreno do capitalismo. Mais adiante, tentaremos explorá-la em seu passado. Menos ainda pode-se afirmar que a apropriação subjetiva dessa máxima ética por parte de seus portadores individuais, como os empresários ou os trabalhadores das modernas empresas capitalistas, seja a condição para que o capitalismo *hodierno* continue a existir. A atual ordem econômica capitalista é um cosmo gigantesco, no qual nasce o indivíduo e que, para ele, pelo menos como indivíduo, é dado como um habitáculo efetivamente inalterável, no qual ele deve viver. À medida que o indivíduo está envolvido nas relações do mercado, é submetido às normas de sua ação econômica. O fabricante que atuar constantemente contra essas normas será eliminado da economia com a mesma infalibilidade que o trabalhador que for posto na rua como desempregado por não conseguir ou não querer adaptar-se a elas.

O capitalismo atual, que alcançou a hegemonia na vida econômica, educa e busca por *seleção* econômica os sujeitos de que precisa, tanto empresários quanto trabalhadores. No entanto, justamente aqui se tornam palpáveis os limites do conceito de "seleção" como meio para explicar fenômenos históricos. Para que essa conduta de vida e esse modo de conceber a profissão, adaptados à peculiaridade do capitalismo, pudessem ser "selecionados", ou seja, vencer os outros, obviamente tinham primeiro de surgir não em indivíduos isolados, e sim como uma concepção sustentada por um *grupo* de pessoas. Portanto, é esse surgimento que, na verdade, deve ser explicado. Ulteriormente, falaremos com mais detalhes sobre a concepção do ingênuo materialismo histórico de que essas "ideias" vem à luz como "reflexo" ou "superestrutura" de situações econômicas. Neste momento, para nosso propósito, basta chamar atenção para o fato de que, sem dúvida, na terra natal de Benjamin Franklin (Massachusetts), o espírito capitalista (no sentido assumido por nós aqui) já existia antes do desenvolvimento capitalista. Já em 1632 houve reclamações na Nova Inglaterra, ao contrário do que aconteceu em outras regiões da América, sobre os fenômenos específicos de cálculo visando ao lucro. Também vale acenar, por exemplo, que o capitalismo permaneceu significativamente menos desenvolvido nas colônias vizinhas — que mais tarde se tornariam os Estados meridionais da União —, embora essas colônias tivessem sido fundadas por grandes capitalistas com fins *comerciais*, enquanto as da Nova Inglaterra haviam surgido por razões *religiosas* e por obra de pregadores e *graduates*, em conjunto com pequenos burgueses, artesãos e *yeomen*.* Seja como for, *nesse* caso, a relação causal é o inverso do que se postularia de um ponto de vista "materialista". No entanto, a juventude de tais ideias tem mais espinhos do que supõem os teóricos da "superestrutura", e seu desenvolvimento não se realiza como o de uma flor. O espírito capitalista, no sentido que até agora adquirimos para esse conceito, teve de impor-se em uma dura luta contra um mundo de poderes hostis. Tanto na Antiguidade como na Idade Média,[11] um modo de pensar semelhante ao manifestado nas passagens citadas de Benjamin Franklin e que obteve a aprovação de um povo inteiro teria sido proscrito como expressão da mais sórdida avareza e como uma atitude simplesmente indigna, como ainda hoje acontece com regularidade com todos aqueles grupos sociais

* Proprietário de minifúndio que cultiva a terra. (N. T.)

inseridos na economia capitalista tipicamente moderna ou ao menos adaptados a ela. Isso ocorre não porque "o impulso à aquisição" nas épocas pré-capitalistas ainda fosse desconhecido ou subdesenvolvido — como se costuma dizer — ou porque a *auri sacra fames*, a cobiça por dinheiro, antigamente ou ainda hoje, fosse *menor* fora do capitalismo burguês do que dentro da esfera especificamente capitalista, tal como imaginado pela ilusão de românticos modernos. A diferença entre o "espírito" capitalista e o pré-capitalista não reside nesse ponto: a *cupidez* do mandarim chinês, do aristocrata da antiga Roma, do agricultor moderno resiste a qualquer comparação. E a *auri sacra fames* do cocheiro ou do *barcaiuolo* [barqueiro] napolitano, ou ainda do asiático que exerce atividades semelhantes, mas também do artesão de países sul-europeus ou asiáticos, manifesta-se — como qualquer um pode constatar — de modo até muito mais *penetrante* e, sobretudo, mais escrupuloso do que aquela, por exemplo, de um inglês na mesma situação.[12] O predomínio universal de uma *absoluta* falta de escrúpulos ao se fazer valer o próprio interesse quando se trata de ganhar dinheiro era uma característica específica justamente daqueles países cuja evolução burguesa e capitalista ficara "para trás", segundo os critérios do desenvolvimento ocidental. Como todo fabricante sabe, a falta de *coscienziosità* [escrupulosidade] dos trabalhadores[13] desses países — por exemplo, da Itália, em oposição à Alemanha — foi e, em certa medida, ainda é um dos principais obstáculos para o desenvolvimento do capitalismo. O capitalismo não pode utilizar como operário o representante prático do *liberum arbitrium* [livre-arbítrio] indisciplinado, assim como não pode servir-se — como já aprendemos com Franklin — do homem de negócios com uma conduta visivelmente inescrupulosa. Portanto, a diferença não está nos diferentes graus de desenvolvimento de algum "impulso" por dinheiro. A *auri sacra fames* é tão antiga quanto a conhecida história da humanidade. No entanto, veremos que aqueles que se entregaram sem reservas ao seu *impulso* — como aquele capitão holandês que, "por dinheiro, estava disposto a navegar pelo inferno, mesmo sob o risco de chamuscar as velas" — não representaram *em absoluto* aquele modo de pensar do qual surgiu o "espírito" capitalista especificamente moderno como *fenômeno de massa*, que é o que importa aqui. A aquisição inescrupulosa, não vinculada internamente a nenhuma norma, existiu em todas as épocas históricas, onde e quando foi de fato possível. Tal como a guerra e a pirataria, o livre-comércio sem regras não sofria nenhum impedimento nas relações com estrangeiros e pessoas que não pertencessem ao mesmo grupo, uma vez que a "moral externa" permitia o que "entre irmãos" era proibido. E como, do ponto de vista externo, a aquisição capitalista enquanto "aventura" era um fenômeno familiar a todos os regimes econômicos que conheciam objetos patrimoniais similares ao dinheiro e ofereciam possibilidades de valorizá-los com lucro — por meio de consignação, arrendamento de taxas, empréstimos estatais, financiamento de guerras, de cortes principescas e de funcionários públicos —, em toda parte se encontrava aquele estado de espírito aventureiro, que zomba dos limites da ética. Muitas vezes, a absoluta e consciente falta de escrúpulos da cobiça por lucro coexistiu no mais estreito e rigoroso vínculo com a tradição. E, com o esfacelamento da tradição e a invasão mais ou menos drástica da livre aquisição também nas organizações sociais, o que costumava acontecer não era uma afirmação nem uma ênfase ética dessas novas práticas; ao contrário, eram apenas *toleradas* e tratadas como fatos ora eticamente indiferentes, ora até desagradáveis, mas infelizmente inevitáveis. Essa foi não apenas a posição normal de todas as doutrinas éticas, mas também — o que é essencialmente mais importante — o comportamento prático do homem médio da época pré-capitalista. "Pré-capitalista" no sentido de que a utilização do capital de forma racionalmente *empresarial* e a organização racional do *trabalho* capitalista ainda não se haviam transformado nas forças predominantes para a orientação da atividade econômica. Porém, justamente esse comportamento foi um dos obstáculos internos mais fortes com os quais deparou em toda parte a adaptação do ser humano aos pressupostos de uma economia burguesa e capitalista ordenada.

O adversário contra o qual teve de lutar em primeira instância o "espírito" do capitalismo, no sentido de um estilo de vida determinado, regrado e que aparece revestido de uma "ética", continuou sendo aquela forma de sentir e se comportar que pode ser designada como *tradicionalismo*. Também nesse caso, toda tentativa de uma "definição" conclusiva tem de ser suspensa. Em vez dela, utilizaremos — naturalmente apenas de modo provisório — alguns casos específicos para esclarecer o que entendemos por essa palavra, e a começar por baixo, ou seja, pelos operários.

Um dos meios técnicos que o empresário moderno costuma utilizar para obter o máximo rendimento de "seus" operários e aumentar a intensidade do trabalho é o *salário por unidade produzida*. Na agricultura, por exemplo, um caso que costuma exigir categoricamente o maior aumento possível da intensidade de trabalho é a colheita, uma vez que, sobretudo em condições climáticas instáveis, da rapidez com que ela é realizada dependem possibilidades de lucro ou prejuízo extraordinariamente elevadas. Por essa razão, na agricultura costuma-se empregar sempre o sistema de salário por unidade produzida. E como o aumento dos rendimentos e a intensidade de operação em geral aumentam o interesse do empresário pela aceleração da colheita, naturalmente sempre se tentou fazer com que os trabalhadores se interessassem por um aumento da produção mediante uma *elevação* correspondente da remuneração por unidade produzida, dando-lhes a possibilidade de obter um lucro extraordinariamente alto em um curto período. No entanto, aqui se manifestaram dificuldades peculiares: surpreendentemente, muitas vezes, o aumento da remuneração por unidade produzida teve como efeito não a elevação, mas a diminuição da produção no mesmo período, pois os trabalhadores responderam ao aumento da remuneração não com produção diária maior, e sim com uma menor. O homem que, por exemplo, até então recebia um marco por jeira e podia receber 2,50 marcos diários se ceifasse duas jeiras e meia, após o aumento do salário por unidade produzida para 25 *Pfennig* por jeira, não passou a ceifar, como era esperado, dada a possibilidade de um ganho mais elevado, cerca de três jeiras para receber 3,75 marcos, como seria possível. Ceifou apenas duas jeiras por dia, pois ganhava os mesmos 2,50 marcos de antes, que, segundo a expressão bíblica, "lhe eram suficientes". O ganho maior o atraía menos do que o trabalho menor. Ele não se perguntava: "Quanto posso ganhar por dia se realizar o máximo possível de trabalho?". Ao contrário, sua pergunta era: "Quanto tenho de trabalhar para ganhar essa soma — 2,50 marcos — que até agora recebo e que cobre minhas necessidades *tradicionais*?". Esse é justamente um exemplo daquele comportamento que deve ser definido como "tradicionalismo": "por natureza", o homem não quer ganhar mais e mais dinheiro, mas simplesmente viver do modo como está acostumado, ganhando o necessário para tanto. Em todos os lugares onde o capitalismo moderno iniciou sua obra de aumento da "produtividade" do trabalho humano por meio do aumento de sua intensidade deparou com a resistência infinitamente persistente desse *Leitmotiv* do trabalho econômico pré-capitalista, e ainda hoje depara por toda parte com essa resistência, tanto mais quanto mais "atrasada" (do ponto de vista capitalista) for a classe trabalhadora da qual depender. Voltando a nosso exemplo, visto que o apelo ao "desejo de ganho" por meio de remunerações mais elevadas fracassara, era natural recorrer ao expediente exatamente oposto: mediante uma *redução* salarial, obrigar o trabalhador a produzir *mais* do que antes para manter o mesmo ganho. De todo modo, ao observador imparcial, parecia e parece ainda hoje que baixa remuneração e lucro elevado estão correlacionados e que tudo o que se paga a mais em termos de salário deve significar uma diminuição correspondente do lucro. Desde o início, o capitalismo também percorreu esse caminho várias vezes, e durante séculos aceitou-se como dogma o fato de que salários baixos eram "produtivos", ou seja, de que aumentavam o rendimento do trabalho. Como já dissera Pieter de la Cour — pensando nesse aspecto, como veremos, segundo o espírito do antigo calvinismo —, o povo só trabalha porque é pobre e enquanto for pobre.

No entanto, a eficácia desse recurso aparentemente tão comprovado tem limitações.[14] Por certo, para seu desenvolvimento, o capitalismo requer a existência de excedentes populacionais que ele possa contratar a baixo custo no mercado de trabalho. Contudo, em certas circunstâncias, um "exército de reserva" excessivamente numeroso pode até favorecer a expansão quantitativa do capitalismo, mas impede seu desenvolvimento qualitativo, sobretudo a transição para formas de produção que exploram o trabalho de maneira intensiva. Salário baixo não é nada idêntico a trabalho barato. Do ponto de vista meramente quantitativo, sob qualquer circunstância, o rendimento do trabalho cai com uma remuneração fisiologicamente insuficiente e, em longo prazo, muitas vezes, acaba produzindo uma "seleção dos mais inaptos". Hoje, quando emprega seu máximo esforço, o silesiano médio ceifa mais de dois terços de terra no mesmo período que o mais bem-remunerado e alimentado trabalhador da Pomerânia ou de Mecklemburgo. Em comparação com o alemão, o polonês rende fisicamente menos quanto mais oriental ele for. Também do ponto de vista puramente comercial, o salário baixo como base de sustentação do desenvolvimento capitalista fracassa quando se trata de produtos cuja manufatura requer trabalho qualificado (com estudo) ou, por exemplo, o manejo de máquinas caras e facilmente danificáveis, ou ainda uma alta dose de atenção e iniciativa. Nesses casos, a baixa remuneração não é rentável e acaba produzindo resultados contrários aos desejados. Pois aqui é indispensável não apenas um senso de responsabilidade desenvolvido, mas também uma mentalidade que, pelo menos *durante* o trabalho, liberte-se da contínua questão sobre como ganhar o salário habitual com o máximo de conforto e o mínimo de prestação e exerça o trabalho como um fim absoluto em si, ou seja, como "profissão". Entretanto, essa mentalidade não é algo dado pela natureza. Não pode ser produto imediato de altos ou baixos salários, mas apenas de um longo processo de educação. *Hoje*, o capitalismo firmemente estabelecido consegue, com relativa facilidade, recrutar seus trabalhadores em todos os países industrializados e em todas as zonas industriais de cada país. No passado, em cada caso isolado, esse era um problema extremamente difícil de resolver.[15] E mesmo hoje nem sempre alcança seu objetivo sem o apoio de um poderoso assistente que, como veremos mais adiante, esteve ao seu lado no período de sua evolução. Mais uma vez, um exemplo servirá para esclarecer o que temos em mente. Com especial frequência, as *operárias*, sobretudo as solteiras, oferecem uma imagem de uma forma atrasada e tradicionalista de trabalho. Principalmente sua absoluta falta de capacidade e vontade de abandonar modos de trabalho herdados em prol de outros mais práticos, de aprender e adaptar-se a novas formas de trabalho, de concentrar o raciocínio ou apenas usá-lo constitui uma queixa quase generalizada de empregadores que se utilizam sobretudo de moças alemãs. Discussões sobre a possibilidade de tornar o trabalho mais fácil e, sobretudo, mais lucrativo geralmente deparam com a completa incompreensão por parte dessas operárias, e o aumento dos salários por unidade produzida choca-se sem nenhum efeito contra o muro do costume. A situação costuma ser diferente — e esse é um ponto não sem importância para nossa consideração — apenas quando se trata de moças com uma educação religiosa específica, principalmente aquelas de proveniência pietista. Muitas vezes, é possível ouvir — e eventuais controles estatísticos o comprovam[16] — que nessa categoria se apresentam as possibilidades mais favoráveis de educação econômica. Com frequência, a capacidade de concentração mental, bem como a atitude absolutamente central de sentir-se "compromissado com o trabalho", encontra-se aqui unida a uma rigorosa rentabilidade, que *calcula* o ganho e sua elevação, a um sóbrio autocontrole e a uma moderação, que aumentam extraordinariamente a capacidade produtiva. Nesse caso, a base para essa concepção do trabalho como fim em si, como "profissão", tal como exigida pelo capitalismo, é a mais favorável de todas; é a melhor possibilidade de superar o ramerrão tradicionalista *em consequência* da educação religiosa. Mais uma vez, essa observação sobre o capitalismo atual[17] já nos mostra que, em todo caso, vale a pena *perguntar* como essas relações entre a capacidade de adaptação ao capitalismo e fatores religiosos puderam formar-se na época do início do capitalismo. Pois, a partir de muitos fenômenos isolados, é possível concluir que antigamente essas relações também existiram de maneira semelhante. A aversão e a perseguição que, por exemplo, os operários metodistas sofreram no século XVIII por parte de seus colegas de trabalho não tinham nenhuma relação, apenas ou prevalentemente, com suas excentricidades religiosas — nesse sentido, a Inglaterra viu coisas bem mais surpreendentes. Ao contrário, conforme sugere a recorrente destruição de suas ferramentas, reiteradamente mencionada nos relatórios, esses operários eram perseguidos em razão de sua "laboriosidade" específica, como se diria hoje.

Todavia, retornemos ao presente e, desta vez, aos empresários, a fim de esclarecer o significado do "tradicionalismo" também em relação a eles.

Em seus estudos sobre a gênese do capitalismo,[18] Sombart distinguiu a "satisfação das necessidades" e o "lucro" como os dois grandes *Leitmotive* entre os quais se move a história da economia, conforme o tipo e a orientação da atividade econômica sejam determinados pela dimensão da *necessidade* pessoal ou, independentemente dos limites desta, pela ambição por *lucro* e pela *possibilidade* de obtê-lo. À primeira vista, o que ele designa como "sistema econômico de satisfação das necessidades" parece coincidir com o que foi descrito como "tradicionalismo econômico". De fato, esse é o caso se equipararmos o conceito de "necessidade" com o de *necessidade tradicional*. Porém, se não o fizermos, uma grande quantidade de economias — que pela forma de sua organização devem ser consideradas "capitalistas" também no sentido da definição dada por Sombart em outro trecho de sua obra[19] — será excluída do âmbito das economias que visam ao "lucro" e pertencem ao âmbito das "economias que visam a satisfazer às necessidades". Economias conduzidas por empreendedores privados, na forma de uma transmutação de capital (dinheiro ou bens com valor monetário) com vistas ao lucro e por meio da aquisição de meios de produção e da venda de produtos, e que, portanto, sem nenhuma dúvida, são "empresas capitalistas", também podem ter um caráter "tradicionalista". Assim transcorreu a história recente da economia, não apenas de maneira excepcional, mas até de modo regular, com interrupções recorrentes, causadas por invasões novas e cada vez mais violentas do "espírito capitalista". Embora, de modo geral, a forma "capitalista" de uma economia e o espírito em que é conduzida tenham uma relação "adequada", não apresentam uma interdependência "determinada pela lei". E se, mesmo assim, adotamos aqui provisoriamente a expressão "espírito do *capitalismo* (moderno)"[20] para nos referirmos àquela mentalidade que aspira *profissionalmente* a um lucro sistemático e racionalmente legítimo, do modo como ilustrado pelo exemplo de Franklin, isso ocorre pela razão histórica de que essa mentalidade encontrou na empresa capitalista moderna sua forma mais adequada e, por outro lado, a empresa capitalista encontrou nela sua força motriz e espiritual mais adequada.

Entretanto, por si só, ambas podem muito bem ocorrer separadamente. Benjamin Franklin estava imbuído do "espírito capitalista" em uma época em que sua tipografia, por sua forma, em nada se distinguia de uma empresa artesanal. E veremos que, no limiar da época moderna, esse espírito que definimos aqui como "espírito do capitalismo"[21] não foi representado única e prevalentemente pelos empreendedores capitalistas do patriciado comercial, mas, antes, pelas camadas ambiciosas da classe média industrial. Também no século XIX, não são seus representantes clássicos os *gentlemen* distintos de Liverpool e Hamburgo, com seu patrimônio comercial herdado de longa data, e sim os novos-ricos emergentes de Manchester ou da Renânia-Vestfália, muitas vezes provenientes de condições modestas. E algo semelhante já ocorrera no século XVI: grande parte das *indústrias* então recém-surgidas foi criada por novos-ricos.[22]

Por certo, a atividade de um banco, por exemplo, ou do comércio atacadista de exportação, ou ainda de um comércio varejista maior, ou, por fim, de uma grande empresa industrial de produtos fabricados em domicílio só é possível na forma do empreendimento capitalista. Não obstante, todos esses tipos de empresa podem ser conduzidos no espírito estritamente capitalista: os negócios dos grandes bancos de emissão de papel-moeda não *podem* ser gerenciados de outra forma; o comércio ultramarino de épocas inteiras baseou-se em monopólios e regulamentos de caráter rigorosamente tradicional; no comércio varejista — e não se trata aqui dos pequenos mandriões sem capital, que hoje gritam para receber auxílio do Estado —, a revolução que põe um fim ao antigo tradicionalismo ainda está em pleno andamento. É a mesma transformação que mandou pelos ares as antigas formas do sistema industrial doméstico, com o qual o trabalho domiciliar moderno tem apenas a forma em comum. O modo como transcorreu essa revolução e o que ela significou — por mais conhecidos que sejam esses fatos — devem ser demonstrados, mais uma vez, com um caso especial.

Até meados do século passado, pelo menos em alguns ramos da indústria têxtil continental,[23] a vida do empresário que empregava trabalhadores em domicílio era bastante cômoda no que se refere a nossos conceitos atuais. É possível imaginar seu curso mais ou menos da seguinte forma: os camponeses iam com seus tecidos — com frequência (no caso do linho), predominante ou totalmente manufaturados a partir de matérias-primas de produção própria — até a cidade onde os empresários moravam e, após um exame cuidadoso e, muitas vezes, oficial da qualidade da mercadoria, eram pagos de acordo com os preços habitualmente praticados. Para a comercialização dos produtos nos lugares mais distantes, os clientes dos empresários eram intermediários que também iam à cidade e, na maioria das vezes, compravam não pelas amostras, mas pelas qualidades tradicionais, diretamente do depósito ou por encomenda feita com muita antecedência, que depois eventualmente era repassada aos camponeses. Viagens para visitar pessoalmente a clientela eram realizadas, quando muito, em longos intervalos. Normalmente, bastava a correspondência e o envio de amostras, que aos poucos se tornou mais frequente. O número de horas atrás do balcão era moderado: talvez cinco ou seis por dia, às vezes, até bem menos; durante a temporada, quando havia, um pouco mais. O ganho era modesto, suficiente para uma vida decente e, nos tempos propícios, para reservar um pequeno patrimônio. De modo geral, a convivência entre os concorrentes era relativamente boa, e havia um grande consenso a respeito dos princípios comerciais. As visitas aos "recursos" eram diárias e generosas e, conforme as circunstâncias, ainda se frequentavam as tabernas e os círculos de amigos, mantendo-se um ritmo de vida tranquilo.

Sob todos os aspectos, era uma *forma* "capitalista" de organização, tanto se considerarmos o caráter puramente comercial e de negócios dos empresários quanto se levarmos em conta o fato de que era indispensável o investimento de capitais na empresa e, por fim, se olharmos para o lado objetivo do processo econômico ou para o tipo de contabilidade. Porém, tratava-se de uma economia "tradicionalista", se considerarmos o *espírito* que animava os empresários: o estilo tradicional de vida, o montante tradicional de lucro, a medida tradicional de trabalho, o tipo tradicional de condução dos negócios e das relações com os trabalhadores e com o círculo essencialmente tradicional de clientes, bem como o modo de conseguir clientes e vendas, dominavam a atividade comercial e formavam a base — assim se poderia dizer — do *ethos* desse círculo de empresários.

Porém, em determinado momento, essa comodidade foi repentinamente perturbada, sem que tivesse ocorrido alguma alteração fundamental na *forma* de organização, como a transição para a empresa fechada, para o tear mecânico ou algo semelhante. O que ocorreu foi, antes, simplesmente o seguinte: um jovem pertencente a uma das famílias de empresários que empregam trabalhadores em domicílio mudou-se da cidade para o campo, selecionou cuidadosamente os tecelões que melhor atendiam à sua necessidade, intensificou cada vez mais a dependência e o controle exercidos sobre eles, tornando-os de camponeses a operários; entretanto, por outro lado, encarregou-se pessoalmente das vendas, tentando aproximar-se o máximo possível dos compradores finais; assumiu o controle dos negócios no varejo, angariou clientes, visitando-os regularmente todos os anos, mas sobretudo soube adaptar a qualidade de seus produtos exclusivamente às necessidades e aos desejos da clientela e torná-los "aprazíveis" a esta; ao mesmo tempo, começou a implementar o princípio de "preço baixo, grande volume de vendas". Em seguida, repetiu-se o que sempre e em toda parte é a consequência de um processo de "racionalização" como esse: quem não subia tinha de descer. O idílio desabou na exasperada luta incipiente entre os concorrentes; adquiriram-se patrimônios consideráveis que não foram investidos a juros, e sim no negócio. O antigo estilo abastado e confortável cedeu lugar a uma dura sobriedade, tanto entre os que participavam e sobressaíam porque não *queriam* consumir, apenas ganhar, quanto entre os que permaneciam fiéis ao antigo estilo, pois tinham de se limitar.[24] E o mais importante aqui é que, nesses casos, de maneira geral, *não* foi um afluxo de *dinheiro* novo a provocar essa revolução — em alguns casos que conheci, todo o processo revolucionário foi iniciado com poucos milhares de capital emprestados por parentes —, e sim o novo *espírito*, precisamente o "espírito do moderno capitalismo" que se havia instalado. A questão sobre as forças motrizes da expansão do moderno capitalismo não é, em primeira instância, uma questão sobre a origem das reservas de dinheiro que poderiam ser aplicadas como capitais, e sim, em especial, sobre o desenvolvimento do espírito capitalista. Onde ele revive e consegue atuar, *arranja* reservas de capital como meio de sua atuação, mas não o contrário.[25] No entanto, de modo geral, sua entrada em cena não foi pacífica. Uma onda de desconfiança e, às vezes, de ódio, mas sobretudo de indignação moral, geralmente se opunha contra o primeiro inovador. Como muitos dos casos que conheci, com frequência, começava a se formar uma verdadeira lenda sobre sombras misteriosas em sua vida pregressa. É muito difícil ter parcialidade suficiente para perceber que apenas um caráter extraordinariamente firme poderia salvar um empresário pertencente ao "novo estilo" da perda do autocontrole austero e do naufrágio moral e econômico; que, além da clareza da visão e da capacidade de ação, foram sobretudo determinadas qualidades "éticas" bem marcadas que fizeram o empresário ganhar a indispensável confiança dos clientes e dos trabalhadores nessas inovações e manter a força para superar as inúmeras resistências; acima de tudo, essas qualidades tornaram possível uma produtividade infinitamente mais intensa, que a partir de então passou a ser exigida dos empresários e era incompatível com uma fruição confortável da vida. Todavia, essas qualidades éticas eram de um *gênero* diferente daquelas que se mostraram adequadas ao tradicionalismo do passado.

Do mesmo modo, em regra, não foram os especuladores temerários e inescrupulosos nem os aventureiros econômicos, tais como os encontrados em todas as épocas da história da economia, nem simplesmente "gente muito endinheirada" a criar essa mudança externamente invisível, mas decisiva para a afirmação da vida econômica com esse novo espírito, e sim homens crescidos na dura escola da vida, que ponderavam e arriscavam ao mesmo tempo; porém, acima de tudo, eram *sóbrios* e *constantes*, completamente dedicados à sua atividade, com opiniões e "princípios" rigorosamente burgueses.

Tende-se a acreditar que, em si, essas qualidades morais *pessoais* nada têm a ver com máximas éticas ou até pensamentos religiosos. Nesse sentido, algo essencialmente negativo, como a capacidade de *subtrair-se* à tradição herdada — portanto, muito provavelmente, um "iluminismo" liberal —, seria o fundamento adequado a esse estilo de vida comercial. De fato, em geral é o que ocorre *hoje* na maioria dos casos. Não apenas falta regularmente uma relação da conduta de vida com pontos de partida religiosos, mas também, quando essa relação existe, ao menos na Alemanha costuma ser de caráter negativo. *Hoje*, essas naturezas repletas de "espírito capitalista" costumam ser indiferentes, quando não hostis, à Igreja. A ideia da monotonia devota do paraíso tem poucos atrativos para sua natureza ativa; a religião lhes parece um meio para tirar as pessoas do trabalho neste mundo. Caso se perguntasse a elas sobre o "sentido" de sua atividade sem descanso, que nunca se contenta com o que já possui e, por isso, acaba parecendo sem sentido em uma orientação da vida puramente terrena, elas responderiam, se tivessem alguma resposta: "A preocupação com os filhos e netos". Porém, com mais frequência e mais exatidão, uma vez que esse motivo obviamente não lhes é característico, mas já atuava do mesmo modo nos "tradicionalistas", responderão simplesmente que a empresa, com seu trabalho contínuo, tornou-se "indispensável para sua vida". De fato, essa é a única motivação pertinente, que, ao mesmo tempo, exprime o que, do ponto de vista da felicidade pessoal, é *irracional* nessa conduta de vida, na qual o homem é feito para a sua empresa, e não o contrário. Evidentemente, a sensação de poder e prestígio proporcionada pelo simples fato de possuir também desempenha seu papel nessa questão. Quando a imaginação de um povo inteiro se orienta para a grandeza meramente quantitativa, tal como ocorre nos Estados Unidos, o romantismo dos números age com um fascínio irresistível sobre os "poetas" que existem entre os comerciantes. Porém, de resto, os empresários realmente dirigentes e com sucesso de longa data não se deixam levar por isso. Vale notar ainda que, tal como era comum entre as famílias capitalistas alemãs de novos-ricos, o recurso à posse fideicomissária e aos títulos de nobreza concedidos por carta, bem como o comportamento dos filhos na universidade e no corpo de oficiais do exército, que buscavam esquecer sua origem, representam um produto epígono da decadência. O "tipo ideal" do empresário capitalista,[26] tal como também representado na Alemanha com alguns exemplos excepcionais, nada tem em comum com essa vaidade mais ou menos refinada. Ele evita a ostentação e os gastos desnecessários, bem como a fruição consciente de seu poder, e não se sente confortável com os sinais de reconhecimento social que recebe. Em outros termos, muitas vezes, sua conduta de vida tem certo caráter ascético, tal como se manifesta com clareza no "sermão" de Franklin, anteriormente citado. Veremos com mais detalhes o significado histórico desse fenômeno, que para nós é importante. De fato, não é nem um pouco raro, mas antes bastante frequente, encontrar nele certa modéstia fria, que é substancialmente mais sincera do que aquela reserva que Benjamin Franklin recomenda com tanta inteligência. De sua riqueza, "nada tira" para si mesmo, a não ser a sensação irracional de ter "cumprido bem o seu trabalho".

Mas *isso* é justamente o que parece tão incompreensível e enigmático, tão sórdido e desprezível ao homem pré-capitalista. Que alguém possa conceber como único objetivo de trabalho de uma vida inteira descer ao túmulo carregado do elevado peso material do dinheiro e dos bens é algo que lhe parece apenas um produto de impulsos perversos, ou seja, da *auri sacra fames*.

Atualmente, entre nossas instituições políticas, comerciais e de direito privado, com as formas empresariais e a estrutura própria de nossa economia, esse "espírito" do capitalismo, como já dito, só poderia ser compreendido como puro produto de adaptação. A ordem capitalista da economia precisa dessa dedicação à "profissão" para ganhar dinheiro; ela é um modo de relacionar-se com bens externos tão adequado a essa estrutura e tão ligado às condições da vitória na luta econômica pela existência que *hoje* já não se pode falar em uma relação necessária entre aquela conduta de vida "crematística" e uma "visão de mundo" unitária. De fato, já não precisa ser sustentada pela aprovação de alguma potência religiosa e sente a influência das normas eclesiásticas sobre a vida econômica — tanto quanto essa influência ainda é perceptível — como um obstáculo igual ao das regulamentações estatais. Por conseguinte, os interesses político-comerciais e político-sociais tratam de determinar a "visão de mundo". Quem, em sua conduta de vida, não se adapta às condições do sucesso capitalista decai ou não ascende. Contudo, esses são fenômenos de uma época na qual o moderno capitalismo, tendo alcançado a vitória, emancipou-se dos antigos apoios. Assim como outrora só conseguiu destruir as antigas formas da regulamentação medieval da economia ao associar-se ao moderno poder estatal em desenvolvimento, o mesmo poderia ter acontecido — diga-se de passagem — em suas relações com as forças religiosas. Justamente aqui há de se indagar se — e em que sentido — isso *aconteceu*. Pois quase não há necessidade de comprovar que essa concepção da aquisição de dinheiro como um fim obrigatório em si mesmo, como uma "vocação" do homem, contrariava a percepção moral de épocas inteiras. Na sentença aplicada à atividade do comerciante, *Deo placere vix potest*,* incorporada ao direito canônico e outrora considerada autêntica (tanto quanto a passagem do Evangelho sobre o juro),[27] e na definição de Santo Tomás para a ânsia por lucro como algo *turpitudo* [infâmia, indignidade] (termo com o qual justificava até mesmo o lucro inevitável e, portanto, eticamente lícito), já havia um alto grau de *condescendência* por parte da doutrina católica perante as opiniões radicalmente anticrematísticas de círculos bastante amplos em relação aos interesses das potências financeiras das cidades italianas, que mantinham uma estreita ligação política com a Igreja.[28] E mesmo onde a doutrina se acomodou ainda mais, como em Antonino de Florença, não desaparecia por completo a sensação de que, no fundo, a atividade voltada ao lucro como fim em si mesmo

* Citação extraída de uma sentença do *Decreto de Graciano*: "Homo mercator vix aut nunquam potest Deo placere" (o homem mercador dificilmente ou nunca pode agradar a Deus). (N. T.)

era um *pudendum* [algo vergonhoso], que se tinha de tolerar apenas em razão dos ordenamentos da vida. Alguns eticistas daquela época, sobretudo da escola nominalista, aceitaram como um dado de fato as formas comerciais capitalistas que começavam a se desenvolver e buscaram, não sem contradição, demonstrar que eram lícitas e necessárias sobretudo ao comércio, e que a "indústria" assim desenvolvida era uma fonte legítima de lucro e eticamente irrepreensível. Todavia, a doutrina dominante rejeitou o "espírito" do lucro capitalista como *turpitudo* ou, pelo menos, não conseguiu avaliá-lo positivamente. Uma visão "moral" como a de Benjamin Franklin seria simplesmente impensável. Essa era, sobretudo, a concepção dos próprios círculos capitalistas envolvidos: se permanecessem no terreno da tradição eclesiástica, o trabalho de sua vida, na melhor das hipóteses, seria algo moralmente indiferente, tolerado, mas de todo modo preocupante para a bem-aventurança, em razão do constante perigo de colidir com a proibição eclesiástica da usura. Como mostram as fontes, por ocasião da morte de pessoas ricas, somas bastante consideráveis passavam como "legados de consciência" para instituições religiosas; em algumas circunstâncias, eram restituídos aos antigos devedores como compensação pela "usura" que lhes havia sido injustamente cobrada. A situação dos círculos aristocráticos internamente já liberados dessa tradição foi apenas diversa — além das tendências heréticas ou vistas como suspeitas. No entanto, mesmo naturezas céticas e não religiosas costumavam conciliar-se com a Igreja doando somas globais, pois essa era a melhor forma de garantir-se contra as incertezas da condição após a morte e porque (pelo menos segundo a concepção menos rigorosa e muito difundida) a submissão externa aos mandamentos da Igreja era suficiente para a bem-aventurança.[29] Justamente aqui se manifesta com clareza a *a*moralidade ou até mesmo a *i*moralidade que, segundo a concepção dos *próprios* interessados, era inerente à sua atividade. Como foi que esse comportamento, moralmente tolerado em casos favoráveis, tornou-se uma "profissão" no sentido de Benjamin

Franklin? Como é possível explicar do ponto de vista histórico que no centro do desenvolvimento capitalista do mundo daquela época, na Florença dos séculos XIV e XV, que era o mercado financeiro e de capital de todas as potências políticas, fosse considerado moralmente suspeito ou, em todo caso, tolerável o que nas situações provincianas e pequeno-burguesas da Pensilvânia do século XVIII, onde a economia ameaçava cair no escambo por pura falta de dinheiro, onde não se encontravam vestígios de grandes empresas industriais e os bancos ainda eram incipientes, pôde valer como conteúdo de uma conduta de vida moralmente louvável e até imposta? Não faria nenhum sentido querer falar *aqui* de um "reflexo" das condições "materiais" na "superestrutura ideal". De qual esfera de pensamentos surgiu, então, a classificação de uma atividade que externamente se orienta apenas ao lucro, sob a categoria da "profissão", com a qual o indivíduo se sentia *comprometido*? Pois esse pensamento foi o que assegurou à conduta de vida do empresário de "novo estilo" a base e a estabilidade éticas.

O "racionalismo econômico" foi caracterizado — especialmente por Sombart em estudos muitas vezes felizes e eficazes — como o motivo fundamental da economia moderna. Sem dúvida com razão, se por ele entendermos essa expansão da produtividade do trabalho, que o afastou da subordinação aos limites "orgânicos" naturais do ser humano por meio da divisão do processo de produção sob pontos de vista *científicos*. Com toda a certeza, esse processo de racionalização no campo da técnica e da economia também condiciona uma parte importante dos "ideais de vida" da moderna sociedade burguesa. Sem dúvida, o trabalho a serviço de uma configuração racional que abasteça a humanidade de bens materiais sempre pareceu aos representantes do "espírito capitalista" uma das finalidades orientadoras do trabalho de sua vida. Basta ler a descrição feita, por exemplo, por Franklin de seus esforços para melhorar a comunidade de Filadélfia para entendermos essa verdade bastante evidente. Além disso, a alegria e o orgulho de ter "dado trabalho" a inúmeras pessoas, de ter cooperado com o "florescimento" econômico da cidade natal — no sentido demográfico e comercial que o capitalismo confere a essa palavra —, tudo isso pertence, evidentemente, à alegria de viver específica e "idealista" do empresariado moderno. Do mesmo modo, é claro que uma das características mais fundamentais da economia capitalista privada é o fato de ela ser racionalizada com base em um cálculo rigorosamente *aritmético* e direcionada de forma planejada e pragmática ao desejado sucesso econômico. Isso contrasta com a situação do camponês, que vive da mão para a boca, com a rotina privilegiada do antigo artesão corporativo e com o "capitalismo aventureiro", que era orientado segundo a possibilidade política e a especulação irracional.

Portanto, parece que o desenvolvimento do "espírito capitalista" seria mais fácil de entender como um fenômeno parcial na evolução total do racionalismo e deveria ser deduzido da posição fundamental desse racionalismo em relação aos problemas mais profundos da vida. Nesse contexto, o protestantismo só deveria ser considerado do ponto de vista histórico se tivesse desempenhado um papel como "estágio anterior" das concepções de vida puramente racionalistas. Todavia, tão logo se faz essa tentativa com seriedade, percebe-se que não é possível discutir o problema com tanta simplicidade, uma vez que o desenvolvimento da história do racionalismo não se dá *absolutamente* de maneira *paralela* aos diversos campos da vida. Se concebida como uma simplificação conceitual e uma estruturação da matéria jurídica, a racionalização do direito privado, por exemplo, alcançou seu grau mais elevado no direito romano do final da Antiguidade. Entretanto, mostrou alto grau de atraso em alguns países economicamente mais racionalizados, sobretudo na Inglaterra, onde o renascimento do direito romano fracassou perante o poder das grandes corporações de juristas, ao passo que manteve um predomínio constante nas regiões católicas do sul da Europa. A filosofia racional puramente terrena do século XVIII encontrou seu lugar não apenas ou principalmente nos países onde o capitalismo era mais desenvolvido. Ainda hoje o voltairianismo é um bem comum a amplas camadas superiores e — o que na prática é mais importante — médias, justamente nos países de catolicismo romano. Se por "racionalismo prático" entendermos aquele tipo de conduta de vida que conscientemente relaciona o mundo aos interesses terrenos do *eu individual* e o julga a partir desse ponto de vista, então esse estilo de vida era e ainda hoje é a típica característica dos povos do *liberum arbitrium* [livre-arbítrio], tão arraigado entre franceses e italianos, por exemplo. No entanto, já pudemos nos convencer de que este não é absolutamente o terreno em que prosperou essa relação do homem com sua "profissão" como uma missão, tal como requer o capitalismo. Com efeito, dever-se-ia colocar como epígrafe de todo estudo que se ocupa de "racionalismo" esta frase simples, que muitas vezes é esquecida: a vida pode ser racionalizada dos mais diversos pontos de vista e de acordo com orientações muito diferentes. O "racionalismo" é um conceito histórico que contém um mundo de contradições, e teremos justamente de investigar de qual espírito nasceu essa forma concreta de pensar e viver "racionalmente", a partir da qual se desenvolveu aquela ideia de "profissão" e aquela dedicação ao *trabalho* profissional, que foi e continua sendo um componente característico de nossa cultura capitalista e, como vimos, parece muito irracional do ponto de vista dos interesses individuais, puramente eudemonistas. Interessa-*nos* aqui justamente a origem desse elemento *irracional*, presente neste como em qualquer outro "conceito de profissão".

NOTAS DO AUTOR PARA A PARTE I — CAPÍTULO 2

1. A passagem final foi extraída de *Necessary Hints to Those that Would Be Rich* (escrito em 1736); o restante, de "Advice to a Young Tradesman" (1748), in *Works*, ed. Sparks, vol. II, p. 87.

2. *Der Amerikamüde* (Frankfurt, 1855), conhecida paráfrase poética das impressões de *Lenau* sobre a América. Hoje, dificilmente o livro seria apreciado como obra de arte, mas permaneceu insuperável como documento dos contrastes (hoje há muito atenuados) entre a percepção alemã e a americana; também se poderia dizer daquela vida interna, que desde a mística alemã medieval e apesar de tudo permaneceu *comum* aos católicos e protestantes alemães perante o vigor capitalista puritano. A tradução um tanto livre, feita por Kürnberger, dos tratados de Franklin foi corrigida aqui conforme o original.

3. Sombart utilizou essa citação como mote na seção em que trata da "Gênese do capitalismo" (*Der moderne Kapitalismus*, 1ª ed., vol. I, p. 193. Cf. também p. 390).

4. Obviamente, isso não significa que Jakob Fugger foi um homem moralmente indiferente ou irreligioso nem que a ética de Benjamin Franklin *de modo geral* se exaure nessas sentenças. Não teriam sido necessárias as citações de Brentano (*Die Anfänge des modernen Kapitalismus*, Munique, 1916, p. 150 ss.) para proteger esse bem conhecido filantropo do risco de uma interpretação errônea, como a que Brentano parece atribuir-me. O problema é justamente o contrário: como pôde tal filantropo *expor justamente essas sentenças* (cuja forma característica Brentano omitiu) ao estilo de um *moralista*?

5. Nisso se baseia a diferença entre Sombart e meu estudo quanto ao modo de tratar o problema. A considerável importância prática dessa diferença se manifestará mais adiante. Por enquanto, vale notar que Sombart não negligenciou de modo algum esse aspecto ético do empresário capitalista. Contudo, em sua associação, ele aparece como tendo sido causado pelo capitalismo, enquanto para nossas finalidades aqui temos de considerar a hipótese contrária. Somente na conclusão da pesquisa é que se pode assumir uma posição definitiva. Para a concepção de Sombart, ver op. cit., p. 357, 380, etc. Seu raciocínio se conecta aqui às brilhantes imagens presentes em *Philosophie des Geldes*, de Simmel (último capítulo). Falarei mais adiante de sua polêmica contra mim, apresentada em sua obra *Der Bourgeois*. Neste momento, toda discussão detalhada tem de ser adiada.

6. Na tradução alemã: "Finalmente me convenci de que *verdade, honestidade e integridade nas relações entre os homens são da máxima importância para se ter felicidade na*

vida e, a partir desse momento, tomei uma decisão e a escrevi em meu diário, a fim de praticá-la enquanto eu viver. Na verdade, a revelação como tal não tinha nenhum peso sobre mim. Sempre fui da opinião de que certas ações não são ruins porque a doutrina revelada as proíbe nem boas porque essa doutrina as prescreve, mas porque, considerando todas as circunstâncias, essas ações provavelmente só nos foram proibidas porque são nocivas por natureza ou recomendadas por serem benéficas.".

7. "Retirei-me o quanto pude do centro das atenções e a apresentei" — a saber, a criação da biblioteca, promovida por ele — "como uma iniciativa de 'certo número de amigos', que me pediram para cuidar do assunto e propô-lo àqueles que eles achavam ser amantes da leitura. Desse modo, meu empreendimento transcorreu com facilidade, e em seguida sempre o utilizei em ocasiões semelhantes; devido a meus frequentes sucessos, recomendo-o vivamente. O pequeno sacrifício momentâneo que ele exigirá da vaidade será amplamente recompensado *a posteriori*. Se *por algum tempo* não se sabe de quem é o mérito, alguém mais vaidoso do que o responsável será encorajado a reivindicá-lo, e então até mesmo a inveja será levada a fazer justiça ao primeiro, arrancando do usurpador as penas que não são suas e restituindo-as a seu legítimo proprietário."

8. Brentano (p. 125, 127, nota 1) aproveita essa observação para criticar as posteriores discussões sobre aquela "racionalização" e aquele "disciplinamento" que a ascese intramundana produziria no indivíduo. Essa seria então uma "racionalização" de uma "conduta de vida irracional". De fato, é assim. Nem sempre o "irracional" é algo em si, mas tem base em determinado *ponto de vista* "racional". Para o não religioso, é "irracional" todo estilo de vida religioso; para o hedonista, todo estilo de vida ascético — ainda que, medidos com base em *seu* último valor, ambos constituam uma "racionalização". Se este estudo contribuir para alguma coisa, que seja para revelar os múltiplos aspectos contidos no conceito aparentemente unívoco de "racional".

9. Provérbios 22,29 [tradução em português extraída de www.bibliaonline.com.br (N. T.)]. Lutero traduz por *in seinem Geschäft* [em seu negócio], e as versões em inglês mais antigas da Bíblia traduzem por *business* [negócios]. A esse respeito, ver nota 54.

10. Diante da extensa mas imprecisa apologia que Brentano (op. cit., p. 150 ss.) faz de Franklin, cujas qualidades éticas eu não teria sabido interpretar, remeto simplesmente a essa observação, que em minha opinião seria suficiente para tornar supérflua essa apologia.

11. Aproveito a ocasião para inserir aqui de antemão algumas observações "anticríticas". Sombart incorre em uma afirmação insustentável ao declarar (*Der Bourgeois*, Munique e Leipzig, 1913) que essa "ética" de Franklin seria a repetição "literal" de considerações de Leon Battista Alberti, grande gênio universal do Renascimento que, além de textos teóricos sobre matemática, artes plásticas, pintura, (sobretudo) arquitetura e o amor (pessoalmente, era misógino), redigiu uma obra em quatro livros sobre a administração doméstica (*Della famiglia*), da qual infelizmente não

disponho no momento da edição de Mancini, mas apenas a mais antiga, de Bonucci. A passagem de Franklin está reproduzida literalmente mais acima. Onde mais se encontram trechos semelhantes nas obras de Alberti, em especial a máxima apresentada no início ("tempo é *dinheiro*") e as exortações no final? Que eu saiba, a única passagem que apresenta uma remota semelhança com a de Franklin se encontra ao final do primeiro livro (*Della famiglia*) (ed. de Bonucci, vol. II, p. 353), onde se fala de maneira bastante genérica sobre o dinheiro como *nervus rerum* [nervo das coisas] da economia doméstica, e que por isso deve ser muito bem administrado — tal como já dizia Catão em *De re rustica*. É fundamentalmente incorreto tratar Alberti, que fazia questão de ressaltar ser descendente de uma das mais nobres famílias de cavaleiros de Florença (*nobilissimi cavalieri*: *Della famiglia*, p. 213, 228, 247, na edição de Bonucci), como um homem de "sangue diluído" e repleto de ressentimento pelas famílias nobres, uma vez que delas foi excluído, em razão de sua origem extramatrimonial (que não o desqualifica nem um pouco). Certamente é característico de Alberti o fato de ele recomendar *grandes* negócios, que seriam os únicos dignos de uma *nobile e onesta famiglia* e de um *libero e nobile animo* (op. cit., p. 209) e demandam menos trabalho (cf. *Del governo della famiglia*, IV, p. 55, igualmente na redação para os Pandolfini, p. 116; *dentre* todas as ocupações, a melhor seria a indústria doméstica da seda e da lã!). Além disso, a recomendação de uma administração doméstica ordenada e rigorosa, calculando as despesas com base na receita. Desse modo, a *santa masserizia*, cuja apresentação é feita por Gianozzo, seria essencialmente um princípio da administração da *casa*, e não do *lucro* (como Sombart teria podido muito bem reconhecer). De forma semelhante, na discussão sobre a essência do dinheiro (op. cit.), trata-se sobretudo de um investimento patrimonial (dinheiro ou *possessioni*), e não de uma valorização do *capital*. Também se recomenda — como autodefesa contra a instabilidade da *fortuna* — habituar-se desde cedo a uma atividade contínua *in cose magnifiche e ample* (p. 192), como única maneira de manter-se permanentemente saudável, e evitar o ócio, que é sempre perigoso para a manutenção da própria posição. Por conseguinte, também é aconselhável o aprendizado diligente de um ofício adequado à própria condição social, para o caso de um revés na vida (porém, toda *opera mercenaria* é inadequada à posição social: *Della famiglia*, I, p. 209). Seu ideal de *tranquillità dell'animo* e sua forte tendência ao epicurista λαθε βιωσας (*vivere a sé stesso*, ibidem, p. 262), especialmente a aversão a todo cargo público (p. 258) como fonte de inquietação, hostilidade, envolvimento em negócios escusos; seu ideal de vida em uma casa de campo; o amor próprio alimentado pela lembrança dos antepassados, e a *honra da família* (que por isso, segundo a tradição florentina, deve manter seu patrimônio intacto, e não o dividir) tomada como critério e objetivo decisivos — aos olhos de todo puritano, tudo isso teria sido uma "idolatria" pecaminosa "da criatura", mas, para Benjamin Franklin, a expressão de um *páthos* aristocrático desconhecido. Observe-se ainda a alta estima do ofício literário (pois a *industria* é direcionada sobretudo ao trabalho literário e científico; ela é a única coisa realmente digna do homem, e basicamente apenas na boca do iliterato Gianozzo é colocada a expressão *masserizia*, no sentido de "administração doméstica racional", como meio equivalente de viver de maneira independente dos outros e não acabar na pobreza. Nesse contexto, a origem do conceito proveniente da ética monástica é atribuída a um antigo sacerdote. Para se medir a profundidade da diferença, há de se confrontar tudo isso com a ética e a conduta de vida de Benjamin Franklin e seus antepassados puritanos; há de se comparar os textos dos literatos do Renascimento, destinados aos patriciados humanistas, com aqueles destinados às massas da classe média burguesa — expressamente, aos comerciários — e com os tratados e sermões dos puritanos. Em sua substância, o racionalismo econômico de Alberti, amplamente sustentado por citações de escritores antigos, é muito semelhante à abordagem de matérias econômicas nos escritos de Xenofonte (que ele não conhecia), Catão, Varro e Columella (que ele cita) — só que, contrariamente a Alberti, sobretudo em Catão e Varro, o *lucro* como tal está em primeiro plano. De resto, na realidade, as considerações de Alberti, por certo muito ocasionais, sobre o emprego dos *fattori*, sua divisão de trabalho e sua disciplina, sobre a pouca credibilidade dos camponeses, etc., dão a impressão de que a sabedoria de vida de Catão foi transposta do terreno do manso senhorial e escravocrata ao trabalho livre na indústria doméstica e na meação. Se Sombart (cuja referência à ética estoica é completamente errônea) acha que já em Catão o racionalismo econômico "está desenvolvido até a última consequência", sua afirmação, se bem compreendida, não é equivocada. De fato, é possível reunir sob a mesma categoria o *diligens pater famillias* dos romanos e o ideal do *massajo* de Alberti. Em Catão, é característico sobretudo o fato de que a propriedade agrária era avaliada e julgada como objeto de um *investimento*. No entanto, o conceito de *industria* recebe outra conotação devido à influência cristã. E justamente nisso se mostra a diferença. Na concepção de *industria*, que provém da ascese monástica e foi desenvolvida por escritores monásticos, encontra-se o germe do *ethos*, que se desenvolveu plenamente na "ascese" protestante, exclusivamente *intra*mundana (ver infra). Conforme ainda enfatizaremos com frequência, isso explica a afinidade dessas duas concepções, que de resto é *menor* com o tomismo, doutrina oficial da Igreja, do que com a dos éticos mendicantes de Siena e Florença. Em Catão e nas próprias exposições de Alberti falta esse *ethos*: em ambos se trata da *sabedoria* de vida, e não da ética. Também em Franklin se trata de utilitarismo. Entretanto, o *páthos* ético do sermão a jovens comerciantes é inconfundível e constitui seu aspecto característico — que é o que nos interessa. Para ele, a falta de cuidado com o dinheiro significa, por assim dizer, que se "matam" os embriões do capital e, por isso, também é um defeito *ético*.

De fato, uma afinidade entre ambos (Alberti e Franklin) existe apenas à medida que Alberti ainda não relaciona concepções religiosas à recomendação de "rentabilidade", enquanto Franklin *já não* o faz. Alberti é chamado de "devoto" por Sombart; porém, mesmo tendo recebido os sacramentos e uma prebenda romana como tantos outros humanistas, não adota *em absoluto* motivos religiosos (exceto em duas passagens bastante inexpressivas) como pontos de orientação para a conduta de vida que recomenda. Tanto para um quanto para outro, apenas o utilitarismo tem a palavra nesse terreno, pelo menos do ponto de vista formal — no caso de Alberti, também o utilitarismo social e mercantilista em sua recomendação relativa à indústria doméstica da lã e da seda (que "dá trabalho a muita gente", op. cit., p. 292). As considerações de Alberti sobre o tema são um paradigma muito apropriado para aquela espécie de "racionalismo" econômico imanente, por assim dizer, que de fato se manifestou como "reflexo" de condições econômicas em escritores de todos os lugares e épocas, que se interessavam apenas pela "questão em si", no classicismo chinês e na Antiguidade, não menos do que no Renascimento e no Iluminismo. Por certo, assim como na Antiguidade com Catão, Varro e Columella, aqui também, com Alberti e seus semelhantes, desenvolveu-se uma *ratio* econômica, especialmente na doutrina da *industria*. Porém, como alguém pode acreditar que uma *doutrina* como essa, elaborada por literatos, seria capaz de desenvolver uma força revolucionária dessa espécie, do mesmo modo como uma crença religiosa, que atribui *recompensas de salvação* a determinada conduta de vida (nesse caso, metódico-racional)? Em comparação, é possível reconhecer como seria uma "racionalização" da conduta de vida (e com ela eventualmente também do comportamento econômico) orientada pela *religião*. Além dos puritanos de todas as denominações, em sentidos muito diferentes entre si, vale considerar os exemplos dos jainistas, dos judeus, de certas seitas ascéticas da Idade Média, de Wyclif, dos Irmãos Morávios (uma reminiscência do movimento hussita), dos *skoptsy* e estundistas na Rússia e de inúmeras ordens monásticas. Para anteciparmos nossas conclusões, o aspecto decisivo dessa diferença é o fato de que uma ética ancorada na religião concede *recompensas psicológicas* bem determinadas e altamente eficazes (de caráter *não* econômico) pelo comportamento que suscita enquanto a crença religiosa permanecer viva — algo de que *não* dispõe uma simples teoria da arte de viver como a de Alberti. Essa ética adquire uma influência autônoma sobre a conduta de vida e, por conseguinte, sobre a economia apenas à medida que essas recompensas atuam e, sobretudo (e esse é o ponto decisivo), na *direção* em que atuam, que costuma ser diferente da *doutrina* dos teólogos (que, por sua vez, também é apenas uma "doutrina"). Para dizer de maneira clara, esse é o ponto central de todo este ensaio, que eu não esperava que fosse completamente ignorado. Em outra ocasião, falarei dos éticos teológicos do final da Idade Média (especialmente Antonino de Florença e Bernardino de Siena), relativamente "favoráveis ao capital" e muito mal interpretados por Sombart. Em todo caso, L. B. Alberti não se enquadrava absolutamente nesse círculo. Do raciocínio monástico ele extraiu apenas o conceito de *industria*, pouco importa por qual intermediário. Alberti, Pandolfini e seus pares são representantes daquela mentalidade que, apesar de toda a obediência oficial e de toda a sujeição à ética cristã em vigor, foi internamente emancipada da tradição eclesiástica e amplamente orientada ao "paganismo" antigo. Segundo Brentano, eu teria "ignorado" a importância dessa mentalidade para o desenvolvimento da moderna doutrina da economia (e da política). É bem verdade que não abordei *aqui essa* série de causas. Com efeito, ela não é compatível com um tratado sobre a "*ética protestante* e o espírito do capitalismo". Muito longe de negar sua importância — como se mostrará em outra oportunidade —, por boas razões fui e sou da opinião de que a esfera e a direção de sua atuação eram completamente *diferentes* daquelas da ética protestante (cujos precursores, nem um pouco desimportantes na prática, foram as seitas e a ética de Wyclif e Huss). *Não* foi a *conduta de vida* (da burguesia emergente) a ser influenciada por essa mentalidade, e sim a política dos estadistas e príncipes; e essas duas séries causais, que convergem em parte, mas nem sempre, devem ser inicialmente mantidas bem distintas. No que se refere a Benjamin Franklin, de fato, seus tratados sobre economia privada — na época, empregados como leituras escolares na América — pertencem a essa categoria que exerceu forte influência sobre a vida *prática*, ao contrário da vasta obra de Alberti, quase desconhecida fora do círculo de estudiosos. No entanto, Franklin é expressamente citado por mim aqui como um homem que esteve além da regulamentação puritana da vida, que se atenuou nesse ínterim, tal como o "Iluminismo" inglês, cujas relações com o puritanismo foram expostas com mais frequência.

12. Infelizmente, na obra citada, também Brentano colocou toda espécie de aspiração ao lucro (fossem bélicas ou pacíficas) no mesmo saco e estabeleceu como caráter específico do desejo "capitalista" de lucro (em oposição ao feudal, por exemplo) apenas a orientação para o *dinheiro* (em vez da terra); e não apenas rejeitou toda distinção ulterior, que poderia conduzir a conceitos claros, como também apresentou a afirmação (p. 131), para mim incompreensível, de que o conceito de "espírito" do capitalismo (moderno!), aqui formado para atender aos objetivos desta pesquisa, já inclui em seus pressupostos o que ainda deve demonstrar.

13. Cf. as observações de Sombart, pertinentes em todos os aspectos, em *Die deutsche Volkswirtschaft im neunzehnten Jahrhundert*, p. 123. Embora os estudos subsequentes, em todos os seus pontos de vista decisivos, remontem a trabalhos mais antigos, não preciso enfatizar o quanto, em sua formulação, devem ao simples fato de terem sido precedidos pelas grandes obras de Sombart, com suas formulações precisas, mesmo quando — *e especialmente quando* — seguiam por caminhos distintos. Mesmo quem sempre se sente levado a contradizer de modo enérgico as opiniões de Sombart e rejeitar algumas de suas teses tem a obrigação de reconhecer sua contribuição.

14. Obviamente, não entraremos em detalhes sobre onde estão estabelecidos esses limites nem tomaremos uma posição a respeito da conhecida teoria da relação entre os altos salários e a alta produtividade no trabalho, inicialmente enunciada por Brassey, teoricamente formulada e representada por Brentano e, do ponto de vista histórico e construtivo, por Schulze-Gävernitz. A discussão foi reaberta pelos aprofundados estudos de Hasbach (*Schmollers Jahrbuch*, 1903, p. 385-391 e 417 ss.) e não foi encerrada. Para nós aqui, basta o fato, que não suscita nem pode suscitar dúvidas em ninguém, de que salários baixos e lucro alto, salários baixos e oportunidades favoráveis de desenvolvimento industrial simplesmente não coincidem; de que operações financeiras mecânicas não produzem, de modo algum, a "educação" necessária para a cultura capitalista e, com ela, a possibilidade de uma economia capitalista. Todos os exemplos escolhidos são meramente ilustrativos.

15. Por essa razão, o estabelecimento *também* de indústrias *capitalistas* em um país muitas vezes não foi possível sem amplos movimentos de migração, partindo de territórios de culturas mais antigas. Por mais corretas que sejam as observações de *Sombart* sobre o contraste entre as "competências" pessoais e os segredos profissionais do artesão, por um lado, e a moderna técnica, cientificamente objetiva, por outro, na época do surgimento do capitalismo essa diferença quase não existia. De fato, as qualidades éticas, por assim dizer, do trabalhador capitalista (e, em certa medida, também do empresário) tinham um "valor de escassez" algumas vezes mais elevado

do que as competências do artesão, enrijecidas em um tradicionalismo de séculos. E, no que se refere à escolha de sua localização, mesmo a indústria atual ainda não é totalmente independente dessas características adquiridas pela população por meio de uma antiga tradição e da educação para o trabalho intensivo. Segundo as ideias científicas atualmente vigentes, quando se observa tal dependência, tende-se a atribuí-la a qualidades hereditárias da raça, e não à tradição e à educação, o que, em minha opinião, suscita muitas dúvidas.

16. Ver o trabalho citado na nota 23.

17. As observações anteriores podem ser mal interpretadas. A tendência de uma conhecida classe de empresários a adotar em benefício próprio a frase "é preciso preservar a religião para o povo", e a tendência, não rara no passado, de amplos círculos — em especial, do clero luterano, em geral motivado por uma simpatia pela autoridade — a se colocarem à disposição como "polícia negra" quando se tratava de estigmatizar a greve como pecado e os sindicatos como incentivadores da "avidez", etc., são coisas com as quais os fenômenos dos quais falamos aqui nada têm a ver. Os fatores mencionados no texto referem-se não a fatos isolados, mas a fatos muito frequentes e, conforme veremos, tipicamente recorrentes.

18. *Der moderne Kapitalismus*, vol. I, 1ª ed., p. 62.

19. Op. cit., p. 195.

20. Trata-se, naturalmente, da *empresa* racional *moderna*, específica do Ocidente, e não do capitalismo dos usurários, fornecedores de materiais bélicos, arrendatários de cargos públicos e impostos, grandes comerciantes e magnatas financeiros, difundido há três milênios no mundo, desde a China, a Índia, a Babilônia, a Grécia, Roma e Florença até o presente. Ver a introdução.

21. Ressalte-se apenas que, *a priori*, não se oferece a hipótese de que a técnica da empresa capitalista, por um lado, e o espírito do "trabalho profissional", que costuma emprestar ao capitalismo sua energia expansiva, por outro, tenham necessariamente encontrado seu *originário* terreno fértil nas mesmas camadas sociais. Ocorre algo semelhante com as relações sociais de conteúdos de consciência religiosos. Historicamente, o calvinismo era um dos portadores da educação para o "espírito capitalista". No entanto, nos Países Baixos, por exemplo, por razões que serão esclarecidas mais tarde, os principais defensores do calvinismo de estreita observância não foram os grandes proprietários de capital, e sim os arminianos. Nesse e em outros casos, os *pequenos* e *médios* burgueses que se alçavam a empresários foram os "típicos" representantes da ética capitalista e do eclesiasticismo calvinista. Entretanto, justamente isso coincide com o que foi exposto aqui: em todas as épocas houve grandes proprietários de capital e grandes comerciantes. Contudo, apenas a evolução da Idade Média para a Idade Moderna conheceu uma organização capitalista e racional do trabalho industrial burguês.

22. A esse respeito, ver a boa dissertação de J. Maliniak (1913), de Zurique.

23. O quadro apresentado em seguida é um "tipo ideal", compilado das condições de diferentes ramos individuais em diferentes locais. Para a finalidade ilustrativa a que se destina aqui, por certo, é irrelevante que, nos exemplos em que pensamos, o processo não tenha ocorrido exatamente da maneira descrita.

24. Também por essa razão, não é por acaso que esse primeiro período do racionalismo incipiente, por exemplo, o primeiro bater de asas da indústria alemã, caminhou lado a lado com o declínio completo do estilo dos objetos de uso cotidiano.

25. Isso não significa que a oscilação das reservas de metais preciosos possa ser considerada economicamente irrelevante.

26. Isso se refere apenas ao tipo de empresário, que aqui tomamos como objeto de nossa observação, e não a uma média empírica qualquer. (Sobre o conceito de "tipo ideal", ver meu ensaio em *Archiv f. Sozialwissensch.*, vol. XIX, fascículo 1.)

27. Talvez este seja o local adequado para entrar brevemente nas observações do já citado texto de F. Keller (fascículo 12 das publicações de Görres-Ges.) e nas observações de Sombart a elas relacionadas (em *Der Bourgeois*), desde que pertinentes ao contexto. É realmente um absurdo que um escritor critique um tratado em que a proibição canônica do juro *não é mencionada* (exceto em *uma* observação incidental e sem *nenhuma* relação com a argumentação geral), partindo do pressuposto de que justamente essa proibição — que, no entanto, encontra paralelos em quase todas as éticas religiosas da Terra! — seria tomada como a característica distintiva entre a ética católica e a reformadora. Só se deveriam criticar trabalhos que realmente foram lidos ou cujas declarações, quando lidas, não foram esquecidas. A luta contra a *usuraria pravitas* atravessa tanto a história eclesiástica huguenote quanto a dos Países Baixos no século XVI. Com frequência, os "lombardos", ou seja, os banqueiros, foram excluídos da eucaristia em razão de sua condição (ver nota 13). A concepção mais livre de Calvino (que, de resto, não impedia que, no primeiro esboço das ordenanças, ainda fossem previstas disposições contra a usura) só conseguiu vencer graças a Salmásio. Portanto, não é *aqui* que reside a oposição, muito pelo contrário. Contudo, piores são as próprias argumentações do autor sobre essa questão e que lamentavelmente chamam a atenção por sua superficialidade quando confrontadas com os textos de Funck e de outros estudiosos católicos (que, em minha opinião, não têm seu mérito reconhecido) e com as pesquisas de Endemann, hoje ultrapassadas em alguns aspectos, mas ainda fundamentais. É bem verdade que Keller absteve-se de excessos como as observações de Sombart (op. cit., p. 321), segundo as quais se notam nos "homens devotos" (referindo-se essencialmente a Bernardino de Siena e Antonino de Florença) um verdadeiro "desejo de estimular de todos os modos o espírito empreendedor", uma vez que interpretavam a proibição da usura de maneira semelhante ao que ocorria no mundo inteiro quanto à proibição do juro, deixando intacto o que em nossa terminologia é chamado de investimento "produtivo" do

capital. Note-se de passagem que nesta obra de Sombart temos um "livro-tese" no mau sentido do termo. Para o autor, por um lado, os romanos pertencem aos "povos heroicos" e, por outro — o que em sua obra constitui uma contradição irreconciliável —, já em Catão o racionalismo econômico ter-se-ia desenvolvido "às últimas consequências" (p. 267). No entanto, ele distorceu completamente o significado da proibição do juro. Esse significado, que não exporemos em detalhes aqui, foi frequentemente superestimado no passado, depois muito desvalorizado, e agora, na era dos multimilionários católicos, invertido para fins apologéticos. Como se sabe, apesar da fundamentação bíblica, a proibição do juro só foi revogada no século passado por meio da instrução da Congregação do Santo Ofício, e mesmo assim apenas *temporum ratione habita* e *indiretamente*, ou seja, mediante a proibição de perturbar os penitentes com investigações ulteriores sobre a *usuraria pravitas*, quando havia a certeza de sua obediência *também para o caso* de essa interdição voltar a entrar em vigor. Pois, levando-se em conta as infinitas controvérsias, por exemplo, sobre a licitude da compra de anuidades, de desconto de letras de câmbio e dos mais diferentes contratos, e levando-se em conta sobretudo o fato de que a mencionada disposição da Congregação do Santo Ofício foi promulgada por ocasião de um empréstimo *municipal*, alguém que tenha feito estudos mais aprofundados sobre a tão intricada história da doutrina eclesiástica da usura não poderá afirmar que a proibição de empréstimo a juro referia-se apenas ao crédito de urgência e que tinha como objetivo a "preservação do capital" ou até que "promoveu a empresa capitalista". A verdade é que a Igreja só tornou a pensar bastante tarde na proibição do juro. Quando isso aconteceu, as formas usuais e puramente comerciais de investimento *não* eram empréstimos a juro fixo, mas *foenus nauticum*, *commenda*, *societas maris* e *dare ad proficuum de mari* (empréstimos nos quais a participação nas perdas e nos ganhos era proporcional à classe de risco), e assim *tinham de* ser, dado o caráter do juro aplicado ao empréstimo ao empresário. Nem todos os empréstimos foram afetados pela proibição (ou o foram apenas segundo alguns canonistas rigorosos), mas, quando se tornaram possíveis e usuais tanto os investimentos a juro fixo quanto os descontos, surgiram (também mais tarde) dificuldades bastante perceptíveis por parte da proibição de juro; dificuldades que conduziram a toda sorte de medidas severas das guildas de comerciantes (listas negras!). Contudo, também é verdade que, de modo geral, o tratamento da proibição de juro por parte dos canonistas era *meramente* jurídico-formal, em todo caso sem toda aquela tendência a "proteger o capital" que Keller lhe atribui. Por fim, *à medida que* se podem constatar tomadas de posição em relação ao capitalismo como tal, os fatores decisivos foram: de um lado, a aversão tradicionalista, em geral sentida de maneira indistinta, contra o poder *impessoal* e invasivo do capital e, portanto, dificilmente acessível à eticização (tal como refletem as declarações de Lutero sobre os Fugger e os negócios financeiros); de outro, a necessidade de adaptação. Entretanto, não nos cabe discutir isso aqui, pois, como já dito, a proibição de juro e seu destino têm para nós, no máximo, uma importância sintomática, que também é limitada.

A ética econômica dos teólogos mendicantes escoceses e especialmente de alguns do século XV, sobretudo Bernardino de Siena e Antonino de Florença, ou seja, de monges escritores de orientação especificamente racional e *ascética*, sem dúvida, merece uma página especial e não pode ser exaurida de maneira incidental em nosso contexto. Do contrário, eu seria obrigado a antecipar em uma anticrítica o que só tenho a dizer em minha exposição sobre a ética econômica católica em sua relação *positiva* com o capitalismo. Esses escritores se esforçam — e, nesse sentido, são precursores de alguns jesuítas — para justificar o lucro do *comerciante* como recompensa eticamente *lícita* por sua *industria* (por certo, nem mesmo Keller é capaz de afirmar mais do que isso).

Não há dúvida de que, *em última instância*, o conceito e a avaliação da *industria* são tomados da ascese monástica e provavelmente também do conceito de *masserizia* que, segundo uma declaração do próprio Alberti, posta na boca de Gianozzo, foi transportado da linguagem clerical para a sua. Somente mais adiante trataremos com mais detalhes da ética monástica como precursora das denominações ascéticas intramundanas do protestantismo (na Antiguidade, encontram-se concepções análogas entre os cínicos, em inscrições tumulares do helenismo tardio e, em condições totalmente diferentes, também no Egito). O que *falta por completo* nos teólogos mencionados (tanto quanto em Alberti) é o aspecto para nós decisivo: como veremos mais adiante, a concepção da *confirmação* da própria salvação, da *certitudo salutis* na profissão, concepção essa característica do protestantismo ascético; portanto, as *recompensas* psíquicas que essa religiosidade outorgava à *industria* e que necessariamente teriam de faltar ao catolicismo, uma vez que seus meios de salvação eram outros. No que se refere aos efeitos, nesses escritores se trata de uma *doutrina* ética, e não de impulsos individuais e práticos, condicionados por interesses relacionados à salvação. Além disso, como se pode ver facilmente, trata-se de uma *adaptação*, e não, como na ascese intramundana, de argumentações a partir de posições religiosas centrais. (De resto, há muito tempo Antonino e Bernardino receberam elaborações melhores do que a feita por F. Keller.) E mesmo essas adaptações continuaram sendo contestadas até o presente. Não obstante, a importância dessas concepções éticas dos monges como *sintomas* não é absolutamente desprezível. Contudo, as verdadeiras "origens" de uma ética religiosa que desemboca no *moderno* conceito de *profissão* se encontravam nas seitas e na heterodoxia, sobretudo em Wyclif, embora sua importância tenha sido fortemente sobrestimada por Brodnitz (*Engl. Wirtschaftsgeschichte*), para o qual a influência de Wyclif foi tão grande que ao puritanismo não restou o que fazer. No entanto, tudo isso não pode (nem deve) ser examinado neste estudo. Pois aqui não é possível discutir incidentalmente se e em que medida a ética cristã da Idade Média *de fato* colaborou com a criação das pré-condições para o espírito capitalista.

28. As palavras μηδεν απελπιζοντες (Lucas 6,35) e a tradução da Vulgata *nihil inde sperantes* provavelmente são originárias (segundo A. Merx) de μηδενα απελπιζοντες (= *neminem desperantes*); portanto, ordenavam o empréstimo a *todos* os irmãos, incluídos os pobres, sem falar em juro. Atualmente, à sentença *Deo placere vix potest* é atribuída uma origem ariana (o que, objetivamente, não faz diferença para nós).

29. Um exemplo de como se lidava com a proibição da usura é dado pelo livro I, cap. 65 do estatuto da *Arte di Calimala* (no momento, disponho apenas da versão italiana de Emiliani-Giudici, *Stor. dei Com. Ital.*, vol. III, p. 246): "Procurino i consoli

con *quelli frati, che parrà loro*, che perdono si faccia e come fare si possa il meglio per l'amore di ciascuno, del dono, merito o guiderdono, ovvero interesse per l'anno presente e secondo che altra volta fatto fue" [Que os cônsules obtenham, por intermédio dos frades que julgarem pertinentes, da melhor forma possível pelo amor de cada um, a concessão do perdão pela doação, pelo mérito e pela recompensa, ou seja, pelo juro relativo ao ano atual e de acordo com o que foi feito da outra vez]. Em outros termos, a corporação se encarregava de providenciar oficialmente e por submissão a indulgência para seus membros. Típicas do caráter externo à moral do lucro do capital são as seguintes instruções, bem como, por exemplo, o mandamento imediatamente anterior (cap. 63) de registrar todos os juros e lucros como "doações". Com frequência, às atuais listas negras da Bolsa de Valores contra aqueles que recorrem à objeção de diferença correspondia a má reputação daqueles que apelavam aos tribunais eclesiásticos com a *exceptio usurariae pravitatis*.

3. A CONCEPÇÃO DE PROFISSÃO EM LUTERO. TAREFA DA PESQUISA

A essa altura, não se pode negar que já na *palavra* alemã *Beruf*,* e talvez de maneira ainda mais nítida no inglês *calling*, ao menos *ressoa* uma concepção religiosa, aquela de uma *missão* imposta por Deus. Essa concepção se torna tanto mais perceptível quanto mais enfatizarmos o termo no caso concreto. E se rastrearmos historicamente a palavra e por meio das línguas civilizadas, inicialmente constataremos que os povos nos quais predomina o catolicismo não conhecem uma expressão de conotação semelhante ao que chamamos de *Beruf* (no sentido de uma posição na vida, de um campo delimitado de trabalho), como também não a conhecia a Antiguidade clássica,[1] ao passo que existe em *todos* os povos predominantemente protestantes. Além disso, também se percebe que dessa expressão não participa uma particularidade étnica qualquer das línguas em questão, algo como a expressão de um "espírito nacional germânico", e sim que o termo, em seu sentido atual, provém das *traduções da Bíblia*, e especificamente do espírito do tradutor, e *não* daquele do original.[2] Na tradução luterana da Bíblia, parece ter sido usada pela primeira vez, exatamente com nosso sentido atual, em uma passagem de Jesus Ben Sirac [Eclesiástico] (11, 20 e 21).[3] Em seguida, logo assumiu seu significado atual na língua profana de todos os povos protestantes, enquanto antes, até onde se pôde reconhecer, não se notava *nenhum* indício dela com esse sentido na literatura profana desses povos nem na homilética, exceto em um místico alemão, cuja influência sobre Lutero é conhecida.

---

* O termo alemão *Beruf* traduz-se ora como "profissão", ora como "vocação". (N. T.)

E, como deveria ser de conhecimento geral, não apenas o significado do termo, mas também o *conceito* é novo e um produto da Reforma. Não que na Idade Média e até mesmo na Antiguidade do helenismo *tardio* já não tenham existido certos indícios dessa avaliação do trabalho cotidiano e mundano, presente nesse conceito de *Beruf*. Falaremos mais adiante a esse respeito. Em todo caso, absolutamente nova foi, a princípio, a avaliação do cumprimento do dever nas profissões mundanas como o conteúdo mais elevado que a atividade moral e autônoma poderia assumir. Essa foi a consequência inevitável de se conceber um significado religioso para o trabalho cotidiano e mundano, produzindo pela primeira vez o conceito de profissão nesse sentido. Portanto, no conceito de *Beruf* exprime-se aquele dogma central de todas as denominações protestantes que rejeita a distinção católica dos mandamentos morais cristãos em *praecepta* e *consilia* e reconhece como único meio de viver de maneira agradável a Deus não a superação da moral intramundana através da ascese monástica, e sim exclusivamente o cumprimento dos deveres intramundanos, tal como resultam da posição de cada um na vida que justamente assim se torna sua profissão [*Beruf*].

Em Lutero,[4] essa ideia se desenvolve ao longo da primeira década de sua atividade reformadora. No início, em total concordância com a tradição predominante na Idade Média, tal como representada, por exemplo, por Santo Tomás de Aquino,[5] ele considera que o trabalho mundano, embora desejado por Deus, é da ordem das criaturas; é o fundamento natural indispensável de uma vida de fé, moralmente indiferente em si, como comer e beber.[6] No entanto, a importância da vocação aumenta em Lutero com a implementação mais clara do conceito de *sola-fide* em suas consequências e com a oposição cada vez mais aguda aos "conselhos evangélicos" católicos do monaquismo, "ditados pelo diabo". Lutero vê a conduta de vida dos monges não apenas como claramente desprovida de valor para a justificação perante Deus, mas também como produto de uma falta egoísta de amor, que se subtrai aos deveres do mundo. Em contraste, o trabalho profissional mundano aparece como a expressão externa do amor pelo próximo. Isso é fundamentado de modo altamente estranho à realidade e em uma oposição quase grotesca às conhecidas proposições[7] de Adam Smith, sobretudo por meio da indicação de que a divisão do trabalho obriga todo indivíduo a trabalhar para os *outros*. Entretanto, como se vê, essa fundamentação essencialmente escolástica logo torna a desaparecer, e o que permanece, com ênfase crescente, é a indicação de que, em todas as circunstâncias, o cumprimento dos deveres intramundanos é o único caminho para agradar a Deus, de que apenas ele representa a vontade de Deus e, por isso, toda profissão lícita tem o mesmo valor diante Dele.[8]

Não há dúvida de que essa qualificação moral da vida profissional mundana foi uma das produções da Reforma — e, portanto, de Lutero em especial — com mais consequências e pode até mesmo ser considerada um lugar-comum.[9] Essa concepção está muito distante do ódio profundo com que o ânimo contemplativo de *Pascal* repudiava[10] a apreciação da ação no mundo, que, segundo sua mais profunda convicção, só se explicava por vaidade ou esperteza. No entanto, ainda mais distante ela está da generosa e utilitária *adaptação* ao mundo, realizada pelo probabilismo jesuíta. Contudo, o modo como se poderia imaginar em detalhes a importância prática dessa produção do protestantismo é algo que, em geral, é mais sentido de forma obscura do que reconhecido com clareza.

Inicialmente, quase não é necessário constatar que a Lutero não deve ser associada nenhuma afinidade interna com o "espírito capitalista" no sentido que até agora atribuímos a essa expressão nem em outro sentido qualquer. De modo geral, os círculos eclesiásticos que costumam exaltar com máximo ardor essa "ação" da Reforma não são nem um pouco amigos do capitalismo em nenhum sentido. Com maior razão e sem nenhuma dúvida, o próprio Lutero teria rejeitado rudemente qualquer afinidade com uma postura como a que aparece em Franklin. Por certo, não se devem tomar aqui como sintomas suas queixas sobre os grandes comerciantes, os Fugger[11] e outros semelhantes. Pois a luta contra a posição *privilegiada*, de direito ou de fato, de algumas grandes companhias comerciais nos séculos XVI e XVII pode ser mais facilmente comparada com a campanha moderna contra os *trusts* e, como ela, não é em si mesma uma expressão da mentalidade tradicionalista. Contra esta, contra os lombardos, os "trapezitas", contra os monopolistas, grandes especuladores e banqueiros, favorecidos pelo anglicanismo, pelos reis e pelos parlamentos na Inglaterra e na França, tanto os puritanos quanto os huguenotes conduziram uma amarga luta.[12] Após a batalha de Dunbar (setembro de 1650), Cromwell escreveu ao Longo Parlamento: "Queiram eliminar os abusos de todas as profissões, e se houver alguma que empobreça muitos para enriquecer muitos, isso não beneficia uma comunidade.". Por outro lado, ele parecia impregnado de um modo de pensar especificamente "capitalista".[13] Em contrapartida, nas inúmeras manifestações de Lutero contra a usura e o empréstimo a juro de modo geral, parece inequívoca sua concepção definitivamente "retrógrada" (do ponto de vista capitalista) da essência do ganho capitalista em relação à escolástica tardia.[14] A essa concepção pertence, por exemplo, o argumento da improdutividade do dinheiro, já superado em Antonino de Florença. No entanto, não precisamos entrar em detalhes aqui, sobretudo porque a ideia de "profissão" no sentido *religioso* foi capaz de adotar formas muito diferentes em suas consequências para a conduta de vida intramundana. A princípio, o resultado da Reforma como tal foi apenas o de que, em contraste com a concepção católica, aumentaram intensamente a ênfase moral e a *recompensa* religiosa pelo trabalho intramundano e profissionalmente ordenado. O modo como a ideia de "profissão", que exprimiu essa mudança, continuou a se desenvolver dependeu da caracterização mais precisa da religiosidade, tal como ela evoluiu em cada igreja reformada. De modo geral e em si, a autoridade da Bíblia, da qual Lutero acreditou ter retirado o conceito de profissão, era mais favorável a uma versão tradicionalista. Especialmente o Antigo

Testamento, que na profecia genuína não excedeu em absoluto a moralidade intramundana e, em outras passagens, o fez apenas em rudimentos e indícios isolados, elaborou rigorosamente um pensamento religioso bastante semelhante nesse sentido: que cada um permaneça com seu "sustento" e deixe que os infiéis aspirem ao ganho. Esse é o sentido de todas as passagens que tratam diretamente da ocupação mundana. Apenas o Talmude se posiciona parcialmente — mas não de maneira fundamental — em outro terreno. A posição pessoal de *Jesus*, com a prece típica do antigo Oriente "o pão nosso de cada dia nos dai *hoje*", é caracterizada com pureza clássica, e o elemento de uma rejeição radical do mundo, tal como expresso em μαμωνας της αδικιας, excluía que a ideia moderna de profissão pudesse estar *diretamente* ligada a ele pessoalmente.[15] A era apostólica do cristianismo, que encontra expressão no Novo Testamento, especialmente em São Paulo, mostra-se indiferente ou essencialmente tradicionalista em relação à vida profissional mundana, em consequência das expectativas escatológicas de que estavam imbuídas as primeiras gerações de cristãos. Como tudo espera pela vinda do Senhor, que cada um permaneça no estamento social e na ocupação mundana em que o "chamado" do Senhor o encontrou e trabalhe como antes. Assim, se for pobre, não será um peso para seus irmãos — seja como for, será por pouco tempo. Lutero leu a Bíblia pelas lentes de seu estado de ânimo momentâneo, que, ao longo de seu desenvolvimento entre cerca de 1518 e 1530, não apenas permaneceu, mas também se tornou cada vez mais tradicionalista.[16]

Como Lutero estimava que a profissão era algo essencialmente próprio à criatura, nos primeiros anos de sua atividade reformadora, nele predominou, em relação ao *tipo* de atividade intramundana, uma concepção essencialmente afim com a indiferença escatológica de São Paulo, tal como expressa em 1 Coríntios 7:[17] é possível alcançar a salvação em toda condição; não faz sentido, na breve peregrinação da vida, dar peso ao *tipo* de profissão. E, por isso, o esforço para alcançar um ganho material que supere a própria necessidade deve ser considerado um sintoma da ausência do estado de graça e, como só parece possível à custa dos outros, também deve ser visto como condenável.[18] Com um envolvimento cada vez maior nos comércios do mundo, cresce em igual medida a avaliação da importância do trabalho profissional. Com isso, ao mesmo tempo, a concreta profissão do indivíduo torna-se para ele um mandamento cada vez mais especial de Deus para cumprir *essa* posição concreta que a Providência divina lhe atribuiu. E quando, após as lutas contra os "fanáticos" e as revoluções camponesas, a ordem histórica e objetiva, na qual o indivíduo é inserido por Deus, torna-se para Lutero cada vez mais uma emanação direta da vontade divina,[19] a ênfase sempre crescente do elemento providencial também conduz, nos acontecimentos individuais da vida, a uma coloração tradicionalista, correspondente ao conceito de "destino": o indivíduo deve, por princípio, *permanecer* na profissão e no estamento social em que Deus o colocou e manter suas aspirações terrenas nos limites dessa posição de vida que lhe foi dada. Se no início o tradicionalismo econômico foi resultado da indiferença paulina, mais tarde, emanou da fé cada vez mais intensa na Providência,[20] que identifica a obediência incondicional a Deus[21] com submissão incondicional à situação dada. Por esse caminho, Lutero não conseguiu estabelecer uma conexão do trabalho profissional com princípios *religiosos*, sobre bases fundamentalmente novas ou substanciais de maneira geral.[22] A pureza da *doutrina* como único critério infalível da Igreja, tal como ele a sustentou de modo cada vez mais imutável após as lutas dos anos 1520, já impedia por si só o desenvolvimento de novos pontos de vista no campo ético.

Assim, em Lutero, o conceito de profissão permaneceu ligado à tradição.[23] A profissão é o que o ser humano tem de *aceitar* como vontade divina, algo a que deve "submeter-se". Essa tendência supera a outra ideia também existente de que o trabalho profissional seria uma, ou melhor, *a* tarefa imposta por Deus.[24] E a evolução do luteranismo ortodoxo continuou a ressaltar esse aspecto. Portanto, inicialmente, o único resultado ético nesse caso foi algo negativo: já não havia a superação dos deveres intramundanos por aqueles ascéticos, porém se manteve a pregação da obediência à autoridade e a submissão à situação dada na vida.[25] Tal como veremos quando tratarmos da ética religiosa na Idade Média, essa ideia da profissão em sua acepção luterana já havia sido amplamente trabalhada pelos místicos alemães, sobretudo mediante a equiparação, por princípio, das profissões eclesiásticas e mundanas em Tauler e a *menor* valorização das formas tradicionais de obras ascéticas,[26] em consequência da importância decisiva, atribuída apenas à recepção extático-contemplativa do espírito divino pela alma. Em certo sentido, o luteranismo chega a significar um retrocesso se comparado aos místicos (cujas concepções a esse respeito lembram, em parte, a psicologia da fé dos pietistas e, em parte, aquela dos *quakers*).[27] Em Lutero — e mais ainda em sua Igreja —, os fundamentos psicológicos para uma ética racional da profissão se tornaram bastante incertos, e, como ainda será mostrado, isso se deveu justamente *porque* ele suspeitava da tendência para a autodisciplina ascética como santificação pelas obras, o que o obrigou a passar cada vez mais para segundo plano em sua Igreja.

Portanto, pelo que conseguimos ver até agora, a simples ideia de "profissão" no sentido luterano tinha uma importância quando muito apenas problemática para o que *nós* estamos buscando. Isso é tudo o que temos a constatar aqui.[28] Com isso não estamos absolutamente querendo dizer que a forma luterana do novo ordenamento da vida religiosa não tenha tido uma importância prática para os objetos de nossa consideração. Muito pelo contrário. No entanto, está claro que ela não pode ser *diretamente* deduzida da posição de *Lutero* e de sua Igreja quanto à profissão mundana, tampouco é tão facilmente compreensível, como talvez fosse o caso em outras expressões do protestantismo. Por essa razão, convém-nos observar a princípio essas formas do protestantismo, nas quais é mais fácil do que no luteranismo encontrar uma relação da vida prática com o ponto de partida religioso. Anteriormente já foi mencionado o notável papel do *calvinismo* e das *seitas* protestantes na história do desenvolvimento capitalista. Assim como Lutero encontrou em Zwingli um "espírito diferente" do seu, seus sucessores espirituais fizeram a mesma descoberta especialmente no calvinismo. E, com razão, desde aquela época até o presente, o catolicismo considerou o calvinismo seu verdadeiro adversário. A princípio, apenas por motivos políticos: se a Reforma é inconcebível sem o desenvolvimento religioso e bastante pessoal de Lutero e foi determinada de modo duradouro por sua personalidade, sem o calvinismo sua obra não teria durado externamente. No entanto, a razão da aversão ao calvinismo, comum tanto a católicos quanto a luteranos, encontra fundamento também em seu caráter ético. A observação mais superficial já ensina que a relação que ele estabelece entre a vida religiosa e a ação terrena é de natureza totalmente diferente, tanto no catolicismo quanto no luteranismo. Isso se mostra até mesmo na literatura que se vale apenas de motivos especificamente religiosos. Tome-se, por exemplo, o encerramento da *Divina Comédia*, em que o poeta, no Paraíso, perde a fala ao contemplar, satisfeito, os segredos divinos, e compare-se com ela a conclusão do poema que costuma ser chamado de *Divina Comédia do Puritanismo*. Após ilustrar a expulsão do Paraíso, Milton encerra o último canto de *Paradise Lost* [Paraíso perdido] da seguinte maneira:

P'ra trás olhando viram o levante
Do Paraíso, lar feliz de há pouco,
Varrendo-o o gládio ígneo, e apinhada
A porta com terríveis faces e armas.
Verteram naturais algumas lágrimas
Logo enxugadas. Era à frente o mundo,
Onde escolher seu lar, e a providência.

E, um pouco antes, o arcanjo Miguel dissera a Adão:

[...] toma apenas
Ações correspondentes ao que sabes,
Fé, virtude, paciência, temperança,
Amor que há-de chamar-se Caridade,
A alma dos demais; e então avesso
Não sejas a deixar o Paraíso,
Pois um terás em ti, bem mais feliz.*

Logo se percebe que essa poderosíssima expressão da séria atenção que o puritano dedica ao mundo, ou seja, essa valorização da vida intramundana como *missão*, teria sido impossível na boca de um escritor medieval. Porém, também é pouco congenial com o luteranismo, tal como se manifesta, por exemplo, nos corais de Lutero e Paul Gerhard. É preciso substituir essa sensação indeterminada por uma *formulação* conceitual um pouco mais precisa e investigar as razões internas dessa diferença. A referência ao "caráter nacional" não apenas é uma confissão da *ignorância*, mas, em nosso caso, completamente insustentável. Atribuir aos ingleses do século XVII um "caráter nacional" unitário seria simplesmente errôneo do ponto de vista histórico. "Cavaleiros" [*Cavaliers*] e "Cabeças Redondas" [*Roundheads*] não se viam como dois partidos, e sim como raças humanas completamente diferentes, e quem os observar com atenção haverá de lhes dar razão.[29] Por outro lado, é difícil encontrar uma oposição caracterológica entre os *merchant adventurers* ingleses e os antigos hanseáticos, assim como tampouco se constata outra diferença profunda entre o caráter inglês e aquele alemão no final da Idade Média que possa ser diretamente explicada pelos diferentes destinos políticos.[30] Foi o poder dos movimentos religiosos — não apenas ele, mas em primeiro lugar — a criar as diferenças que hoje percebemos.[31]

---

* Milton, John. *Paraíso perdido*. Tradução de Daniel Jonas. 2 ed. São Paulo: Editora 34, 2016. (N. E.)

De acordo com essa observação e ao analisarmos as relações entre a ética dos antigos protestantes e o desenvolvimento do espírito capitalista, se partirmos das criações de Calvino, do calvinismo e das outras seitas "puritanas", não se deve entender que esperamos encontrar em algum dos fundadores ou representantes dessas comunidades religiosas a inspiração do que aqui chamamos de "espírito capitalista", como se esse tivesse sido o *objetivo* de seu trabalho de vida. Não poderíamos acreditar que a aspiração a bens mundanos, pensada como objetivo em si mesmo, tenha simplesmente representado um valor ético para algum deles. E, acima de tudo, há de se recordar de uma vez por todas que programas de reforma ética nunca foram uma questão central para nenhum reformador — entre os quais, para nossa análise, também caberia contar homens como Menno, George Fox e Wesley. Não foram fundadores de sociedades para a "cultura ética" nem representantes de esforços de reformas humanitárias e sociais ou de ideais culturais. A salvação das almas, e somente ela, foi o ponto crucial de sua vida e de sua ação. Seus objetivos éticos e os efeitos práticos de sua doutrina estiveram ancorados nesse ponto e constituíram apenas *consequências* de motivos puramente religiosos. Por isso, devemos estar preparados para o fato de que boa parte dos efeitos culturais da Reforma — talvez até a parte preponderante deles para nossos pontos de vista especiais — foram consequências imprevistas e até *indesejadas* do trabalho dos reformadores, muitas vezes divergentes ou até opostas a tudo o que eles próprios imaginavam.

Assim, talvez o estudo seguinte possa contribuir, ainda que de maneira modesta, para ilustrar como as "ideias" atuam na história. A fim de que não surja de antemão nenhum equívoco sobre o sentido em que aqui se afirma essa eficácia de motivos puramente ideais, permitimo-nos acrescentar algumas poucas considerações como conclusão dessas discussões introdutórias.

Antes de tudo, há de se notar expressamente que, nesses estudos, não se trata absolutamente de tentar *avaliar* o conteúdo conceitual da

Reforma em algum sentido, seja ele político-social ou religioso. Para atender a nossos objetivos, tratamos de aspectos da Reforma que devem parecer à consciência verdadeiramente religiosa periféricos e até superficiais. Pois apenas se tentará tornar um pouco mais claro o fio que motivos religiosos introduziram no tecido do desenvolvimento de nossa civilização moderna, surgida a partir de inúmeros motivos individuais e históricos e orientada especificamente para o "mundo terreno". Portanto, apenas indagamos quais de certos conteúdos característicos dessa civilização podem ser *atribuídos* à influência da Reforma como causa histórica. Nesse sentido, certamente temos de nos emancipar da opinião segundo a qual a Reforma poderia ser deduzida a partir de deslocamentos econômicos como "historicamente necessária para o desenvolvimento". Foi essencial a colaboração de inúmeras circunstâncias históricas que não apenas não se inserem em nenhuma "lei econômica", mas também em nenhum ponto de vista econômico, sobretudo os eventos puramente políticos, para que as igrejas recém-criadas pudessem continuar a existir. Contudo, por outro lado, não se haverá absolutamente de defender uma tese[32] tão disparatada e doutrinária como a seguinte: de que o "espírito capitalista" (sempre no sentido que provisoriamente aplicamos aqui a essa palavra) *só poderia* surgir como emanação de determinadas influências da Reforma ou até de que o capitalismo como *sistema econômico* seria um produto da Reforma. Já o fato de que algumas *formas* importantes de empresas capitalistas são notória e consideravelmente *mais antigas* do que a Reforma se opõe de maneira definitiva a essa opinião. Ao contrário, nossa única preocupação é constatar se e até que ponto influências religiosas tiveram alguma *participação* na formação qualitativa e na expansão quantitativa desse "espírito" pelo mundo e quais *aspectos* concretos da *civilização* que repousa em bases capitalistas derivam dessas influências. Diante da enorme confusão de influências mútuas entre os fundamentos materiais, as formas de organização social e política e o conteúdo espiritual das épocas culturais da Reforma, só é possível proceder investigando se e em que ponto determinadas "afinidades eletivas" entre certas formas da fé religiosa e da ética profissional são reconhecíveis. Ao mesmo tempo, com isso se esclarecem, na medida do possível, o tipo e a *direção* geral segundo os quais o movimento religioso atuou sobre o desenvolvimento da civilização material em consequência dessas afinidades eletivas. Somente *depois* de isso ser suficientemente esclarecido é que se pode fazer a tentativa de avaliar em que medida os conteúdos culturais modernos, em sua origem histórica, podem ser atribuídos àqueles motivos religiosos e até que ponto podem ser atribuídos a outros.

Notas do autor para a Parte I — Capítulo 3

1. Das línguas antigas, *apenas* o *hebraico* tem expressões com conotação similar. Inicialmente, na palavra הכאלמ, usada para funções *sacerdotais* (Ex 35,21; Ne 11,22; 1 Cr 9,13; 23,4; 26,30), para negócios a serviço do rei (sobretudo 1 Sam 8,16; 1 Cr 4,23; 29,6), para o serviço de um funcionário do *rei* (Est 3,9; 9,3), de um *supervisor* de trabalho (2 Reis 12, 12), de um escravo (Gen 39,11), dos trabalhos *agrícolas* (1 Cr 27,26), dos *artesãos* (Ex 31,5; 35,21; 1 Reis 7,14), comerciantes (Sl 107,23) e para todo "trabalho profissional" na passagem de Sirac 11,20 de que trataremos. A palavra deriva da raiz דאל = enviar, mandar; portanto, originariamente significa "missão". Segundo as citações anteriores, parece evidente que ela provém do mundo conceitual do Estado burocrático e litúrgico egípcio, baseado na corveia, e daquele salomônico, ordenado segundo o modelo egípcio. Segundo as informações que obtive oportunamente a partir de A. Merx, o conceito contido nesse radical se perdera por completo na Antiguidade. A palavra era empregada para designar toda espécie de "trabalho" e, na realidade, tornara-se tão incolor quanto o termo alemão *Beruf*, com o qual também compartilhou o destino de ser originariamente usada para funções eclesiásticas. A expressão קח, ou seja, "o que é determinado, atribuído", o *pensum*, que também aparece em Sirac 11,20 e na Septuaginta, foi traduzida por διαθηκη, provém igualmente da língua da burocracia senhorial, como םוי-רבד (Ex 5, 13, cf. Ex 5, 14, em que a Septuaginta traduz novamente por διαθηκη. Sirac 43,10 foi traduzido na Septuaginta por κριμα). Em Sirac 11,20, foi claramente usada para significar o cumprimento dos mandamentos de *Deus* — portanto, outro parentesco com o termo alemão *Beruf*. Sobre o trecho de Sirac, referente a esses versos, remetemos ao conhecido livro de Smend a respeito de Jesus Sirac, e sobre as palavras διαθηκη, ‘εργον, πονος, remetemos a seu *Index zur Weisheit des Jesus Sirach* (Berlim, 1907). Como se sabe, o texto hebraico do livro de Sirac se perdera, mas foi redescoberto por Schechter e parcialmente completado com citações do Talmude. Lutero não o conheceu, e ambos os conceitos hebraicos não tiveram *nenhuma* influência sobre *sua* linguagem (ver infra sobre Prov 22,29). No grego, falta uma designação correspondente com a conotação ética do alemão. Onde Lutero já traduz, em correspondência com nossa linguagem atual (ver infra), Jesus Sirac 11,20 e 21 por *bleibe in deinem Beruf* [permanece em tua profissão], a Septuaginta traz uma vez ‘εργον, e outra πονος, contudo em um local aparentemente de todo corrompido (no original hebraico fala-se da iluminação da ajuda divina!). De resto, na Antiguidade empregava-se τα προσηκοντα no sentido genérico de "deveres". Na linguagem dos estoicos, o termo καματος (para o qual Alb. Dietrich chamou minha atenção) eventualmente trazia uma conotação semelhante do ponto de vista conceitual, porém com proveniência linguística indiferente. Todas as outras expressões (como ταξις, etc.) não têm conotação ética. Em latim empregam-se vários termos para exprimir o que em alemão é designado como

Beruf: a atividade duradoura de um homem, ou seja, seu trabalho, que (normalmente), ao mesmo tempo, é sua fonte de renda e, com isso, a base econômica de sua existência, além da incolor palavra *opus*, com uma conotação ao menos similar ao conteúdo ético do termo alemão, seja por meio de *officium* (de *opificium*, portanto, na origem, incolor do ponto de vista ético; mais tarde, especialmente do *De benef.* IV, 18, de Sêneca, assumiu o sentido de *Beruf*), seja por meio de *munus*, que deriva das corveias nas antigas comunidades civis, seja finalmente por meio de *professio*. Nesse significado, essa última palavra também deveria derivar, de modo característico, de deveres de direito público, especificamente das antigas declarações de imposto dos cidadãos. Mais tarde foi empregada, sobretudo, para as "profissões liberais" (como em *professio bene dicendi*) no sentido moderno e, nesse campo mais restrito, assume um significado bastante semelhante, em todos os aspectos, ao termo alemão *Beruf* (inclusive no sentido mais profundo da palavra, como quando Cícero diz de alguém: *non intelligit quid profiteatur*, no sentido de "ele não conhece sua verdadeira profissão"), só que, naturalmente, deve ser compreendido em seu sentido terreno, sem nenhuma conotação *religiosa*. Algo semelhante se pode dizer da palavra *ars*, que no tempo do Império é empregada para designar "ofício do artesão". A *Vulgata* traduz as passagens de Jesus Sirac mencionadas acima ora por *opus*, ora por *locus* (v. 21), que nesse caso poderia significar "posição social". De um *asceta* como São Jerônimo deriva o acréscimo *mandaturam tuorum*, como bem ressaltado por Brentano, porém sem observar que aqui, como em outros lugares, essa é *justamente* uma característica da proveniência *ascética* do conceito, extramundana antes da Reforma, intramundana depois dela. De resto, não se sabe ao certo a partir de qual texto a tradução de São Jerônimo foi feita. Ao que parece, não se deve excluir uma influência do antigo significado litúrgico de הכאלמ. Nas línguas românicas, apenas o espanhol *vocación*, no sentido de "profissão *interna*" para alguma coisa, transmitido pelo ofício eclesiástico, apresenta uma conotação parcialmente correspondente ao sentido alemão da palavra, mas nunca é usado no sentido externo do termo *Beruf*. Enquanto a Vulgata apresenta o termo *vocatio*, nas traduções românicas da Bíblia, o espanhol *vocación*, o italiano *vocazione* e *chiamamento*, com um significado parcialmente correspondente ao luterano e calvinista, são empregados *apenas* para traduzir a κλησις do Novo Testamento, o chamado, através do Evangelho, para a eterna salvação. (Curiosamente, Brentano [op. cit.] considera que essa circunstância, por mim mencionada para *defender* minha opinião, já indicava anteriormente a existência do conceito de *Beruf* em seu significado pós-Reforma. Porém, não é disso que se trata: κλησις *teve* de ser traduzida por *vocatio*; mas onde e quando, na Idade Média, seria empregada com o sentido atual? O fato de ter sido traduzida dessa forma e, *não obstante*, de *não haver* um significado intramundano para essa palavra é decisivo.) Por exemplo, a tradução italiana da Bíblia do século XV, impressa *na Collezione di opere inedite e rare* (Bolonha, 1887), utiliza *chiamamento* dessa forma, paralelamente a *vocazione*, empregada pelas traduções italianas modernas da Bíblia. Em contrapartida, pelo que se depreende do material lexical e da detalhada exposição de meu estimado amigo professor Baist (Freiburg), as palavras usadas em línguas românicas para o termo *Beruf*, no sentido *superficial* e intramundano de atividade remunerada, não possuem nenhuma conotação religiosa em si, quer tenham tido em origem, como aquelas derivadas de *ministerium* e *officium*, certa conotação ética, quer nunca a tenham tido, como aquelas derivadas de *ars*, *professio* e *implicare* (*impiego*). As passagens de Jesus Sirac citadas no início, nas quais Lutero utiliza *Beruf*, são traduzidas em francês por *office* (v. 20) e *labeur* (v. 21) (tradução calvinista), em espanhol por *obra* (v. 20) *lugar* (v. 21) (segundo a Vulgata) e em traduções mais recentes por *posto* (protestante). Por serem minoria, os protestantes dos países latinos não conseguiram ou simplesmente não tentaram exercer em suas línguas uma influência criativa como a que Lutero conseguiu exercer sobre a língua alemã de chancelaria, pouco racionalizada do ponto de vista acadêmico.

2. Em contrapartida, a *Confissão de Augsburgo* contém o conceito apenas de forma parcialmente desenvolvida e implícita. O artigo XVI (ver a ed. de Kolde, p. 43) professa: "Pois o Evangelho [...] não condena o regime mundano, a polícia e o matrimônio; ao contrário, quer que se mantenha tudo isso como ordem divina e que, nesses estamentos, cada qual demonstre amor cristão e obras verdadeiramente boas *de acordo com sua profissão*." (Em latim diz apenas: *et in talibus ordinationibus exercere caritatem*, ibidem, p. 42.) Por conseguinte, conclui-se que é preciso obedecer à autoridade e que aqui, pelo menos em *primeira instância*, a "profissão" é pensada como uma ordem objetiva no sentido do versículo 1 Cor 7,20. E o artigo XXVII (em Kolde, p. 83 infra) fala de "profissão" (latim: *in vocatione sua*) apenas em correlação com os estamentos ordenados por Deus: pastores, autoridades, principado, nobreza e similares, e em alemão apenas na versão do *Konkordienbuch* [*Livro de Concórdia*], enquanto na edição *princeps* alemã falta a sentença correspondente. Apenas no artigo XXVI (Kolde, p. 81) a palavra é empregada *em* um sentido que ao menos abrange nosso conceito atual: "[...] que a mortificação deve servir não para merecer a graça, e sim para manter o corpo em boas condições, a fim de que ele não impeça o que ao indivíduo é ordenado fazer segundo a sua profissão" (em latim: *juxta vocationem suam*).

3. Conforme demonstram os dicionários e me confirmaram gentilmente os colegas Braune e Hoops, antes das traduções luteranas da Bíblia, a palavra alemã *Beruf* (em holandês, *beroep*; em inglês, *calling*; em dinamarquês, *kald*; em sueco, *kallelse*) não aparece em *nenhuma* das línguas que hoje a contêm em seu atual sentido *secular*. Todas as palavras do médio-alto-alemão, médio-baixo-alemão e do médio-holandês *análogas* a *Beruf significam Ruf* (chamado) em seu atual sentido alemão, inclusive e *especialmente*, ao final da Idade Média, o termo *Berufung* (= *Vokation*), ou seja, a convocação de um candidato para uma *prebenda eclesiástica* por parte de quem estava autorizado a admiti-lo; um caso especial, que costuma ser igualmente destacado nos dicionários das línguas escandinavas. Ocasionalmente, Lutero também utiliza o vocábulo nesse último sentido. No entanto, ainda que mais tarde esse emprego especial da palavra possa ter ajudado a mudar seu significado, a criação do conceito moderno de *Beruf* remonta, também do ponto de vista linguístico, às traduções da Bíblia, em particular à da *protestante*, e apenas em *Tauler* († 1361) encontram-se os primeiros vestígios, aos quais nos referiremos mais adiante. *Todas* as línguas que foram predominantemente influenciadas pelas traduções *protestantes* da Bíblia

formaram essa palavra. *Todas* aquelas em que isso não ocorreu (como as românicas) não a formaram ou, pelo menos, não em seu significado atual.

Lutero traduz dois conceitos bem diferentes com *Beruf*. *Em primeiro lugar*, a κλησις paulina no sentido de chamado divino para a salvação eterna (cf. 1 Cor. 1,26; Ef 1,18:4; 2 Ts 1,11; Hb 3,1; 2 Pd 1,10). Em todos esses casos, trata-se do conceito *puramente* religioso desse chamado feito por Deus por intermédio do Evangelho anunciado pelos apóstolos, e o conceito κλησις nada tem a ver com as "profissões" mundanas no sentido atual. Nesse caso, as bíblias alemãs anteriores a Lutero escrevem *ruffunge* (é o caso, por exemplo, de todos os incunábulos da Biblioteca de Heidelberg), mas também adotam *von Gott gefordert* [reclamado por Deus] em vez de *von Gott geruffet* [chamado por Deus]. *Em segundo lugar*, porém, como já mencionado, ele traduz as palavras de Jesus Ben Sirac, que reproduzimos na nota anterior (na tradução da Septuaginta: εν τω 'εργο σου παλαιωθητι und και ‹εμμενε τω πονω σου), por *beharre in deinem Beruf* [persevera em tua *profissão*] e *bleibe in deinem Beruf* [permanece em tua *profissão*], em vez de *bleibe bei deiner Arbeit* [permanece em teu *trabalho*]; e as traduções católicas posteriores (e autorizadas) da Bíblia (por exemplo, a de Fleischütz, Fulda, 1781) o seguiram nesse ponto, bem como em passagens do Novo Testamento. Pelo que sei, a tradução luterana desse trecho de Sirac é *o primeiro* caso em que a palavra alemã *Beruf* é empregada em seu sentido *puramente* secular. (Ele traduz a exortação anterior — v. 20: στηθι 'εν διαθηκη σου — por *bleibe in Gottes Wort* [permanece na palavra de Deus], embora Sirac 14,1 e 43,10 mostrem que, na realidade, διαθηκη — correspondente à expressão hebraica חק, usada por Sirac segundo as citações do Talmude — deveria significar algo semelhante ao alemão *Beruf*, ou seja, "destino" ou "trabalho atribuído". Conforme mencionado anteriormente, no sentido que teve mais tarde e que tem na atualidade, a palavra *Beruf* não existia na língua alemã, nem mesmo, até onde sei, na boca dos mais antigos tradutores da Bíblia ou dos pregadores. As bíblias alemãs antes de Lutero traduzem a passagem de Sirac com o termo *Werk* [obra]. Em seus sermões, Bertoldo de Regensburg adota a palavra *Arbeit* [trabalho] onde falaríamos de *Beruf* [profissão]. Portanto, nesse caso, o uso da linguagem é o mesmo da Antiguidade. Até o momento, a primeira passagem que conheço em que não *Beruf*, mas *Ruf* [chamado] (como tradução de κλησις) é aplicada a um trabalho puramente mundano encontra-se no belo sermão de Tauler sobre a Epístola aos Efésios 4 (edição da Basileia, folha 117, verso): sobre os camponeses que vão "adubar" a terra, "geralmente seguem melhor seu chamado (*Ruf*) do que os clérigos que não respeitam a sua vocação (*Ruf*)". Essa palavra [Ruf] não penetrou na língua profana com esse sentido. E ainda que no início o uso de Lutero oscile entre *Ruf* e *Beruf* (cf. *Werke*, edição de Erlangen 51, p. 51), não é absolutamente certo que tenha sofrido uma influência direta de Tauler, embora se encontrem algumas ressonâncias justamente desse sermão de Tauler, por exemplo, em *Freiheit eines Christenmenschen* [Liberdade de um cristão]. Pois, a princípio, Lutero *não* empregou a palavra no sentido *puramente* profano, adotado por Tauler (ao contrário do que pensa Denifle, *Luther*, p. 163). Está claro que, sem levar em conta a exortação genérica à confiança em Deus, o conselho em Sirac na versão da Septuaginta não contém nenhuma relação com uma *valorização* especificamente religiosa do trabalho "profissional" mundano (na segunda passagem adulterada, a expressão πονος, labuta, seria antes o contrário dessa valorização se o trecho não tivesse sido adulterado). O que Jesus Ben Sirac diz corresponde simplesmente à exortação do salmista (Sl 37,3): "Permanece na tua terra e *alimenta-te honestamente*", como também aparece, da maneira mais evidente, na conexão com a exortação (v. 21) a não se deixar ofuscar pelas obras dos ímpios, pois é fácil para Deus tornar rico um pobre. Apenas a exortação inicial de permanecer na חק (v. 20) tem certo parentesco com a κλησις evangélica, mas justamente aqui Lutero *não* empregou o termo *Beruf* para a palavra grega διαθηκη. A passagem da Primeira Epístola aos Coríntios e sua tradução lançam uma ponte entre esses dois usos, aparentemente tão heterogêneos, da palavra *Beruf* em Lutero. Nas costumeiras edições modernas de Lutero, todo o contexto em que se encontra essa passagem (1 Cor 7,17) diz: "[...] E assim cada um ande [...] como o Senhor o chamou. [...] (18) É alguém chamado, estando circuncidado? Fique circuncidado. É alguém chamado estando incircuncidado? Não se circuncide. (19) A circuncisão é nada, e a incircuncisão nada é; o que conta é a observância dos mandamentos de Deus. (20) Cada um permaneça na profissão em que foi chamado (εν τη κλησει ‹η εκληθη "— segundo me fez notar A. Merx, trata-se, sem dúvida, de um hebraísmo — Vulgata: *in qua vocatione vocatus est*)." (21) Foste chamado sendo servo? Não te preocupes; e, se ainda podes ser livre, aproveita a ocasião. (22) Porque o que é chamado pelo Senhor, sendo servo, é liberto do Senhor; e da mesma maneira também o que é chamado sendo livre, servo é de Cristo. (23) Fostes comprados por bom preço; não vos façais servos dos homens. (24) Irmãos, cada um permaneça diante de Deus no estado em que foi chamado." No versículo 29, encontra-se a indicação de que o tempo é "breve", seguida pelas conhecidas diretivas, motivadas por expectativas escatológicas (v. 31) de que os que têm mulheres sejam como se não as tivessem, os que compram, como se não possuíssem, etc. Ainda em 1523, em sua exegese desse capítulo (v. 20), seguindo as traduções alemãs mais antigas, Lutero traduzira κλησις por *Ruf* [chamado] (edição de Erlangen, vol. 51, p. 51) e o interpretara como *Stand* [estamento]. Na realidade, está claro que, nessa passagem, e *apenas* nela, a palavra κλησις corresponde bastante ao latim *status* e ao alemão *Stand* (*Ehestand* = estado civil; *Stand des Knechtes* = estado servil, etc.). (Mas certamente não como afirma Brentano na op. cit., p. 137, no sentido atual de *Beruf*. Dificilmente Brentano leu com atenção tanto a própria passagem quanto o que digo a respeito dela.) Com um sentido pelo menos similar e até onde o material lexical nos permite concluir, na literatura grega essa palavra, cuja raiz é etimologicamente relacionada a εκκλησια, "reunião convocada", aparece apenas em uma passagem de Dionísio de Halicarnasso, na qual corresponde ao latim *classis*, empréstimo do grego que significa "parte dos cidadãos *convocada*, chamada". Teofilacto (séculos XI/XII) interpreta 1 Cor 7,20: εν οιω βιο και εν οιψ ταγματι και πολιτευματι ων επιστευσεν (meu colega *Deißmann* chamou minha atenção para essa passagem). Em todo caso, também na passagem aqui discutida, κλησις *não* corresponde a nosso atual *Beruf*. Na exortação de motivação escatológica, segundo a qual cada um deve permanecer em seu estado atual, Lutero havia traduzido κλησις por *Beruf*; porém, mais tarde, ao traduzir os Apócrifos, no conselho de Jesus Ben Sirac, ditado por motivos tradicionalistas e anticrematistas, segundo o qual cada um deve permanecer na própria ocupação, traduziu igualmente πονος por *Beruf*, sem dúvida, devido à *analogia efetiva* das duas exortações. (Esse é o ponto decisivo e característico. Como já dito, a passagem 1 Cor 7,17 *não* emprega absolutamente κλησις no sentido de *Beruf*, ou seja, de campo limitado de atividades.) Entrementes (ou quase ao mesmo tempo), em 1530, na Confissão de Augsburgo foi estabelecido o dogma protestante sobre a inutilidade da tentativa católica de superar a moralidade na vida terrena, e nesse caso foi utilizada a frase *einem jeglichen nach seinem Beruf* [cada qual de acordo com sua profissão] (ver nota anterior). Na tradução de Lutero, esse fato aparece com a avaliação, essencialmente progressiva no início dos anos 1530, *da santidade* da ordem, na qual o indivíduo é colocado. Essa avaliação provinha de sua crença cada vez mais definida na especial Providência divina, que também se manifesta nas particularidades da vida, mas, ao mesmo tempo, derivava de sua tendência crescente a aceitar a ordem das coisas no mundo como imutáveis e assim desejadas por Deus. Em latim tradicional, *vocatio* era usado como o chamado divino para uma *vida* de santidade, sobretudo no mosteiro ou como sacerdote, e, sob a pressão desse dogma, o trabalho "profissional" mundano assumiu essa conotação em Lutero. Com efeito, se dessa vez ele traduz πονος e 'εργον em Jesus Ben Sirac por *Beruf*, para os quais *só* existia uma analogia (latina) originária da tradução *monástica*, alguns anos antes, nos Provérbios de Salomão (22,29) e em outras passagens (Gen 39,11), traduzira por *Geschäft* [negócio] o hebraico הכאלמ, que servia de fundamento ao 'εργον do texto grego de Jesus Ben Sirac e que — tal como a palavra alemã *Beruf* e as nórdicas *kald* e *kallelse* — provém especialmente da "profissão *eclesiástica*" (Septuaginta: 'εργον; Vulgata: *opus*; bíblias inglesas: *business*; termos equivalentes também em traduções nórdicas e em todas as traduções que tive à disposição). A princípio, a criação da palavra *Beruf*, realizada por ele no sentido atual, permaneceu inteiramente *luterana*. Os calvinistas consideravam os Apócrifos não canônicos. Apenas em consequência do desenvolvimento que colocou em primeiro plano o interesse pela "confirmação" é que aceitaram e enfatizaram intensamente o *conceito* luterano de *Beruf*. Nas primeiras traduções da Bíblia em línguas românicas, eles não tinham à disposição uma palavra correspondente nem o poder de criar uma no uso da língua já estereotipada.

Já no século XVI, o conceito de *Beruf* se introduziu na literatura profana com o sentido atual. Os tradutores da Bíblia antes de Lutero usaram o termo *Berufung* para κλησις (assim, por exemplo, nos incunábulos de Heidelberg de 1462/1466, 1485). A tradução de Eck, de Ingolstadt (1537), diz: *in dem Ruf, worin er beruft ist* [no chamado ao qual ele foi convocado]. As traduções católicas posteriores costumam seguir diretamente Lutero. Na Inglaterra, a tradução da Bíblia de Wyclif (1382) foi a primeira a utilizar nessa passagem a palavra *cleping* (antiga palavra inglesa que mais tarde foi substituída pelo empréstimo *calling*), o que certamente é característico da ética dos lolardos, pois se trata de uma palavra que já corresponde ao uso posterior feito pelos reformadores. Em contrapartida, a tradução de Tyndale, de 1534, interpreta o conceito em termos de estado: *in the same state wherein he was called* [no mesmo estado em que foi chamado]; algo semelhante se pode dizer da tradução de Genebra, de 1557. A tradução oficial de *Cranmer*, de 1539, substituiu *state* por *calling*, enquanto a Bíblia (católica) de Reims (1582), tal como as bíblias áulicas anglicanas do período elisabetano, retorna de modo característico a *vocation*, apoiando-se na Vulgata. Murray já reconheceu apropriadamente que, na Inglaterra, a tradução da Bíblia por Cramer deu origem ao conceito puritano de *calling* no sentido de *Beruf*, ou seja, *trade*. Já em meados do século XVI, o termo *calling* é usado nesse sentido. Em 1588 falava-se em *unlawful callings* e, em 1603, em *greater callings*, no sentido de profissões "superiores", etc. (cf. Murray, op. cit.). (É extremamente estranha a ideia de Brentano, op. cit., p. 139, segundo a qual na Idade Média *vocatio* não era traduzido por *Beruf* e não se conhecia esse conceito porque apenas os *homens livres* podiam exercer uma "profissão" e, na época, *faltavam* homens livres nas profissões burguesas. Como toda a estrutura social da indústria medieval, ao contrário da Antiguidade, baseava-se no trabalho livre e sobretudo os comerciantes eram homens livres, não entendo essa afirmação.)

4. Para o que segue, cf. a instrutiva exposição de K. *Eger, Die Anschauung Luthers vom Beruf* (Gieβen, 1900), cuja única lacuna poderia consistir na análise ainda não suficientemente clara, tanto nele quanto em quase todos os outros escritores teológicos, do conceito de *lex naturae* (ver a respeito E. Troeltsch na resenha sobre a *Dogmengeschichte*, de Seeberg, Gött. Gel. Anz., 1902, e sobretudo nas partes que tratam do assunto em sua obra *Soziallehren der christlichen Kirchen*).

5. Com efeito, quando Tomás de Aquino apresenta a divisão estamentária e profissional dos homens como obra da divina *Providência*, entende o *cosmo* objetivo da sociedade. O fato de o indivíduo se dedicar a uma profissão concreta e determinada (é o que diríamos, enquanto Tomás diz: *ministerium* ou *officium*) tem sua razão nas *causae naturales. Quaest. quodlibetal.* VII art. 17c: *Haec autem diversificatio hominum in diversis officiis contingit primo ex divina providentia, quae ita hominum status distribuit ... secundo etiam ex causis naturalibus, ex quibus contingit, quod in diversis hominibus sunt diversae inclinationes ad diversa officia [...].* De modo semelhante, por exemplo, Pascal avalia que a escolha da profissão é obra do *acaso* (sobre Pascal cf. A. Köster, *Die Ethik Pascals*, 1907). Das éticas religiosas "orgânicas", apenas a mais fechada delas, a indiana, comporta-se de maneira diferente. O contraste entre o conceito tomista e o protestante de profissão (inclusive aquele da fase tardia de Lutero, que se aproximou do tomismo sobretudo pela ênfase dada à Providência) é tão manifesto que provisoriamente podemos nos contentar com a citação anterior. Mais adiante retornaremos à discussão da concepção católica. Sobre Santo Tomás de Aquino, cf.: *Maurenbrecher, Th. v. Aquinos Stellung zum Wirtschaftsleben seiner Zeit*, 1898. De resto, quando Lutero parece coincidir com Santo Tomás de Aquino em alguns detalhes, isso se deve mais à influência da doutrina geral da escolástica do que a Santo Tomás em particular. Pois, segundo *Denifle*, Lutero parece ter conhecido Santo Tomás apenas de maneira insuficiente (cf. Denifle, *Luther und Luthertum*, 1903, p. 501 e Köhler, *Ein Wort zu Denifles Luther*, 1903, p. 25 ss.).

6. Em *Von der Freiheit eines Christenmenschen*, emprega-se inicialmente: 1) a "dupla natureza" humana para a construção dos deveres intramundanos no sentido da *lex naturae* (aqui, ordem natural do mundo), segundo a qual o homem está *de fato* ligado a seu corpo e à comunidade social (edição de Erlangen 27, p. 188). 2) Nessa situação, *se* ele for um bom cristão — e essa é uma *segunda* justificativa, conectada à primeira —, tomará a decisão de *compensar* com o amor ao próximo a

graça que Deus decidiu conceder-lhe por puro amor (p. 196). Com essa associação nada rigorosa entre "fé" e "amor", cruza-se 3) a antiga justificativa ascética do trabalho como um meio de conferir ao homem "interno" o domínio sobre o próprio corpo (p. 190). 4) Portanto, em conexão com tudo isso e mais uma vez considerando com outro sentido a ideia da *lex naturae* (aqui equivalente a moralidade natural), o trabalho seria um *impulso* já próprio a *Adão*, nele implantado por Deus antes da queda e ao qual ele obedecia "apenas para agradar ao Senhor". Por fim, 5) (p. 161 e 199) seguindo Mateus 7,18 s., aparece a ideia de que o trabalho diligente na própria profissão é e deve ser consequência da nova vida criada pela fé, contudo sem que se desenvolva a decisiva ideia calvinista da "confirmação". O intenso entusiasmo que anima esse texto explica a utilização de elementos conceituais heterogêneos.

7. "Não é da benevolência do açougueiro, do padeiro ou do camponês que esperamos nosso almoço, e sim de como consideram seu próprio interesse; não é a seu amor pelo próximo que nos dirigimos, e sim a seu egoísmo, e nunca lhes falamos de nossas necessidades, mas sempre e apenas de sua vantagem" (*Wealth of Nations*, I, 2).

8. *Omnia enim per te operabitur* (Deus), *mulgebit per te vaccam et servilissima quaeque opera faciet, ac maxima pariter et minima ipsi grata erunt.* (Exegese do Gênesis, Op. lat. exeg., Ed. Elsperger, VII, 213.) Antes de Lutero, o conceito se encontra em Tauler, que em princípio equipara a "vocação" (Ruf) espiritual à mundana. O contraste com o tomismo é comum à mística alemã e a Lutero. Nas formulações, esse contraste se manifesta quando Santo Tomás — sobretudo para poder manter o valor moral da contemplação, mas também do ponto de vista do monge mendicante — vê-se obrigado a interpretar a sentença paulina ("quem não trabalha não deve comer") da seguinte forma: o trabalho impõe-se ao homem como espécie, e não a cada indivíduo em particular, pois é indispensável *lege naturae*. A gradação na apreciação do trabalho, desde as *opera servilia* dos camponeses até formas mais elevadas, é algo relacionado ao caráter específico das ordens mendicantes, ligadas por razões materiais à cidade como seu domicílio. Essa gradação não chegou a ser cogitada pelos místicos alemães nem por Lutero, que era filho de camponeses. Julgando as profissões iguais entre si, ambos enfatizavam que essa estruturação estamentária era desejada por Deus. Sobre as passagens decisivas de Santo Tomás de Aquino, ver Maurenbrecher, Th. v. Aquinos Stellung zum Wirtschaftsleben seiner Zeit (Leipzig, 1898, p. 65 ss.).

9. Tanto mais surpreendente é o fato de alguns pesquisadores acreditarem que essa inovação poderia passar sem deixar rastros na *ação* dos homens. Confesso que não entendo.

10. "A vaidade é tão arraigada no coração humano que uma ordenança, um ajudante de cozinha ou um carregador se vangloria de ter admiradores [...]" (edição Faugères, I, 208. Cf. Köster, op. cit., p. 17, 136 ss.). Sobre a posição de princípio de Port Royal e do jansenismo em relação à "profissão", à qual retornaremos em breve, cf. o excelente estudo do doutor *Paul Honigsheim*, *Die Staats-und Soziallehren der französischen Jansenisten im 17. Jahrhundert* (tese de doutoramento em História

defendida na Universidade de Heidelberg em 1914; publicação parcial de uma obra mais ampla sobre a *Vorgeschichte der französischen Aufklärung*; cf. especialmente p. 138 ss. da publicação parcial.)

11. Em relação aos Fugger, ele opina que não pode "ser justo nem agradar a Deus que um homem acumule tão grande e régia fortuna em sua vida". Portanto, em essência, essa é a desconfiança do camponês em relação ao capital. Do mesmo modo (cf. *Grosser Sermon vom Wucher*, edição de Erlangen, 20, p. 109), ele considera a compra de anuidades moralmente suspeita por ser "algo novo e inventado às pressas", ou seja, para ele, algo economicamente *não transparente*, como para os sacerdotes modernos o comércio a prazo.

12. A oposição foi desenvolvida de maneira pertinente por H. Levy (em seu estudo sobre *Die Grundlagen des ökonomischen Liberalismus in der Geschichte der englischen Volkswirtschaft*, Jena, 1912). Cf. também a petição dos *levellers* no exército de Cromwell, apresentada em 1653 contra os monopólios e as companhias (Gardiner, *Commonwealth*, II, p. 179). Em contrapartida, o regime de Laud visava a uma organização econômica "social-cristã" dirigida pelo rei e pela Igreja — da qual o rei esperava vantagens políticas, fiscais e monopolistas. Justamente contra isso se voltava a luta dos puritanos.

13. O que se entende por essa afirmação pode ser explicado com o exemplo do manifesto aos irlandeses, com o qual Cromwell, em janeiro de 1650, iniciou sua guerra de destruição contra eles e que era a réplica aos manifestos do clero irlandês (católico) de Clonmacnoise, de 4 e 13 de dezembro de 1649. As frases centrais dizem: "Englishmen had good inheritances (especialmente na Irlanda) which many of them *purchased with their money* (...) they had good leases from Irishmen for long time to come, *great stocks thereupon*, houses and plantations erected *at their cost and charge* (...) You broke the union (...) at a time when Ireland was in perfect peace and when through the *example of English industry, through commerce and traffic*, that which was in the nations hands was better to them than if all Ireland had been in their possession (...) *Is God, will God be with you?* I am confident he will not" (Os ingleses tinham boas propriedades hereditárias [especialmente na Irlanda], que muitos deles compraram com o próprio dinheiro [...] Haviam recebido dos irlandeses bons arrendamentos para os tempos futuros e, portanto, grandes estoques, casas e plantações erguidas por sua conta [...] Rompestes a união [...] numa época em que a Irlanda encontrava-se em perfeita paz e quando, pelo exemplo da indústria inglesa, pelo comércio e pelas comunicações, o que estava nas mãos das nações era melhor para eles do que se toda a Irlanda lhes pertencesse [...] Deus está, estará convosco? Estou convencido de que não.). Esse manifesto, que relembra editoriais ingleses publicados na época da guerra dos bôeres, não é característico por apresentar o "interesse" capitalista dos ingleses como fundamento jurídico da guerra. Naturalmente, esse mesmo argumento poderia ser empregado, por exemplo, em uma negociação entre Veneza e Gênova sobre a abrangência de sua esfera de interesses no Oriente (estranhamente, Brentano, op. cit., p. 142, opõe-se a mim quanto a essa observação, embora eu a tenha ressaltado aqui). Ao contrário, o aspecto específico

desse texto está justamente no fato de que Cromwell, com a mais profunda convicção subjetiva — como bem sabe todo aquele que conhece seu caráter —, fundamenta perante os próprios irlandeses o direito *moral* de subjugá-los, tomando *Deus* como testemunha de que o *capital* inglês os ensinou a *trabalhar*. (O manifesto pode ser encontrado em Carlyle e na tradução alemã de *Cromwell*, feita por Hönig. Além disso, tem excertos reimpressos e analisados em Gardiner, *Hystory of the Commonwealth*, I, p. 163 ss.)

14. Esta não é a ocasião apropriada para desenvolver o tema em detalhes. Cf. os escritores citados duas notas adiante.

15. Ver as observações no belo livro de *Jülicher* sobre *Die Gleichnisreden Jesu*, vol. II, p. 636, 108 ss.

16. Para o que segue, cf. sobretudo a exposição de *Eger*, op. cit. Também vale mencionar aqui a excelente obra de *Schneckenburger*, ainda atual (*Vergleichende Darstellung des lutherischen und reformierten Lehrbegriffes*, editada por Güder, Stuttgart, 1855). A *Luthers Ethik*, de *Luthardt*, p. 84 da primeira edição, a única a que tive acesso, não oferece uma verdadeira descrição do *desenvolvimento*. Cf. também *Seeberg, Dogmengeschichte*, vol. II, p. 262, infra. O artigo *Beruf*, na *Realenzyklopädie für protestantische Theologie und Kirche*, é desprovido de valor. Em vez de uma análise científica do conceito e de sua gênese, ele contém considerações bastante superficiais sobre toda sorte de questões, tal como a condição das mulheres e assuntos semelhantes. Da literatura de economia social sobre Lutero, citamos apenas os trabalhos de Schmoller ("Geschichte der nationalökonomischen Ansichten in Deutschland während der Reformationszeit", *Zeitschrift für Staatswissenschaft XVI*, 1860), o ensaio premiado de Wiskemann (1861) e o trabalho de Frank G. Ward ("Darstellung und Würdigung von Luthers Ansichten vom Staat und seinen wirtschaftlichen Aufgaben", *Conrads Abhandlungen XXI*, Jena, 1898). Até onde é de meu conhecimento, a literatura sobre Lutero, publicada por ocasião do centenário da Reforma e que em parte se mostra excelente, não produziu nada de decisivamente novo a respeito *desse* ponto em especial. Sobre a ética social de Lutero (e dos luteranos), comparar naturalmente e sobretudo as partes a ela relativas nas *Soziallehren*, de Troeltsch.

17. *Auslegung des 7. Kap. Des erstens Korintherbriefes* [Exegese do sétimo capítulo da Primeira Epístola aos Coríntios] (edição de Erlangen, 51, p. 1 ss., 1523). Nela, a ideia de liberdade de "toda profissão" perante Deus no sentido dessa passagem ainda é interpretada por Lutero da seguinte maneira: 1) algumas *instituições humanas* podem ser rejeitadas (votos monásticos, proibição de matrimônios mistos, etc.); 2) o cumprimento (em si *indiferente* perante Deus) dos deveres assumidos neste mundo em relação ao próximo deve ser expressamente recomendado como mandamento de *amor ao próximo*. Na verdade, nas exposições características, como as das páginas 55 e 56, trata-se do dualismo da *lex naturae* diante da justiça divina.

18. Cf. a passagem de *Von Kaufhandlung und Wucher* (1524), que Sombart, com razão, utilizou como lema de seu tratado sobre o "espírito do artesanato" (tradicionalismo):

"Nesse comércio, deves empenhar-te unicamente em buscar o suficiente para teu sustento; em seguida, calcular e estimar os custos, o esforço, o trabalho e os riscos e então estabelecer, aumentar ou reduzir o preço da mercadoria, de modo que obtenhas uma compensação por esse trabalho e esse esforço.". O princípio é inteiramente formulado em sentido tomista.

19. Já em 1530, na carta a H. von Sternberg, com a qual ele lhe dedicou a exegese do Salmo 117, Lutero considera que o "estamento" da (baixa) nobreza, apesar de sua decadência moral, foi instituído por Deus (edição de Erlangen, 40, p. 282, infra). Da carta se deduz claramente a importância decisiva que as agitações fomentadas por Münzer tiveram para desenvolvimento dessa concepção (p. 282, supra). Cf. também Eger, op. cit., p. 150.

20. Também na exegese do Salmo 111, versículos 5 e 6 (edição de Erlangen, 40, p. 215 e 216), que data de 1530, parte-se da polêmica contra a tentativa dos mosteiros de superar a ordem mundana, etc. Porém, neste momento, a *lex naturae* (em oposição ao direito positivo, tal como fabricado pelo Kaiser e pelos juristas) é diretamente *idêntica* à "justiça divina": é uma instituição divina e abrange em especial a estrutura *estamentária* do povo (p. 215, parágrafo 2, *in fine*), sendo que apenas a paridade dos estamentos é enfatizada perante Deus.

21. Como ele nos ensina especialmente nos escritos *Von Konzilien und Kirchen* (1539) e *Kurzes Bekenntnis vom heiligen Sakrament* (1545).

22. A seguinte passagem de *Von Konzilien und Kirchen* (edição de Erlangen, 25, p. 376, infra, 1539) mostra como a ideia — tão importante para nós e predominante no calvinismo — de *confirmação* do cristão em seu trabalho profissional e em sua conduta de vida permanece em segundo plano em Lutero: "Além desses sete pontos principais (nos quais se reconhece a verdadeira Igreja), existem *mais sinais externos*, pelos quais se reconhece a santa Igreja cristã (...) se não formos impudicos nem bêbados, orgulhosos, soberbos, ostensivos, e sim castos, pudicos, sóbrios (...).". Segundo Lutero, esses sinais não são tão certos quanto "os anteriores" (pureza da doutrina, oração, etc.) "porque alguns pagãos também exerceram essas obras e às vezes parecem mais santos do que os cristãos". A posição pessoal de Calvino, que trataremos mais adiante, era apenas um pouco diferente, mas não se pode dizer o mesmo do puritanismo. Em todo caso, para Lutero, o cristão serve a Deus apenas *in vocatione*, e não *per vocationem* (Eger, p. 117 ss.). Em contrapartida, entre os místicos alemães, encontram-se ao menos algumas alusões, ainda que em sentido puramente psicológico, do conceito de *confirmação* (contudo, mais em sua formulação pietista do que na calvinista). A esse respeito, ver, por exemplo, a passagem anteriormente citada de Suso em Seeberg, *Dogmengeschichte*, p. 195, e as manifestações supracitadas de Tauler.

23. Seu ponto de vista definitivo é exposto em algumas considerações da exegese do Gênesis (*Opera latina exegetica*, ed. Esperger), vol. IV, p. 109: "Neque haec fuit levis

tentatio, intentum esse suae vocationi et de aliis non esse curiosum (...) Paucissimi sunt, qui sua sorte vivant contenti (...) (p. III eod.) Nostrum autem est, ut vocanti *Deo pareamus* (...) (p. 112) Regula igitur haec servanda est, ut unusquisque *maneat in sua vocatione et suo dono contentus vivat*, de aliis autem non sit curiosus.". Em seu *resultado*, isso corresponde perfeitamente à formulação do tradicionalismo em Santo Tomás de Aquino (Th. V, 2 gen. 118 art. I c): "Unde necesse est, quod bonum hominis circa ea consistat in quadam mensura, dum scilicet homo (...) quaerit habere exteriores divitias, prout sunt *necessariae ad vitam ejus secundum suam conditionem*. Et ideo in excessu hujus mensurae consistit *peccatum*, dum scilicet aliquis supra debitum modum vult eas vel acquirere vel retinere, quod pertinet ad avaritiam.". Exceder a medida do ganho, dada pela necessidade conforme ao próprio estamento, é um pecado que Santo Tomás fundamenta na *lex naturae*, tal como ela se revela na *finalidade* (*ratio*) dos bens externos; já Lutero o fundamenta na vontade divina. Sobre a relação entre fé e profissão em Lutero, ver também o vol. VIII, p. 225: "(...) quando es fidelis, tum placent Deo etiam physica, carnalia, animalia, officia, sive edas, sive bibas, sive vigiles, sive dormias, quae mere corporalia et animalia sunt. *Tanta res est fides* (...) Verum est quidem, *placere Deo etiam in impiis sedulitatem et industriam in officio*" (essa *atividade* na vida profissional é uma virtude *lege naturae*). "Sed obstat incredulitas et vana gloria, ne possint opera sua referre ad gloriam Dei" (o que lembra certas formulações calvinistas). "(...) *Merentur* igitur etiam impiorum bona opera in hac quidem vita praemia sua" (em oposição a *vitia specie virtutum palliata* de Santo Agostinho) "sed non numerantur, non colliguntur in altero".

24. Na *Kirchenpostille* (edição de Erlangen, 10, p. 233, 235-236), lê-se: "*Cada um* é chamado a uma profissão qualquer.". Deve esperar *essa* profissão (na p. 236 chega a dizer "ordem") e nela servir a Deus. Deus se alegra não com o resultado do trabalho, e sim com a *obediência* com que ele é realizado.

25. Em *oposição* ao que foi dito anteriormente sobre o efeito do pietismo na rentabilidade das trabalhadoras, isso explica por que os empresários modernos às vezes afirmam que empreendedores da indústria doméstica, que observam rigorosamente a religião luterana (por exemplo, na Vestfália), ainda *hoje* não raro apresentam uma maneira de pensar extremamente tradicionalista. São contrários a modificações em seus métodos de trabalho — ainda que isso não implique uma transição para o sistema fabril —, apesar da perspectiva de aumento de lucro, e justificam sua posição dizendo que no além tudo será igualado. Vemos, portanto, que o mero fato de *pertencer a uma igreja* e de professar uma crença ainda não tem uma importância essencial para a conduta de vida como um todo. Há propósitos religiosos de vida muito mais concretos, cujo efeito desempenhou seu papel na evolução do capitalismo e ainda o desempenha, em medida mais restrita.

26. Cf. Tauler, edição da Basileia, p. 161 ss.

27. Cf. o sermão de Tauler, tipicamente sentimental, op. cit. e fol. 17,18 v. 20.

28. Como essa é a única finalidade dessas observações sobre Lutero nessa passagem, contentamo-nos com um esboço insuficiente e provisório, que naturalmente não é satisfatório para uma apreciação de Lutero.

29. Por certo, quem compartilhasse a construção histórica dos *levellers* estaria na feliz condição de poder reduzir isso a diferenças raciais. Como representantes dos anglo-saxões, acreditavam defender seu *birthright* contra os descendentes de Guilherme, o Conquistador, e os normandos. É bastante surpreendente que até hoje ninguém tenha interpretado os plebeus *roundheads* no sentido antropométrico de "cabeças redondas"!

30. Sobretudo o orgulho nacional inglês, consequência da Magna Carta e das grandes guerras. Já no século XV se empregava a expressão, tão típica atualmente, *she looks like an English girl*, para aludir à beleza de uma jovem estrangeira.

31. Obviamente, essas diferenças também persistiram na Inglaterra. Especialmente a *squirearchie* manteve-se portadora da *merry old England* até o presente, e todo o período desde a Reforma pode ser considerado uma luta entre os dois elementos da sociedade inglesa. Nesse ponto, dou razão às observações de M. J. *Bonn* (na *Frankfurter Zeitung*) a respeito do belo texto de von *Schulze-Gävernitz* sobre o imperialismo britânico. Cf. H. Levy em *Archiv für Sozialwissenschaft und Sozialpolitik*, 46, 3.

32. Apesar dessa consideração e das considerações seguintes, que permaneceram inalteradas e, em minha opinião, são suficientemente claras, é curioso que sempre me tenham atribuído justamente essa tese.

PARTE II

A ética profissional do protestantismo ascético

1. Os fundamentos religiosos da ascese intramundana

Os portadores históricos do protestantismo ascético (no sentido aqui adotado da expressão) pertencem, sobretudo, a quatro espécies: 1) o calvinismo, *na forma* que assumiu nos principais territórios da Europa ocidental, especialmente ao longo do século XVII; 2) o pietismo; 3) o metodismo; 4) as seitas oriundas do movimento anabatista.[1] Nenhum desses movimentos manteve-se absolutamente separado dos outros, e não havia uma linha divisória rigorosa em relação às igrejas reformadoras não ascéticas. O metodismo surgiu apenas em meados do século XVIII, dentro da Igreja estatal inglesa. Segundo a intenção de seus fundadores, não era para ser uma nova Igreja, mas, antes, um novo despertar do espírito ascético dentro da antiga, e somente ao longo de seu desenvolvimento, principalmente ao se expandir para a América, é que se separou da Igreja anglicana. O pietismo surgiu no terreno do calvinismo na Inglaterra e especialmente na Holanda. Permaneceu ligado à ortodoxia por meio de transições bastante imperceptíveis e, por volta do final do século XVII, sob a influência de Spener, ingressou no luteranismo, reelaborando em parte sua fundamentação dogmática. Permaneceu um movimento *interno* à Igreja, e apenas a corrente vinculada a Zinzendorf (os hernutos) e determinada por ecos e influências hussitas e calvinistas na comunidade dos irmãos morávios foi impelida contra sua vontade, como o metodismo, a formar uma espécie particular de seita. No início de seu desenvolvimento, calvinismo e anabatismo eram manifestamente opostos, mas se tornaram muito próximos no anabatismo do final do século XVII, e já nas seitas independentistas da Inglaterra e da Holanda no início do mesmo século a transição foi gradual. Conforme mostra o pietismo, a passagem para o luteranismo também se deu aos poucos, e o mesmo ocorreu entre o calvinismo e a Igreja anglicana, que em seu caráter externo e no espírito de seus seguidores mais constantes assemelha-se ao catolicismo. Aquele movimento ascético, que no sentido mais amplo dessa palavra polissêmica foi denominado de "puritanismo",[2] atacou os fundamentos do anglicanismo na massa de seus seguidores e especialmente em meio a seus defensores mais persistentes. No entanto, também nesse caso os contrastes se exacerbaram somente aos poucos na luta. E ainda que, por enquanto, deixemos de lado as questões de constituição e a organização, que não nos interessam — aliás, justamente por isso —, a situação permanece a mesma. Mesmo as mais importantes diferenças, como aquelas sobre a doutrina da predestinação e da justificação, misturaram-se umas às outras nas mais variadas combinações e impediram regularmente, mas não sem exceções, já no início do século XVII, a manutenção da comunidade eclesiástica. E, acima de tudo: os fenômenos da conduta *moral* de vida, importantes para nós, encontram-se de igual maneira entre os adeptos das denominações mais diversas, provenientes de uma das quatro fontes acima indicadas ou da combinação de várias delas. Veremos que máximas éticas semelhantes podem estar vinculadas a diferentes fundamentos dogmáticos. Os influentes recursos literários auxiliares, destinados à cura das almas, sobretudo os compêndios casuísticos das diversas confissões, também se influenciaram reciprocamente ao longo do tempo, e neles se encontram grandes semelhanças, apesar das notórias diferenças na prática da conduta de vida. Portanto, poderia quase parecer melhor se ignorássemos por completo tanto os fundamentos dogmáticos quanto a teoria ética e nos ativéssemos simplesmente à prática moral, desde que esta possa ser determinada. Contudo, não é assim que acontece. É bem verdade que as diferentes raízes dogmáticas da moralidade ascética pereceram após terríveis lutas. No entanto, a ancoragem originária nesses dogmas deixou vestígios profundos não apenas na ética "não dogmática" ulterior; entretanto, *somente* o conhecimento do conteúdo dessas ideias originárias nos ensina a compreender como essa moralidade estava ligada à ideia de *além da vida*, que dominava em absoluto os homens mais espiritualizados da época. Sem a força dessa ideia, que tudo sobrepujava, não se teria realizado na época *nenhuma* renovação moral que influísse seriamente na vida prática. Pois, obviamente, o que nos importa[3] não são os preceitos teóricos e oficiais, ensinados, por exemplo, nos compêndios éticos da época — embora, por certo, também tivessem sua importância prática graças à influência da disciplina eclesiástica, da cura das almas e das pregações —, mas algo bem diferente: a descoberta das *motivações* psicológicas, criadas pelas crenças religiosas e pela prática de uma vida religiosa que orientavam a conduta de vida e nela mantinham o indivíduo. No entanto, essas motivações originavam-se em grande medida na peculiaridade das concepções da fé religiosa. O homem da época refletia sobre dogmas aparentemente abstratos, em uma medida que, por sua vez, só pode ser compreendida se considerarmos sua relação com interesses práticos e religiosos. É inevitável tecer algumas considerações dogmáticas[4] que ao leitor não teólogo parecerão tão cansativas quanto apressadas e superficiais ao erudito em teologia. Nesse sentido, só podemos proceder apresentando as ideias religiosas em uma coerência compilada "segundo um tipo ideal", como apenas raramente podia ser encontrada na realidade histórica. Pois, justamente *em razão da* impossibilidade de traçar fronteiras bem definidas na realidade histórica, nossa única esperança é deparar com seus efeitos específicos ao investigarmos suas formas *mais coerentes*.

O *calvinismo*[5] é a fé[6] em torno da qual foram conduzidas as grandes lutas políticas e culturais nos séculos XVI e XVII nos países capitalistas mais desenvolvidos: os Países Baixos, a Inglaterra e a França. Eis por que nos dedicaremos a ele em primeiro lugar. Na época — e, de modo geral, ainda hoje —, a doutrina da *predestinação* foi considerada seu dogma mais característico. Chegou-se a discutir se esse era o dogma "mais essencial" da Igreja reformada ou um mero "apêndice". Contudo, os julgamentos sobre a essencialidade de um fenômeno histórico são juízos de valor e de fé, sobretudo quando por eles se entende apenas o que "interessa" ou tem um "valor" duradouro nesse fenômeno. Ou ainda quando se tem em mente sua significação *causal*, em virtude de sua influência em outros acontecimentos históricos. Nesse caso, trata-se de julgamentos de atribuição histórica. Se partirmos, como há de se fazer aqui, desse último ponto de vista e perguntarmos qual importância deve ser atribuída a esse dogma no que se refere a seus *efeitos* histórico-culturais, por certo ela terá de ser considerada das mais elevadas.[7] A batalha cultural conduzida por Oldenbarnevelt fracassou por causa desse dogma. Sob Jaime I, a cisão da Igreja inglesa mostrou-se insuperável a partir do momento em que entre a coroa e o puritanismo também surgiram diferenças dogmáticas, e justamente sobre essa doutrina, que foi considerada, em primeira instância, o lado perigoso do calvinismo para o Estado e, como tal, combatida pelas autoridades.[8] Os grandes sínodos do século XVII, sobretudo os de Dordrecht e Westminster, além de muitos outros de menor importância, colocaram no centro de seu trabalho o reconhecimento canônico dessa doutrina, que serviu de sólido apoio a incontáveis heróis da *ecclesia militans*, e no século XVIII, bem como no XIX, provocou cisões na Igreja e representou o grito de guerra a cada grande e novo despertar. Não podemos passar ao largo dessa doutrina. Inicialmente, aprenderemos seu conteúdo de maneira autêntica — visto que hoje não pode ser dado como conhecido por toda pessoa culta — a partir dos artigos da *Westminster confession*, de 1647, que nesse ponto foi simplesmente reproduzida tanto nas confissões de fé independentes quanto nas batistas:[9]

> Capítulo 9 (Sobre o livre-arbítrio), nº 3: em virtude de sua queda em estado de pecado, o homem perdeu completamente toda a capacidade de querer um bem espiritual qualquer que lhe trouxesse a salvação; tanto

que, integralmente desviado do bem e morto em pecado, um ser humano natural não é capaz de se converter nem de se preparar para a conversão.

Capítulo 3 (Sobre o eterno decreto divino), nº 3: por decreto de Deus e para manifestar Sua glória, alguns homens (...) foram predestinados (*predestinated*) à vida eterna e outros, preordenados (*foreordained*) à morte eterna. Número 5: aqueles pertencentes ao gênero humano que foram predestinados à vida, Deus elegeu em Cristo à glória eterna antes que fosse posto o fundamento do mundo, segundo Seu eterno e imutável desígnio e segundo a deliberação e o livre-arbítrio de Sua vontade, e isso meramente por livre graça e amor, e não porque tenha sido movido a tanto, como condição ou causa, pela previsão da fé, das boas obras, da persistência em uma das duas ou por qualquer outra coisa nas criaturas; ao contrário, tudo se deu em louvor de Sua gloriosa graça. Número 7: agradou a Deus, segundo o imperscrutável conselho de Sua vontade, pelo qual distribui ou nega a graça como bem Lhe apraz, preterir o restante dos homens para glorificar Seu poder ilimitado sobre Suas criaturas, e condená-los à desonra e à ira por seus pecados, para louvor de Sua gloriosa justiça.

Capítulo 10 (Sobre a vocação eficaz), nº 1: todos aqueles que Deus predestinou à vida, e apenas eles, agrada-Lhe chamá-los de modo eficaz com Sua palavra e Seu espírito no momento determinado e adequado (...) tirando-lhes o coração de pedra e dando-lhes outro de carne, renovando sua vontade e, por meio de sua força onipotente, determinando-os para o que é bom (...).

Capítulo 5 (Da Providência), nº 6: no que se refere aos homens maus e ímpios, que Deus, como um árbitro justo, cega e endurece por seus pecados anteriores, Ele não apenas lhes retira Sua graça, que poderia iluminar sua inteligência e conquistar seu coração, como também às vezes lhes subtrai os dons de que dispunham e os relaciona com aqueles objetos que

> sua corrupção transforma em ocasião de pecado, e ainda os abandona aos próprios desejos, às tentações do mundo e do poder de Satanás, de modo que eles próprios se enrijecem com os mesmos meios utilizados por Deus para enternecer os outros.[10]

"Posso ir para o inferno, mas um Deus como esse jamais me imporá respeito" — eis o conhecido julgamento de Milton sobre essa doutrina.[11] Para nós, porém, o que interessa aqui não é um juízo de valor, e sim a posição histórica do dogma. Podemos nos deter apenas brevemente na questão sobre como surgiu essa doutrina e com quais contextos conceituais ela se inseriu na teologia calvinista. Dois caminhos podiam conduzir a ela. Justamente nos mais ativos e apaixonados dentre aqueles grandes homens de oração, que a história do cristianismo viu reiteradas vezes a partir de Santo Agostinho, o fenômeno do sentimento religioso de redenção une-se à percepção segura de que tudo se deve à exclusiva eficácia de um poder objetivo, e nem um pouco ao valor pessoal. A intensa sensação de alegre segurança que os alivia da enorme tensão do sentimento de pecado parece invadi-los repentinamente e aniquilar toda possibilidade de imaginar que esse extraordinário dom da graça poderia dever-se a qualquer colaboração própria ou estar ligado a seus atos ou às qualidades de sua fé e de sua vontade. Nos tempos de sua mais elevada genialidade religiosa, quando Lutero foi capaz de escrever sua *Freiheit eines Christenmenschen* [Liberdade de um cristão], também ele se mostrou firmemente convencido do "misterioso decreto" de Deus como fonte absolutamente única e infundada de seu religioso estado de graça.[12] Embora mais tarde ele não tenha desistido formalmente dessa ideia, esta não apenas deixou de conquistar uma posição central em sua obra como também foi cada vez mais relegada ao segundo plano, à medida que suas responsabilidades como político eclesiástico o impeliam gradualmente a uma *Realpolitik*. Melanchthon evitou deliberadamente adotar a "perigosa e obscura" doutrina na Confissão de Augsburgo, e para os Pais da Igreja luterana estabeleceu-se como dogma que a graça pode ser perdida (*amissibilis*) e reconquistada com humildade disposta à penitência, com a confiança repleta de fé na palavra divina e com os sacramentos. Em Calvino,[13] o processo foi exatamente o inverso, com um sensível aumento da importância da doutrina ao longo de sua polêmica discussão com opositores dogmáticos. A doutrina só conheceu um desenvolvimento pleno na terceira edição de sua *Institutio*, e só conquistou uma posição central após a morte de Calvino, durante as grandes batalhas culturais, que os sínodos de Dordrecht e Westminster tentaram encerrar. Em Calvino, o *decretum horribile não* é *vivido* como em Lutero, mas *excogitado*, e por isso ampliado em sua importância a cada aumento da coerência conceitual na direção de seu interesse religioso, voltado unicamente a Deus, e não ao homem.[14] Deus não existe para o homem, mas o homem existe para Deus, e tudo o que acontece — portanto, também o fato indubitável para Calvino de que apenas uma pequena parte da humanidade é chamada à bem-aventurança — só pode ter um sentido como meio para o objetivo que é a autoglorificação da majestade de Deus. Aplicar os critérios da "justiça" terrena às Suas disposições soberanas não faz sentido e constitui uma violação de Sua majestade,[15] uma vez que Ele, e apenas Ele, é *livre*, ou seja, não está submetido a nenhuma lei, e Seus decretos só podem ser compreendidos e conhecidos por nós se Ele achar por bem comunicá-los a nós. Apenas a esses fragmentos da verdade eterna podemos nos ater. Todo o restante — o *sentido* de nosso destino individual — é cercado por segredos obscuros, em que é impossível e presunçoso tentar se aprofundar. Se, por exemplo, os réprobos quisessem lamentar-se da sorte como algo imerecido, seria como se os animais se lamentassem por não terem nascido homens. Pois toda criatura é separada de Deus por um abismo intransponível e diante Dele merece apenas a morte eterna, desde que, para a glorificação de Sua majestade, Deus não tenha decidido de outra forma. Sabemos apenas que parte da humanidade será salva e outra parte permanecerá condenada. Supor que o mérito ou a culpa dos humanos ajuda a determinar esse destino significaria considerar que as decisões absolutamente livres de Deus, estabelecidas desde a eternidade, podem ser modificadas pela influência humana: uma ideia impossível. O "Pai que está no céu" do Novo Testamento, compreensível para os humanos e que se alegra com o retorno do pecador tal como a mulher com a moeda reencontrada, transformou-se aqui em um ente transcendente que escapa a toda compreensão humana, que da eternidade atribuiu a cada indivíduo seu destino, segundo decretos inteiramente insondáveis, e dispôs de todas as menores coisas no cosmo.[16] Uma vez que os decretos divinos são imutáveis, a graça de Deus não pode ser perdida por aqueles aos quais é destinada nem conquistada por aqueles aos quais é negada.

Em sua inumanidade patética, essa doutrina só podia ter uma consequência sobre o estado de espírito de uma geração que se abandonou à sua grandiosa coerência: o sentimento de uma inaudita *solidão interna do indivíduo*.[17] Na questão mais decisiva de sua vida, a salvação eterna, o homem da época da Reforma via-se obrigado a seguir sozinho por sua estrada, rumo a um destino determinado desde a eternidade. Ninguém podia ajudá-lo. Nenhum pregador, pois apenas o escolhido pode compreender *spiritualiter* [em espírito] a palavra de Deus. Nenhum sacramento, pois, embora os sacramentos sejam ordenados por Deus para o aumento de sua glória e, por isso, devam ser estritamente observados, não constituem um meio para obter a graça divina, e sim, subjetivamente, apenas *externa subsidia* [auxílios externos] da fé. Nenhuma igreja, pois, se a sentença *extra ecclesiam nulla salus* significa que quem se mantém afastado da verdadeira Igreja nunca poderá fazer parte dos eleitos por Deus,[18] à Igreja (externa) também pertencem os réprobos. De fato, *devem* pertencer a ela e submeter-se à sua disciplina, não para assim alcançarem a salvação eterna, que é impossível, mas porque, para a glória de Deus, também têm de ser obrigados a observar Seus mandamentos. Por fim, nenhum Deus, pois o próprio Cristo morreu pelos eleitos,[19] aos quais Deus, desde sua eternidade, decidira dedicar seu martírio. A completa eliminação da salvação pela Igreja e pelos *sacramentos* (que o luteranismo ainda não efetuara em todas as suas consequências) constituía o fator absolutamente decisivo em relação ao catolicismo. Aquele grande processo histórico e religioso de *desencantamento* do mundo,[20] que iniciara com as profecias do judaísmo antigo e, associado ao pensamento científico grego, rejeitava como superstições e sacrilégios todos os meios *mágicos* para se buscar a salvação, encontrou aqui seu fim. O autêntico puritano repudiava até mesmo todo vestígio de cerimônias religiosas junto ao túmulo e enterrava seus parentes sem cânticos nem músicas, a fim de não permitir o surgimento de nenhuma espécie de *superstition* nem de confiança em efeitos de salvação de tipo mágico-sacramental.[21] Não apenas não havia nenhum meio mágico como também nenhum outro de natureza diversa que concedesse a graça divina a quem Deus houvesse decidido negá-la. Combinado com a rude doutrina da distância incondicional de Deus e da ausência de valor de tudo o que é meramente criado, esse isolamento interno do ser humano contém, por um lado, o fundamento do posicionamento absolutamente negativo do puritanismo em relação a todos os elementos de ordem sensorial e *emocional* na cultura e na religiosidade subjetiva, por serem inúteis para a salvação e fomentarem ilusões sentimentais e superstições que divinizam as criaturas. Isso também explica a aversão a toda cultura sensorial de maneira geral.[22] Por outro lado, porém, forma uma das raízes daquele individualismo sem ilusão e de coloração pessimista,[23] que ainda hoje se manifesta no "caráter nacional" e nas instituições dos povos com passado puritano — em evidente contraste com as lentes tão diversas com que mais tarde o "Iluminismo" observou a humanidade.[24] No período de que nos ocupamos, reencontramos claramente os vestígios dessa influência da doutrina da predestinação nos fenômenos elementares da conduta e da concepção da vida e até mesmo onde sua vigência como dogma já estava desaparecendo: de fato, tratava-se então apenas da forma *mais extrema* daquela *exclusividade* da confiança em *Deus*, que nos cabe analisar aqui. Assim, por exemplo, ela se manifesta de maneira notória na reiterada advertência, especialmente na literatura puritana inglesa, contra toda confiança na ajuda e na amizade dos homens.[25] Até mesmo o ponderado Baxter aconselha nutrir uma profunda desconfiança do amigo mais próximo, e Bailey chega a recomendar não confiar em ninguém nem lhe confiar qualquer coisa que seja comprometedora: Deus é o único confidente possível.[26] Em contraste flagrante com o luteranismo e em conexão com essa atitude em relação à vida, nas regiões onde o calvinismo se desenvolvia plenamente a confissão particular, contra a qual o próprio Calvino levantou suspeitas por ser passível de ser mal interpretada como sacramento, desapareceu silenciosamente. Foi um acontecimento da maior importância. Inicialmente como sintoma do tipo de efeito dessa religiosidade; em segundo lugar, também como estimulante psicológico de sua postura ética. O meio para "aplacar" periodicamente o sentimento de culpa de cunho afetivo havia sido eliminado.[27] Ainda discorreremos sobre as consequências que isso teve para as práticas morais cotidianas. Entretanto, são evidentes as consequências para a condição religiosa dos homens como um todo. A relação do calvinista com seu Deus realizava-se em profundo isolamento interno, não obstante a necessidade de pertencimento à verdadeira Igreja para se alcançar a salvação.[28] Quem quiser sentir os efeitos específicos[29] dessa atmosfera particular deve ler *Pilgrim's progress*,[30] de Bunyan, de longe o livro mais lido de toda a literatura puritana, que descreve o comportamento do protagonista "Christian" depois que este se dá conta de estar na "cidade da perdição" e recebe o chamado para iniciar sem demora sua peregrinação rumo à cidade celestial. Sua esposa e seus filhos agarram-se a ele, que, no entanto, tampa os ouvidos com os dedos e precipita-se pelos campos gritando: "*Life, eternal life!*". Nenhum refinamento poderia reproduzir melhor o estado de espírito do religioso puritano — que, no fundo, preocupa-se apenas consigo mesmo e pensa apenas na própria salvação — do que o sentimento ingênuo desse caldeireiro, que poetava na prisão e granjeava os aplausos de todo um universo de fiéis. Esse estado de espírito se expressa, por exemplo, nas conversas empoladas que o personagem trava pelo caminho com os que buscam a mesma meta, lembrando um pouco os diálogos de *Gerechte Kammacher*, de Gottfried Keller. Somente quando ele próprio está a salvo é que desperta o pensamento de que seria bom ter a seu lado também sua família. Trata-se do mesmo medo angustiante da morte e do além que sentimos de maneira tão penetrante em Afonso de Ligório, tal como nos foi descrito por Döllinger — muito distante daquele orgulhoso espírito mundano, ao qual Maquiavel dá expressão ao se referir à glória dos cidadãos florentinos, que lutavam contra o papa e o interdito e para os quais "o amor pela cidade natal era maior do que o medo pela salvação de suas almas"; e, naturalmente, ainda mais distante dos sentimentos que Richard Wagner põe na boca de Siegmund antes do combate mortal: "Saúda-me, Wotan, saúda-me, Valhala (...) Em verdade, porém, não me fales dos ásperos deleites de Valhala.". No entanto, justamente os *efeitos* desse medo em Bunyan e Ligório têm características diferentes: o mesmo medo que conduz o primeiro à máxima humilhação de si mesmo estimula o segundo a uma luta incansável e sistemática com a vida. De onde vem essa diferença?

Inicialmente, parece um enigma. Como essa tendência a liberar internamente o indivíduo dos vínculos mais estreitos nos quais o mundo o encerra pôde associar-se à superioridade indubitável do calvinismo na organização social?[31] Por mais estranho que possa parecer a princípio, justamente essa superioridade resulta da conotação específica que o "amor" cristão "ao próximo" acabou assumindo sob a pressão do isolamento interno do indivíduo imposto pela fé calvinista. De início, sua derivação é dogmática.[32] O mundo destina-se unicamente a servir à autoglorificação de Deus, e, de sua parte, o cristão eleito destina-se unicamente a aumentar a glória de Deus no mundo mediante o cumprimento de Seus mandamentos. No entanto, Deus quer o desempenho social do cristão, pois deseja que a estruturação social da vida esteja de acordo com Seus mandamentos e seja organizada para esse fim. O trabalho social[33] do calvinista no mundo é puramente trabalho *in majorem gloriam Dei* [para maior glória de Deus]. Portanto, esse caráter também faz parte da atividade *profissional* que está a serviço da vida terrena da comunidade. Já em Lutero vimos que a divisão do trabalho em profissões deriva do "amor ao próximo". No entanto, o que nele permaneceu um estágio inicial incerto, de pura construção conceitual, entre os calvinistas transformou-se em uma parte característica de seu sistema ético. Como deve estar unicamente a serviço da glória de Deus,[34] e não da criatura,[35] o "amor ao próximo" manifesta-se, em *primeira* instância, no cumprimento dos deveres *profissionais* impostos pela *lex naturae*, assumindo, assim, o caráter objetivo e impessoal de um serviço prestado à estruturação racional do cosmo social que nos circunda. Pois, cumprindo maravilhosamente seu propósito, a estruturação e a organização desse cosmo — que, segundo a revelação bíblica e o discernimento natural, ao que parece, se destina a servir ao *benefício* do gênero humano — permitem reconhecer que o trabalho a serviço desse benefício social impessoal exalta a glória divina e, portanto, é desejado por Deus. Para o puritano e, por outras razões, para o judeu, a completa exclusão do problema da teodiceia e de todas as questões relativas ao "sentido" do mundo e da vida, que tanto consumiram outros homens, era algo evidente. De resto, em certo sentido, algo semelhante se deu, de maneira geral, na religiosidade cristã não mística. No calvinismo, a essa economia de forças acrescentou-se outro traço que atuava na mesma direção. Para o calvinismo não existia a dicotomia entre o "indivíduo" e a "*ética*" (no sentido de Sören Kierkegaard), embora nas questões religiosas deixasse o indivíduo totalmente por conta própria. Não nos cabe aqui analisar as razões para tanto nem a importância desses pontos de vista para o racionalismo político e econômico do calvinismo. Neles reside a fonte do caráter *utilitário* da ética calvinista e deles derivaram importantes particularidades da concepção calvinista da profissão.[36] Mas voltemos à análise particular da doutrina da predestinação.

Pois, para nós, o problema decisivo é, antes de tudo, o seguinte: como essa doutrina foi *sustentada*[37] em uma época em que o além não apenas era mais importante, mas também, em muitos aspectos, mais seguro do que todos os interesses da vida terrena?[38] Uma questão deveria surgir de imediato para cada fiel e relegar a segundo plano todos os outros interesses: estarei *eu* entre os eleitos? E como posso ter certeza dessa eleição?[39] Para o próprio Calvino, isso não era um problema. Ele se sentia como um *instrumento* e não tinha dúvidas a respeito de seu estado de graça. Por conseguinte, à pergunta sobre como o indivíduo pode ter certeza de sua própria eleição, basicamente ele dá uma única resposta: que devemos contentar-nos em conhecer a decisão de Deus e perseverar na confiança em Cristo, que resulta da verdadeira fé. Em princípio, ele rejeita como uma tentativa temerária de penetrar os segredos de Deus a hipótese de que se poderia reconhecer nos outros, por sua conduta, se são eleitos ou réprobos. Nesta vida, os eleitos em nada se distinguem externamente dos réprobos,[40] e mesmo todas as experiências subjetivas dos eleitos, como *ludibria Spiritus sancti* [artimanhas do Espírito Santo], também são possíveis nos réprobos, com a única exceção daquela persistente confiança de quem crê até o fim (*finaliter*). Portanto, os eleitos são e permanecem a igreja invisível de Deus. Naturalmente diferente foi a posição dos epígonos, já desde Beza, e sobretudo a ampla camada dos homens comuns. Para eles, a *certitudo salutis*, no sentido da possibilidade de *reconhecer* o estado de graça, teria de alçar-se a uma importância absolutamente prevalente,[41] e em toda parte onde se consolidou a doutrina da predestinação não se deixou de questionar se haveria sinais seguros que permitissem reconhecer quem estaria entre os *electi*. Por muito tempo essa questão teve importância central não apenas no desenvolvimento do pietismo, que cresceu a princípio no solo da Igreja reformada; em certo sentido, em alguns momentos, chegou a ser constitutiva para ele. Porém, quando considerarmos o alcance político e social da doutrina e da prática reformada a respeito da Eucaristia, ainda discorreremos sobre o papel desempenhado durante todo o século XVII, também fora do pietismo, pela possibilidade de constatar o estado de graça do indivíduo, por exemplo, quando se tratava de admiti-lo na Eucaristia, ou seja, no ato do culto central e decisivo para o posicionamento social dos participantes.

À medida que surgia a questão do *próprio* estado de graça, era no mínimo impossível contentar-se com o testemunho pessoal da fé perseverante,[42] resultante da ação da graça no homem, testemunho ao qual remetia Calvino e que, pelo menos em princípio, nunca foi formalmente abandonado pela doutrina ortodoxa.[43] Era impossível sobretudo para a prática da cura das almas, que por todo lado tinha de lidar com os tormentos criados pela doutrina e acabou por resignar-se de diversas maneiras com essas dificuldades.[44] À medida que a predestinação não era reinterpretada, atenuada nem abandonada em sua essência,[45] surgiram dois tipos característicos de conselhos pastorais, ligados um ao outro. De um lado, tornou-se simplesmente um dever *considerar-se* eleito e refutar toda dúvida como uma tentação do demônio,[46] uma vez que a falta de autoconfiança seria consequência de fé insuficiente e, portanto, de ação insuficiente da graça. Portanto, nesse caso, a exortação do apóstolo a "firmar-se" na própria vocação é interpretada como o dever de conquistar, na luta cotidiana, a certeza subjetiva da própria eleição e da própria justificação. Em vez dos humildes pecadores, aos quais Lutero promete a graça se eles confiarem em Deus com fé contrita, são cultivados aqueles "santos" conscientes de si mesmos,[47] que reencontramos nos rígidos comerciantes puritanos daquela época heroica do capitalismo e em alguns exemplares de nossos dias. De outro lado, recomendava-se expressamente o *trabalho profissional incessante* como o melhor meio para *alcançar* a autoconfiança.[48] Apenas ele dissiparia a dúvida religiosa e conferiria a segurança do estado de graça.

O fato de esse trabalho profissional mundano ser considerado capaz *desse* feito — de ele, por assim dizer, poder ser tratado como o meio adequado para reagir contra os temores religiosos — encontra seu fundamento em particularidades profundas do sentimento religioso, cultivado na Igreja reformada. Em sua oposição ao luteranismo, essas particularidades se revelam da maneira mais evidente na doutrina sobre a natureza da justificação pela fé. No belo ciclo de palestras de Schneckenburg, essas diferenças são analisadas com tanta objetividade,[49] sutileza e isenção de qualquer juízo de valor que as breves observações que vêm em seguida referem-se, essencialmente, à sua exposição.

A máxima experiência religiosa, almejada pela devoção luterana, tal como se desenvolveu especialmente no século XVII, é a *unio mystica* [união mística] com a divindade.[50] Como já sugere a expressão, que nessa versão é desconhecida da doutrina reformada, trata-se de sentir Deus como substância: a sensação de que Deus realmente penetra a alma do crente, o que qualitativamente equivale aos efeitos da contemplação nos místicos alemães, e que se distingue por seu caráter *passivo*, orientado a satisfazer ao desejo de *paz* em Deus, e por sua interioridade puramente emocional. Ora, conforme nos mostra a história da filosofia, uma religiosidade que, em si, tenha uma orientação mística pode ser muito bem conciliada com um senso marcadamente realista da realidade no campo do dado empírico e até mesmo constituir seu suporte direto, em consequência de sua rejeição das doutrinas dialéticas. Ademais, de maneira indireta, a mística pode favorecer a conduta de vida racional. Seja como for, à sua relação com o mundo falta naturalmente a avaliação positiva da atividade externa. Além disso, no luteranismo a *unio mystica* era combinada com aquele profundo sentimento de indignidade devida ao pecado original, sentimento esse que deveria preservar cuidadosamente a *poenitentia quotidiana* [penitência cotidiana] do crente luterano, destinada à manutenção da humildade e da simplicidade indispensáveis para o perdão dos pecados. Em contrapartida, a religiosidade especificamente reformada rejeitou desde o princípio tanto a fuga quietista do mundo, defendida por Pascal, quanto esse estado de espírito luterano, voltado a uma religiosidade puramente interna. A real penetração do divino na alma humana estava excluída em virtude da transcendência de Deus em relação a todas as criaturas: *finitum non est capax infiniti* [o finito não é capaz do infinito]. A comunhão de Deus com seus favorecidos por Sua graça só podia realizar-se e ser percebida por eles se Deus neles *agisse* (*operatur*) e eles se conscientizassem disso, ou seja, se sua *ação* surgisse da fé operada pela graça divina e se essa fé, por sua vez, se legitimasse como operada por Deus em virtude da qualidade dessa ação. Nisso se exprimem profundas diferenças, relativas às condições decisivas para a salvação[51] e válidas em geral para a classificação de toda religiosidade prática: o virtuose da religião pode assegurar-se de seu estado de graça sentindo-se como receptáculo *ou* como ferramenta do poder divino. No primeiro caso, sua vida religiosa tende à cultura mística do sentimento; no segundo, para a *ação* ascética. Do primeiro tipo se aproximava Lutero; ao segundo pertence o calvinismo. O reformado também queria salvar-se *sola fide*. Porém, segundo a visão de Calvino, como todos os meros sentimentos e estados de espírito são enganosos,[52] por mais sublimes que pareçam ser, a fé tem de se afirmar em seus *efeitos* objetivos, a fim de poder servir como base segura à *certitudo salutis* [certeza da salvação]: tem de ser uma *fides efficax*[53] [fé eficaz], assim como o chamado à salvação tem de ser um *effectual calling* [chamado eficaz] (expressão usada pela *Savoy Declaration*). Se ainda quisermos saber em *quais* frutos o reformado poderá reconhecer, sem nenhuma dúvida, a verdadeira fé, receberemos como resposta: em uma conduta de vida cristã que sirva para aumentar *a glória de Deus*. O que serve a esse fim resulta da vontade de Deus, diretamente revelada na Bíblia ou indiretamente reconhecível nos ordenamentos do mundo por Ele criado com determinado objetivo (*lex naturae*).[54] É possível controlar o próprio estado de graça sobretudo ao se comparar o próprio estado de espírito com aquele que, segundo a Bíblia, era o dos eleitos, por exemplo, dos patriarcas.[55] Apenas um eleito *tem*, de fato, a *fides efficax*,[56] apenas ele é capaz, em virtude do renascimento (*regeneratio*) e da resultante santificação (*sanctificatio*), de aumentar a glória de Deus durante toda a sua vida com obras realmente boas, e não apenas em aparência. E estando consciente de que sua transformação — pelo menos em relação a seu caráter fundamental e a seu constante propósito (*propositum oboedientiae*) — repousa em uma força[57] que nele vive para aumentar a glória de Deus, portanto, não apenas desejada por Deus, mas, sobretudo, *operada* por Ele,[58] ele alcança aquele bem supremo, almejado por essa religiosidade: a certeza da graça.[59] A Segunda Epístola aos Coríntios (13,5) reforça que ela pode ser alcançada.[60] Portanto, ainda que as boas obras sejam absolutamente inadequadas como meio para alcançar a salvação — pois também o eleito permanece uma criatura e tudo o que ele faz permanece infinitamente aquém das exigências de Deus —, elas são indispensáveis como *sinal* de eleição.[61] São o meio técnico não para obter a salvação, mas para se libertar da ânsia pela salvação. Nesse sentido, às vezes são diretamente designadas como "indispensáveis à salvação"[62] ou a elas é vinculada a *possessio salutis*.[63] Porém, do ponto de vista prático, no fundo isso significa que Deus ajuda quem se ajuda,[64] que, portanto, o calvinista, como dito ocasionalmente, *cria a própria salvação*[65] — o correto deveria ser: a *certeza* dela —, mas essa sua criação *não* pode consistir, como no catolicismo, em um acúmulo gradual de ações meritórias individuais, e sim em um auto*controle sistemático*, que *a todo momento* se vê diante da alternativa: sou eleito ou condenado? Com isso, chegamos a um ponto muito importante de nossas considerações.

Como se sabe, esse raciocínio, que foi sendo elaborado com crescente clareza[66] nas igrejas e seitas reformadas, era sempre criticado pelos luteranos como "santificação por meio das obras".[67] E por mais justificado que fosse o protesto dos criticados contra a identificação de sua posição *dogmática* com a doutrina católica, essa acusação certamente foi feita com razão, se com ela se entendiam as consequências *práticas* para a vida cotidiana dos cristãos médios reformados.[68] De fato, talvez nunca tenha havido uma forma mais intensa de avaliação religiosa da *ação* moral do que a produzida pelo calvinismo em seus seguidores. No entanto o que se mostra decisivo para a importância prática desse tipo de "santificação por meio das obras" é sobretudo o reconhecimento das *qualidades* que caracterizavam sua correspondente conduta de vida e a diferenciavam da vida cotidiana de um cristão médio da Idade Média. Pode-se tentar formulá-la da seguinte maneira: de certo modo, do ponto de vista ético, o leigo católico normal da Idade Média[69] vivia "da mão para a boca". Antes de tudo, cumpria conscienciosamente os deveres tradicionais. Porém, em geral, suas "boas obras" adicionais permaneciam uma série de ações *individuais*, que ele cumpria de acordo com a ocasião, por exemplo, para expiar pecados concretos, sob a influência da assistência pastoral ou no final da vida, como uma espécie de prêmio de seguro, sem que fossem necessariamente coerentes ou, pelo menos, racionalizadas em um *sistema* de vida. Naturalmente, a ética católica era uma ética da "convicção". Contudo a *intentio* concreta da ação *individual* determinava seu valor. E a ação *individual*, boa ou ruim, era atribuída a quem agia, influenciando seu destino temporal e eterno. De maneira bastante realista, a Igreja contava com o fato de que homem *não* é uma unidade determinada e a ser avaliada em termos absolutamente unívocos, mas considerava que sua vida moral (normalmente) é influenciada por motivos antagônicos e que seu comportamento muitas vezes é contraditório. Por certo, como ideal, também exigia dele uma mudança de vida *em termos de princípios*. Contudo, tornava a atenuar justamente essa exigência (para a média) usando de um de seus recursos mais importantes de poder e educação: o sacramento da penitência, cuja função estava profundamente ligada à particularidade mais intrínseca da religiosidade católica.

Na religiosidade católica, o "desencantamento" do mundo, a saber, a exclusão da *magia* como meio de salvação,[70] não foi levado às mesmas consequências que na religiosidade puritana (e, antes dela, apenas no judaísmo). Para o católico,[71] a *graça sacramental* da Igreja estava à sua disposição como um recurso para compensar sua própria insuficiência: o padre era um mago que podia operar o milagre da transubstanciação e em cujas mãos estava depositado o poder das chaves. Em caso de remorso e penitência, podia-se recorrer a ele, que dispensava expiação, esperança de graça e certeza de perdão e, desse modo, *liberava* o calvinista do *peso* daquela gigantesca *tensão* na qual estava destinado a viver inelutavelmente, sem nenhuma possibilidade de alívio. Para ele não havia aqueles consolos amigáveis e humanos. Tampouco podia ter esperança de compensar momentos de fraqueza e leviandade com outros de maior boa vontade, como ocorria com os católicos e os luteranos. O Deus do calvinismo exigia dos seus não "boas obras" individuais, mas uma santificação pelas obras alçada a *sistema*.[72] Nada daquele vaivém católico, e genuinamente humano, de pecados, arrependimentos, expiações, absolvição, novos pecados ou de um saldo da vida inteira, a ser expiado com penas temporais e quitado mediante a graça da Igreja. Portanto, a prática ética do homem comum foi despojada de sua ausência de planejamento e sistema e transformada em um *método* coerente, a ser aplicado a toda a conduta de vida. Não é por acaso que a designação "metodistas" tenha permanecido vinculada aos adeptos do último grande despertar do pensamento puritano no século XVIII, assim como o termo "precisistas", de significado equivalente, foi aplicado a seus precursores espirituais no século XVII.[73] Pois apenas em uma transformação fundamental do sentido da vida como um todo, a cada instante e em cada ação,[74] era possível comprovar o efeito da graça, que subtraía o ser humano do *status naturae* para colocá-lo no *status gratie*. A vida do "santo" era exclusivamente dirigida a um objetivo transcendente: a bem-aventurança. No entanto, *justamente por isso*, era totalmente *racionalizada* em sua evolução terrena e dominada por um ponto de vista exclusivo: aumentar a glória de Deus na Terra. Nunca o preceito *omnia in majorem dei gloriam* foi levado tão a sério.[75] Contudo, apenas uma vida conduzida por uma constante reflexão podia ser considerada uma superação do *status naturalis*: nessa reinterpretação ética, o *cogito ergo sum* de Descartes foi adotado pelos puritanos contemporâneos.[76] Essa racionalização deu à religiosidade reformada seu traço especificamente *ascético* e fundou tanto sua íntima afinidade[77] quanto sua oposição específica ao catolicismo. Pois, naturalmente, questões análogas não eram estranhas ao catolicismo.

Sem dúvida, tanto na aparência quanto no significado, a ascese cristã continha em si elementos extremamente heterogêneos. No Ocidente, porém, em suas formas mais elevadas, ela teve um caráter totalmente *racional* na Idade Média e, em vários aspectos, já na Antiguidade. Nisso repousa a importância histórica da conduta de vida monástica no Ocidente, em oposição ao monasticismo oriental — não em sua totalidade, mas em seu tipo genérico. Em princípio, já na regra de São Bento, mais ainda entre os cluniacenses, os cistercienses e, por fim, de maneira mais decisiva, entre os jesuítas, ela foi emancipada da fuga do mundo, sem nenhum planejamento, e do virtuosismo da tortura de si mesmo. Tornara-se um método sistematicamente elaborado da conduta de vida racional, com o objetivo de superar o *status naturae*, subtrair o homem ao poder dos impulsos irracionais e à dependência do mundo e da natureza, submetê-lo à supremacia da vontade segundo um planejamento,[78] submeter suas ações ao *autocontrole* constante e à *consideração* de sua importância e, assim, educar o monge para ser objetivamente um operário a serviço do Reino de Deus e, por sua vez, garantir subjetivamente a salvação de sua alma. Tal como o objetivo dos *exercitia* de Santo Inácio e, de modo geral, das mais elevadas formas das virtudes monásticas racionais,[79] esse autocontrole *ativo* também constituiu o ideal de vida prático e decisivo do puritanismo.[80] Já no profundo desprezo com o qual os relatos sobre os interrogatórios de seus mártires confrontam o estardalhaço incontido dos nobres prelados e funcionários à calma fria e reservada de seus confessores,[81] aparece aquela estima pelo autocontrole reservado, representado ainda hoje pelos melhores tipos de *gentleman* ingleses e anglo-americanos.[82] Para usar de uma linguagem corrente:[83] como toda ascese "racional", a puritana trabalhava para capacitar o ser humano a afirmar e fazer valer seus motivos constantes, especialmente aqueles que ela própria "inculcava" neles, perante os "afetos". Portanto, tentava educá-lo para adquirir uma "personalidade" *nesse* sentido formal e psicológico do termo. Em oposição a muitas ideias populares, o objetivo da ascese era poder conduzir uma vida alerta, consciente e clara; sua tarefa mais urgente, eliminar a naturalidade do prazer instintivo da vida; e seu *recurso* mais importante, *ordenar* a conduta de vida de seus adeptos. Todos esses pontos de vista decisivos são destacados tanto nas regras do monasticismo católico[84] quanto nos fundamentos da conduta de vida dos calvinistas.[85] Em ambos os casos, é nessa compreensão metódica do ser humano que repousa seu imenso poder de dominar o mundo. Especialmente no calvinismo perante o luteranismo, vale notar sua capacidade de assegurar a existência do protestantismo como *ecclesia militans* [Igreja militante].

Por outro lado, é evidente em que consistia a *oposição* entre a ascese calvinista e a medieval: na eliminação dos *consilia evangelica* [conselhos evangélicos] e na consequente transformação da ascese em puramente *intramundana*. Não que a vida "metódica" no catolicismo tivesse permanecido limitada às celas de mosteiro. Esse não foi absolutamente o caso nem na teoria nem na prática. Ao contrário, já se salientou que, não obstante a maior moderação moral do catolicismo, uma vida desprovida de um sistema ético *não* alcança os máximos ideais demonstrados por ele, mesmo no que se refere à vida intramundana.[86]

A Ordem Terceira de São Francisco, por exemplo, foi uma importante tentativa de fazer a ascese penetrar na vida cotidiana e, como se sabe, não foi a única. De fato, justamente *pelo modo como* exerceram sua forte influência, obras como a *Imitação de Cristo* mostram que a conduta de vida que pregavam era sentida como algo *mais elevado* em relação ao mínimo de moralidade, considerado suficiente para a existência cotidiana, e que essa moralidade *não* era medida segundo os critérios estabelecidos pelo puritanismo. E, vez por outra, a *prática* de certas instituições eclesiásticas, sobretudo a da indulgência — que também por isso, na época da Reforma, não foi sentida como um abuso periférico, e sim como dano fundamental e decisivo — opunha-se forçosamente ao início de uma sistemática ascese intramundana. No entanto a questão decisiva era a seguinte: no sentido religioso, o homem que levava uma vida metódica *par excellence* era e continuou sendo *apenas o monge*; portanto, quanto mais intensamente a ascese se apoderava do indivíduo, tanto mais o expulsava da vida cotidiana, pois a vida especificamente santa consistia justamente na *superação* da moralidade intramundana.[87] Isso foi o que, a princípio, Lutero eliminou não para pôr em prática uma tendência evolutiva qualquer, mas sim por experiências puramente pessoais, ainda hesitando no início quanto às consequências práticas, depois impelido pela situação *política*. E o calvinismo simplesmente seguiu seu exemplo.[88] Com efeito, isso atingia a essência de sua religiosidade, uma vez que já Sebastian Franck via a importância da Reforma no fato de que, a partir de então, *todo* cristão teria de ser um monge por toda a sua vida. Construíra-se um dique para impedir que a ascese fluísse para fora da vida cotidiana e mundana, e aquelas naturezas passionalmente sérias e introspectivas, que até então haviam fornecido ao monacato seus melhores representantes, passavam a ser instruídas a seguir ideais ascéticos *dentro* da vida profissional mundana. Contudo, ao longo de sua evolução, o calvinismo acrescentou a isso algo positivo: a ideia da necessidade de se *comprovar a fé* na vida profissional mundana.[89] Desse modo, deu a amplos grupos orientados para a religião o *estímulo positivo* para a ascese. Ao ancorar sua ética na doutrina da predestinação, o calvinismo substituiu a aristocracia espiritual dos monges, que ficava fora e acima do mundo, pela aristocracia espiritual dos santos *no* mundo,[90] predestinados por Deus desde a eternidade; uma aristocracia que, com seu *character indelebilis* [caráter indelével], era separada do restante da humanidade, desde sempre condenada, por um abismo em princípio mais intransponível e sinistro em sua invisibilidade[91] do que aquele que, na Idade Média, separava o monge do mundo — um abismo que incidia com duro rigor em *todos* os sentimentos sociais. Pois a esses eleitos pela graça divina — e que por isso eram considerados santos — não convinha a solicitude indulgente com os pecados do próximo, fundada na consciência da própria fraqueza, e sim o ódio e o desprezo por ele como se fosse um inimigo de Deus, que traz em si o estigma dessa eterna condenação.[92] Esse modo de sentir poderia intensificar-se a ponto de, em certas circunstâncias, resultar na formação de *seitas*. Foi o que ocorreu quando — tal como nos movimentos "independentistas" do século XVII — a crença genuinamente calvinista, segundo a qual a glória de Deus requer que os condenados sejam submetidos à lei pela Igreja, foi vencida pela convicção de que seria uma afronta a Deus se em seu rebanho houvesse um não regenerado que participasse dos sacramentos ou até os ministrasse como pregador contratado;[93] portanto, em resumo, foi o que ocorreu quando, em decorrência da ideia de comprovação, surgiu o conceito de uma Igreja donatista, como no caso dos batistas calvinistas. E mesmo quando a reivindicação de uma igreja "pura", como uma comunidade de regenerados comprovados, ou seja, a formação de seitas, não serviu inteiramente de lição, diversas modificações na constituição eclesiástica surgiram da tentativa de separar cristãos regenerados daqueles não regenerados e ainda não maduros para o sacramento, de reservar aos primeiros o governo da Igreja, ou ao menos uma posição privilegiada, e admitir apenas pregadores regenerados.[94]

Obviamente, essa conduta ascética da vida recebeu da Bíblia sua norma fixa, pela qual ela sempre podia orientar-se e da qual por certo necessitava. Na "bibliocracia" do calvinismo comumente divulgada, o importante para nós reside no fato de que o *Antigo* Testamento se *equipara* ao Novo em dignidade, uma vez que é tão inspirado quanto o Novo em seus preceitos morais e que estes não foram manifestamente destinados às circunstâncias históricas do judaísmo nem expressamente ab-rogados por Cristo. Justamente para os *crentes*, a lei havia sido dada como a norma ideal, nunca alcançável por completo, mas válida;[95] enquanto Lutero, ao contrário, originariamente louvara como um privilégio divino a *liberdade* perante a submissão à lei.[96] A influência da sabedoria hebraica, imbuída do espírito divino e, no entanto, inteiramente sóbria, tal como expressa nos livros mais lidos pelos puritanos, os Provérbios de Salomão e alguns Salmos, faz-se sentir em toda a disposição dos crentes em relação à vida. Em particular, o caráter *racional*: Sanford[97] atribuía, com razão, a supressão do lado místico e *sentimental* da religiosidade à influência do Antigo Testamento. De todo modo, por si só, esse racionalismo do Antigo Testamento como tal tinha um caráter essencialmente pequeno-burguês e tradicionalista e vinha acompanhado não apenas pelo poderoso *pathos* dos profetas e de muitos salmos, mas também por elementos que já na Idade Média haviam servido de ponto de partida para o desenvolvimento de uma religiosidade especificamente sentimental.[98] Portanto, em última instância, foi mais uma vez o *próprio* caráter fundamental do calvinismo, ou seja, aquele ascético a selecionar e assimilar os elementos da religiosidade do Antigo Testamento que lhe eram congeniais.

Aquela sistematização da conduta ética de vida, que a ascese do protestantismo calvinista tem em comum com as formas racionais da vida das Ordens católicas, já se manifesta externamente no modo como o *meticuloso* cristão puritano *controlava* continuamente seu estado de graça.[99] Por certo, o diário religioso, no qual os pecados, as tentações e os progressos feitos em termos de graça eram registrados de maneira contínua ou em forma de tabela, era comum tanto à religiosidade moderna católica (especialmente na França), criada sobretudo pelos jesuítas, quanto àquela dos círculos reformados mais zelosos.[100] No entanto, enquanto no catolicismo ele servia à finalidade de uma confissão completa ou oferecia ao *directeur de l'âme* a base para sua condução autoritária do cristão ou (na maioria das vezes) da cristã, com a ajuda do diário o cristão reformado "tomava o pulso" de *si mesmo*. Todos os importantes teólogos da moral o mencionam, e a contabilidade em forma de tabela e estatísticas, realizada por Benjamin Franklin sobre seus progressos em cada virtude, é um exemplo clássico disso.[101] Por outro lado, a antiga imagem medieval (já encontrada na Antiguidade) da contabilidade divina, que em Bunyan é elevada ao característico mau gosto quando ele compara a relação entre o pecador e Deus com aquela entre um cliente e um lojista: quem se endivida poderá pagar com a receita de todos os seus rendimentos quando muito os juros acumulados, mas nunca a soma principal do que deve.[102] Tal como fazia com o próprio comportamento, posteriormente o puritano passou a controlar também o de Deus, vendo o dedo Dele em cada detalhe de sua vida. E, ao contrário da genuína doutrina de Calvino, sabia por que Deus tomava essa ou aquela disposição. Desse modo, a santificação da vida pôde assumir quase o caráter de um empreendimento comercial.[103] Uma cristianização profunda de toda a existência foi a consequência desse *método* de conduta ética de vida, requerida pelo calvinismo, mas não pelo luteranismo. Para compreender corretamente o efeito do calvinismo, é importante ter sempre em mente o fato de que esse *método* era o elemento que influenciava a vida de maneira decisiva. Por um lado, conclui-se que apenas *essa* característica podia exercer essa influência, porém, por outro, que também outras confissões atuavam necessariamente na mesma direção, desde que seus estímulos éticos fossem idênticos neste ponto decisivo: a ideia da comprovação.

Até o presente momento, movemo-nos no terreno da religiosidade calvinista e, por conseguinte, tomamos a doutrina da predestinação como pano de fundo dogmático da moralidade puritana, no sentido de uma conduta ética da vida, metodicamente racionalizada. Isso se deu porque, de fato, esse dogma foi conservado como pedra angular da doutrina reformada também para além dos círculos daquele partido religioso que, em todos os aspectos, se manteve estritamente no terreno de Calvino: os "presbiterianos". Essa doutrina estava contida não apenas na *Declaração Independente de Savoy*, de 1658, mas também na *Confissão Batista de Hanserd Knolly*, de 1689. Também dentro do metodismo, embora John Wesley, o grande talento organizador desse movimento, tenha apoiado a universalidade da graça, Whitefield, o grande agitador da primeira geração metodista e seu pensador mais coerente, bem como o círculo que se reunia em torno de Lady Huntingdon e que às vezes se mostrava muito influente, apoiava o "particularismo da graça". Na época mais fatídica do século XVII, essa doutrina, em sua grandiosa coerência, manteve nos combativos representantes da "vida santa" a convicção de que eram instrumentos de Deus e executores de suas disposições providenciais,[104] impedindo, assim, o colapso prematuro em uma santificação puramente utilitária das obras, com uma orientação exclusivamente terrena que, de resto, nunca seria capaz de inspirar sacrifícios tão inéditos por objetivos irracionais e ideais. E a combinação da crença em normas incondicionalmente válidas com um determinismo absoluto e uma completa transcendência do suprassensível, que essa doutrina realizou em uma forma a seu modo genial, era ao mesmo tempo algo em princípio muito *mais moderno* do que a doutrina mais branda e condizente com o sentimento, que submetia inclusive Deus à lei moral. No entanto, acima de tudo, conforme veremos reiteradas vezes, a ideia de *comprovação* como ponto de partida psicológico para a moralidade metódica, que é fundamental para nossas observações, tinha de ser estudada em seu "estado puro" justamente na doutrina da predestinação e em sua importância para a vida cotidiana. Uma vez que essa ideia como esquema de associação entre crença e moralidade retorna de maneira muito uniforme nas denominações que ainda devem ser observadas, tínhamos de partir dessa doutrina como sua forma mais coerente. No protestantismo, as consequências inevitáveis dessa doutrina para a formação ascética da conduta de vida entre seus primeiros seguidores constituíram a antítese *mais fundamental* da (relativa) impotência moral do luteranismo. Evidentemente, a *gratia amissibilis* luterana, que a qualquer momento poderia ser reconquistada por meio do arrependimento disposto à expiação, não continha *em si* nenhum tipo de estímulo para o que aqui nos importa como produto do protestantismo ascético: uma configuração sistemática e racional da vida ética coletiva.[105] Por conseguinte, a religiosidade luterana deixou intacta a vitalidade espontânea da ação impulsiva e da vida sentimental ingênua. Faltou-lhe aquele estímulo ao constante autocontrole e, portanto, à regulamentação *planejada* da própria vida, tal como se via na sinistra doutrina do calvinismo. Um gênio religioso como Lutero vivia espontaneamente nessa atmosfera de livre abertura para o mundo e, enquanto lhe bastou a força de suas asas, sem correr o risco de cair no *status naturalis*. Tal como sua moralidade livre de leis, essa forma de religiosidade simples, refinada e particularmente rica de sentimentos, que adornou algumas das mais excelsas figuras do luteranismo, raramente encontra paralelo no terreno do puritanismo genuíno. Ela o encontra muito mais, por exemplo, no anglicanismo brando de Hooker, Chillingsworth, entre outros. Contudo, para o luterano comum e até competente, nada era mais seguro do que ele ter sido tirado do *status naturalis* apenas temporariamente, enquanto durasse a influência de uma confissão ou de um sermão. Os contemporâneos bem conheciam a vistosa diferença entre o padrão ético das cortes de príncipes reformados e o das cortes luteranas, muitas vezes mergulhadas em bebedeira e grosserias.[106] Também se sabia da impotência do clero luterano, que pregava apenas a fé, diante do movimento ascético dos anabatistas. Ao contrário da atmosfera da vida anglo-americana, que ainda hoje sente os efeitos da destruição radical da espontaneidade do *status naturalis* e encontra expressão até mesmo na fisionomia humana, o que nos alemães é percebido como "jovialidade" e "naturalidade" e costuma causar-lhes estranhamento por parecer-lhes estreiteza de espírito, falta de liberdade e coerção interna são antíteses da conduta de vida que também provêm essencialmente do fato de que, no luteranismo, a ascese penetra na vida em um grau *menor* do que no calvinismo. Esses sentimentos exprimem a antipatia do "homem mundano" e sem preconceitos pelo ascetismo. Em razão de sua doutrina da graça, ao luteranismo faltava justamente o estímulo psicológico para uma conduta sistemática de vida que obriga à sua racionalização metódica. Não há dúvida de que esse estímulo, que condiciona o caráter ascético da religiosidade, *pôde* ser gerado por diferentes motivos religiosos, como veremos em breve. A doutrina da predestinação do calvinismo foi apenas *uma* das diferentes possibilidades. Entretanto, convencemo-nos de que, em seu gênero, ela continha não apenas uma coerência singular, mas também uma eficácia psicológica notável.[107] Por conseguinte, se observados exclusivamente do ponto de vista da motivação religiosa de sua ascese, os movimentos ascéticos *não* calvinistas parecem *atenuações* da coerência interna do calvinismo.

Contudo, mesmo na evolução histórica real, as coisas se deram de modo que, não sempre, mas na maioria das vezes, a forma reformada da ascese era imitada pelos outros movimentos ascéticos ou tomada como termo de comparação e complementação no desenvolvimento dos próprios princípios fundamentais que dela divergissem ou a ultrapassassem. Onde, não obstante uma crença fundamentada de modo diferente, aparecesse a mesma coerência ascética, isso geralmente era resultado da *constituição* eclesiástica, da qual falaremos em outro contexto.[108]

Em todo caso, *do ponto de vista histórico*, o conceito de predestinação foi o ponto de partida para a orientação ascética, comumente designada como *pietismo*. Enquanto esse movimento se manteve na Igreja reformada, é quase impossível traçar um limite definido entre calvinistas pietistas e não pietistas.[109] Quase todos os representantes de relevo do puritanismo foram ocasionalmente incluídos entre os pietistas, e é perfeitamente admissível considerar que todas as relações acima expostas entre predestinação e ideias de comprovação, baseadas no interesse de conquistar a *certitudo salutis* subjetiva, são uma evolução pietista da genuína doutrina de Calvino. Sobretudo na Holanda, o surgimento de *revivals* ascéticos dentro das comunidades reformadas esteve regularmente ligado a um reaquecimento da doutrina da predestinação, que por certo período caíra no esquecimento ou se havia atenuado. Por essa razão, em geral não se usa o termo "pietismo" na Inglaterra.[110] No entanto, pelo menos em seu centro de gravidade, o pietismo continental reformado (nos Países Baixos e no Baixo Reno) também foi no início apenas uma intensificação da ascese reformada, tal como ocorrera com a religiosidade de Bailey. A *praxis pietatis* recebeu uma ênfase tão decisiva que a ortodoxia dogmática passou para segundo plano e, por vezes, pareceu até indiferente. Ocasionalmente, os predestinados podiam incorrer em erros dogmáticos tanto quanto em outros pecados, e a experiência ensinava que inúmeros cristãos sem nenhuma orientação sobre a teologia escolástica produziam os frutos mais manifestos da fé, enquanto, por outro lado, mostrava-se que o mero conhecimento teológico não trazia absolutamente consigo a certeza da comprovação da fé na conduta moral.[111] Portanto, a eleição não podia ser comprovada pelo conhecimento teológico.[112] Por isso, o pietismo, em sua profunda desconfiança em relação à Igreja dos teólogos,[113] à qual, porém, continuou a pertencer oficialmente — e essa é uma de suas características —, começou a reunir seguidores da *praxis pietatis* em "conventículos" separados do mundo.[114] Ele queria trazer para a terra a Igreja invisível dos santos e torná-la visível, sem, contudo, chegar ao ponto de formar seitas, e, protegido nessa comunidade, levar uma vida morta para as influências do mundo, orientada em todos os particulares segundo a vontade de Deus e, assim, manter a certeza da própria regeneração também nos sinais externos e cotidianos de sua conduta. Desse modo, com uma ascese intensificada, a *ecclesiola* dos verdadeiramente convertidos desejava experimentar já neste mundo a comunhão com Deus em sua bem-aventurança — e esse também era um aspecto comum a todo pietismo específico. Esta última aspiração tinha certa semelhança interna com a *unio mystica* luterana e, com frequência, levava a um cultivo mais intenso do lado *sentimental* da religião do que o normalmente apropriado ao cristianismo médio reformado. Do *nosso* ponto de vista, *essa* seria a característica decisiva do pietismo no terreno da Igreja reformada. Com efeito, esse fator sentimental — em sua origem, totalmente estranho à devoção calvinista, mas intimamente afim com certas formas da religiosidade medieval — orientou a religiosidade prática para o gozo temporal da bem-aventurança em vez de orientá-la para a luta ascética a fim de assegurá-la no futuro celestial. E o sentimento *podia* sofrer tal intensificação que a religiosidade assumia até mesmo um caráter histérico e depois, com aquela alternância — conhecida pelos inúmeros exemplos e fundamentada pela neuropatia — entre estados de êxtase religioso, quase sensuais, e períodos de apatia nervosa, sentidos como "distanciamento de Deus", na realidade se alcançava um *resultado* exatamente oposto à disciplina reservada e rigorosa, na qual o sistema de vida santo dos puritanos obrigava o homem a um enfraquecimento daquelas "inibições" que protegiam a personalidade racional do calvinista contra os "afetos".[115] De modo semelhante, a ideia calvinista de depravação da criatura, entendida como *sentimento* — por exemplo, na forma do chamado "sentir-se um verme" —, *podia* conduzir ao esgotamento da energia na vida profissional.[116] E a ideia da predestinação também *podia* converter-se em fatalismo quando — em oposição às genuínas tendências da religiosidade calvinista racional — se tornava objeto de uma apropriação emocional e *sentimental*.[117] Por fim, o impulso a separar os santos do mundo *podia* conduzir, com uma forte intensificação *sentimental*, a uma espécie de organização comunitária de cunho monástico, de caráter quase comunista, tal como o pietismo sempre demonstrou mesmo na Igreja reformada.[118] Porém, enquanto não se alcançou esse efeito extremo, condicionado justamente pelo cultivo do aspecto *sentimental*, portanto, enquanto o pietismo reformado esforçou-se para assegurar sua bem-aventurança dentro da vida *profissional* mundana, o efeito prático dos fundamentos pietistas limitou-se a um controle ascético mais estrito da conduta de vida na profissão e a uma consolidação religiosa da moral profissional mais firme do que podia desenvolver a mera "honestidade" mundana dos cristãos reformados normais que os pietistas "refinados" viam como um cristianismo de segunda categoria. A aristocracia religiosa dos santos, que se manifestava no desenvolvimento de toda a ascese reformada com tanto mais segurança quanto mais a sério era considerada, organizou-se voluntariamente em seguida — como ocorreu na Holanda — em forma de conventículos dentro da Igreja, enquanto no puritanismo inglês conduziu em parte à distinção formal entre cristãos ativos e passivos na *Constituição* da Igreja, em parte à formação de seitas, conforme já dissemos.

A evolução do pietismo *alemão*, ligado aos nomes de Spener, Francke e Zinzendorf, que permaneceu no terreno do luteranismo, afasta-nos desde já do campo da doutrina da predestinação, porém, não necessariamente da esfera daquelas linhas de pensamento cujo coroamento lógico era formado por essa evolução. O próprio Spener atesta ter sido influenciado especialmente pelo pietismo anglo-holandês, fato que se revelou em seus primeiros conventículos com a leitura de Bailey.[119] Em todo caso, de *nossos* pontos de vista específicos, o pietismo significa simplesmente a penetração de uma *conduta de vida* metódica e controlada, ou seja, *ascética*, também no campo da religiosidade não calvinista.[120] No entanto, o luteranismo teve de sentir essa ascese racional como corpo estranho, e a falta de coerência da doutrina pietista alemã foi consequência das dificuldades dela derivadas. Para a fundamentação dogmática da conduta de vida sistemática e religiosa, Spener combinou as linhas de pensamento luteranas com a característica especificamente reformada das boas obras, como as realizadas com a "intenção de *honrar* Deus",[121] e com a fé, de ressonância igualmente reformada, na possibilidade de os regenerados alcançarem um grau relativo de perfeição cristã.[122] Contudo, faltava justamente a coerência da teoria: fortemente influenciado pelos místicos,[123] Spener tentou — de maneira bastante imprecisa, mas essencialmente luterana — mais descrever do que fundamentar o caráter sistemático da conduta de vida cristã, que também é fundamental para seu pietismo. Não derivou a *certitudo salutis* da salvação, mas, para ela, em vez da ideia de comprovação, escolheu a ligação luterana mais frouxa com a fé.[124] No entanto, à medida que no pietismo o elemento ascético-racional predominava sobre o lado sentimental, as concepções decisivas para nosso ponto de vista se fizeram valer, a saber: 1) levar o desenvolvimento metódico da própria santidade a um grau cada vez mais elevado de consolidação e perfeição sob o controle da *lei* seria um sinal do estado de graça;[125] 2) a Providência divina *atuaria* nos que assim se aperfeiçoassem, pois Deus lhes daria um sinal se eles perseverassem com paciência e *refletissem de maneira metódica*.[126] Também para A. H. Francke o trabalho profissional era o meio ascético por excelência;[127] como veremos nos puritanos, para ele tampouco restavam dúvidas de que o próprio Deus abençoa os seus com o sucesso no trabalho. E como sucedâneo do "duplo decreto", o pietismo elaborou ideias análogas às dessa doutrina em sua essência, porém mais atenuadas, como a que estabelecia uma aristocracia dos regenerados pela graça especial de Deus,[128] com todas as consequências psicológicas que ilustramos mais acima a respeito do calvinismo. Entre estas estão, por exemplo, o chamado "terminismo",[129] geralmente imputado (por certo, sem razão) ao pietismo por seus adversários, ou seja, a hipótese de que a graça é oferecida de maneira universal, mas uma única vez a cada homem em um momento determinado da vida ou em um momento qualquer pela última vez.[130] Quem deixasse passar esse momento já não seria ajudado pelo universalismo da graça: estaria na mesma condição dos desconsiderados por Deus na doutrina calvinista. Com efeito, dessa teoria aproximava-se bastante, por exemplo, a suposição deduzida por Francke com base em vivências pessoais e amplamente difundida no pietismo — pode-se até dizer que se trata de uma suposição predominante —, segundo a qual a graça só poderia "irromper" em circunstâncias específicas, únicas e singulares, especialmente quando precedida por uma "luta pela expiação".[131] Segundo a concepção dos pietistas, uma vez que nem todos estavam propensos a essa experiência, aquele que, apesar da indicação pietista, não empregasse em si mesmo o método ascético para obtê-la permaneceria uma espécie de cristão passivo aos olhos dos regenerados. Por outro lado, a criação de um *método* para ocasionar a "luta pela expiação", a obtenção da graça divina, também se tornava objeto de uma atividade humana *racional*. Mesmo as dúvidas em relação à confissão privada, levantadas não por todos — por exemplo, não por Francke —, mas por muitos pietistas, em especial pelos *pastores* pietistas, como mostram os recorrentes questionamentos em Spener, que contribuíram para desarraigá-la também do luteranismo, provinham dessa aristocracia da graça: o *efeito* da graça obtida com a expiação, visível em uma conduta de vida santa, decidiria a possibilidade da absolvição; portanto, era impossível contentar-se com uma simples *contritio* para concedê-la.[132]

Embora oscilasse perante os ataques da ortodoxia, o julgamento que *Zinzendorf* fazia de sua *própria* posição religiosa sempre acabava desembocando na noção de "instrumental". De resto, é difícil compreender com clareza o ponto de vista ideológico desse incrível "diletante religioso", como o nomeia Ritschl, nos aspectos importantes para nós.[133] Ele próprio se designou repetidas vezes como o representante do "tropo paulino-luterano *contra* o pietista-jacobista", que se mantinha preso à *lei*. No entanto, a própria irmandade e sua prática, que ele admitiu e promoveu apesar de seu luteranismo acentuado,[134] já em sua ata notarial de 12 de agosto de 1729 adotava um ponto de vista que, em muitos aspectos, correspondia totalmente à aristocracia calvinista dos santos.[135] A tão discutida atribuição do cargo de decano a Cristo, em 12 de novembro de 1741, representou também externamente algo semelhante. Dos três "tropos" da irmandade, desde o início, o calvinista e o morávio orientavam-se essencialmente pela ética profissional reformada. De modo bem puritano, também Zinzendorf manifestou sua opinião perante John Wesley: ainda que nem sempre o próprio justificado conseguisse *reconhecer* sua justificação, *outros* poderiam fazê-lo pela maneira como ele se comporta.[136] Contudo, por outro lado, o fator sentimental ganha muita evidência na religiosidade específica da irmandade de Herrnhut, e Zinzendorf, em especial, buscou pessoalmente e sempre que possível impedir em sua comunidade a tendência à santificação ascética em sentido puritano[137] e dar uma orientação luterana à santificação das obras.[138] Sob a influência da rejeição aos conventículos e da manutenção da prática da confissão, também se desenvolveu uma dependência essencialmente luterana dos sacramentos como meio de salvação. O princípio especificamente zinzendorfiano — segundo o qual a *puerilidade* da percepção religiosa seria uma característica de sua genuinidade, assim como, por exemplo, o uso da *sorte* como meio de revelação da vontade divina — opôs-se tão fortemente ao racionalismo da conduta de vida que, no todo, até onde chegava a influência do conde,[139] os elementos antirracionais e sentimentais prevaleceram muito mais na religiosidade dos hernutos do que em outra comunidade pietista.[140] A ligação entre moralidade e remissão dos pecados na *idea fidei fratrum* de Spangenberg também é pouco rigorosa,[141] como no luteranismo de modo geral. A rejeição de Zinzendorf à busca da perfeição metodista corresponde — aqui como em qualquer outro ponto — ao seu ideal fundamentalmente eudemonista de permitir aos homens, já no *presente*,[142] experimentar a bem-aventurança (segundo ele, a "felicidade") como um *sentimento*, em vez de conduzi-los, por meio de um trabalho racional, a assegurar-se dela para a *vida ultraterrena*.[143] Por outro lado, também permaneceu vivo o pensamento de que o valor decisivo da irmandade, ao contrário de outras igrejas, residiria na atividade da vida cristã, na missão e no trabalho profissional a ela vinculado.[144] Vale acrescentar que a racionalização prática da vida sob a perspectiva da *utilidade* era um componente importantíssimo da visão de vida de Zinzendorf.[145] Para ele, como para outros representantes do pietismo, ela derivava, por um lado, da firme aversão às especulações filosóficas que ameaçavam a fé e da correspondente predileção pelo conhecimento empírico específico,[146] por outro, de seu bom senso de missionário profissional. Como centro de missão, a irmandade era, ao mesmo tempo, uma empresa comercial e, desse modo, conduzia seus membros pelo caminho da ascese intramundana, que também na vida em geral informa-se primeiro no que se refere às "tarefas" para poder executá-las de maneira sóbria e planejada. Contudo, surge um novo obstáculo: a glorificação do carisma da *pobreza* apostólica entre os "discípulos"[147] eleitos por Deus mediante a "predestinação", glorificação essa — que deriva do exemplo da vida missionária dos apóstolos. Esse obstáculo significava um retorno parcial aos *consilia evangelica*. Destarte, a criação de uma ética profissional racional ao modo da ética calvinista foi impedida, mas não excluída, como mostra o exemplo da transformação do movimento anabatista; ao contrário, internamente, essa ética foi intensamente preparada com base na ideia do trabalho realizado *apenas* "por amor à profissão".

De maneira geral, se considerarmos o pietismo alemão pelos pontos de vista que aqui *nos* interessam, haveremos de constatar uma oscilação e uma insegurança na consolidação religiosa de sua ascese, que se mostra consideravelmente inferior à coerência do calvinismo e em parte é condicionada pelas influências luteranas, em parte pelo caráter *sentimental* de sua religiosidade. Pois é uma grande unilateralidade apresentar esse elemento sentimental como o aspecto específico do pietismo em oposição ao *luteranismo*.[148] Contudo, comparada ao *calvinismo*, a intensidade da racionalização da vida tinha de ser necessariamente menor, pois o impulso interno do pensamento concentrado no estado de graça, que tinha de ser sempre comprovado e garantia o *futuro* eterno, foi desviado para o *presente* através do sentimento. No lugar da autoconsciência, que o predestinado sempre procurava adquirir com um trabalho profissional incansável e bem-sucedido, foram colocadas essa humildade e essa fragilidade do ser,[149] que resultavam em parte da excitação sentimental voltada apenas para experiências internas, em parte do instituto luterano da confissão, muitas vezes considerado pelo pietismo com grave desconfiança, mas tolerado de maneira geral.[150] Pois em tudo isso se manifesta o modo especificamente luterano de buscar a salvação, para o qual o elemento decisivo é o "perdão dos pecados", não a "santificação" prática. No lugar do esforço racional e planejado para alcançar e conservar o *conhecimento* seguro da bem-aventurança futura (no outro mundo), apresenta-se aqui a necessidade de *sentir* a conciliação e a comunhão com Deus agora (neste mundo). No entanto, assim como na vida econômica a tendência a desfrutar o presente luta contra a organização racional da "economia", que se ancora justamente na preocupação com o futuro, o mesmo acontece, em certo sentido, no terreno da vida religiosa. Portanto, é evidente que a orientação da necessidade religiosa para a afetividade de um *sentimento* íntimo e atual representava um *menor* impulso à racionalização da *ação* intramundana, se comparada à necessidade de comprovação dos "santos" reformados, direcionada apenas ao além, enquanto, perante a fé do luterano ortodoxo, tradicionalmente apegado à palavra e aos sacramentos, era mais apropriada a desenvolver maior penetração *metódica* da religião na conduta de vida. De modo geral, de Francke e Spener a Zinzendorf, o pietismo se moveu acentuando *cada vez mais* o caráter sentimental. Contudo, isso não foi a manifestação de uma "tendência evolutiva" a ele imanente.

Ao contrário, essas diferenças derivavam de antagonismos do ambiente religioso (e social), de onde provinham seus dirigentes. Não nos cabe aqui entrar em detalhes a respeito nem tratar do modo como a peculiaridade do pietismo alemão se expressou em sua *difusão* social e geográfica.[151] Temos de lembrar mais uma vez que a nuança desse pietismo sentimental em relação à conduta de vida religiosa dos santos puritanos se deu naturalmente em transições graduais. Se quisermos caracterizar, ao menos de modo provisório, uma consequência prática dessa diferença, podemos indicar que as virtudes cultivadas pelo pietismo eram, antes, aquelas que podiam ser praticadas, de um lado, pelos funcionários, empregados, operários e artesão domésticos[152] "fiéis à profissão" e, de outro, pelos empregadores predominantemente patriarcais, que demonstravam *condescendência* com o intuito de agradar a Deus (à maneira de Zinzendorf). Em comparação, o calvinismo aparece mais afinado com o duro senso jurídico e ativo do empresário capitalista burguês.[153] Por fim, como já havia ressaltado Ritschl,[154] o pietismo puramente sentimental é um passatempo religioso para *leisure classes* [classes abastadas]. Por menos exaustiva que seja essa caracterização, a ela correspondem ainda hoje certas diferenças também na particularidade econômica dos povos que sofreram a influência de uma ou outra dessas duas correntes ascéticas.

A união de uma religiosidade sentimental e, ao mesmo tempo, ascética com uma crescente indiferença ou aversão aos fundamentos dogmáticos da ascese calvinista também caracteriza a contrapartida anglo-americana do pietismo continental: o *metodismo*.[155] Seu nome já mostra o que chamava a atenção dos contemporâneos como uma peculiaridade de seus seguidores: a sistemática "metódica" da conduta de vida a fim de obter a *certitudo salutis*; pois aqui também é *dela* que se trata desde o princípio, e ela permaneceu no centro da aspiração religiosa. Apesar de todas as diferenças, o indubitável parentesco com certas orientações do pietismo alemão[156] mostra-se sobretudo no fato de que esse método também foi usado para conduzir *sentimentalmente* ao ato da "conversão". E a sentimentalidade suscitada em John Wesley por influências tanto da comunidade de Herrnhut quanto luteranas assumiu um caráter fortemente *emocional*, sobretudo em solo americano, uma vez que, desde o início, o metodismo se orientou por uma missão entre as massas. Uma luta expiatória, que em certas circunstâncias intensificava-se até os êxtases mais terríveis e na América se realizava preferencialmente no "banco dos angustiados", conduzia à fé na graça imerecida de Deus e, de forma simultânea e imediata, à consciência da justificação e da conciliação. Com dificuldades internas, que não foram poucas, essa religiosidade emocional estabeleceu uma união peculiar com a ética ascética, que o puritanismo havia definitivamente marcado com o selo da *racionalidade*. No início, em oposição ao calvinismo, que considerava ilusório todo fato puramente *sentimental*, tomou-se em princípio como único fundamento indubitável da *certitudo salutis* uma certeza absoluta, puramente *sentida* pelo agraciado e imediatamente derivada do testemunho espiritual, cuja origem deveria ter, ao menos normalmente, dia e hora determinados. Segundo a doutrina de Wesley, que representa não apenas a consequente intensificação da doutrina da santificação, mas também um desvio decisivo de sua versão ortodoxa, quem desse modo se regenera pode, já nesta vida e em virtude da graça que nele atua, alcançar a consciência da *perfeição*, no sentido da ausência de pecado, por meio de um segundo processo interno, que em geral ocorre de maneira isolada e, muitas vezes, também repentina: a "santificação". Por mais difícil que seja alcançar esse objetivo — o que na maioria das vezes ocorre perto do final da vida —, é indispensável almejá-lo, pois é ele que garante definitivamente a *certitudo salutis* e substitui a preocupação "amofinada" dos calvinistas por uma alegre certeza.[157] De todo modo, o verdadeiro convertido terá de provar a si mesmo e aos outros que ao menos o pecado "já não tem nenhum poder sobre ele". Por isso, apesar da importância decisiva do testemunho pessoal do *sentimento*, manteve-se a conduta de vida santa e orientada segundo a *lei*. Quando

Wesley combatia a justificação pelas obras, tal como era entendida em sua época, estava simplesmente animando a antiga ideia puritana de que as obras não são a causa real do estado de graça, mas apenas o fundamento do conhecimento desse estado, e isso também somente quando são realizadas exclusivamente para a glória de Deus. *Por si só*, a conduta de vida correta não era suficiente; ele sabia disso por experiência própria. Era preciso acrescentar o *sentimento* do estado de graça. O próprio Wesley, vez por outra, designava as obras como "condição" da graça, e na declaração de 9 de agosto de 1771,[158] também enfatizou que quem não realiza boas obras não é um verdadeiro crente. De fato, os metodistas sempre ressaltaram que se distinguem da igreja oficial não pela doutrina, mas pelo modo de sua devoção. A importância do "fruto" da fé foi fundamentada, em grande parte, na 1ª Epístola de São João (3,9), e a conduta de vida era caracterizada como um *sinal* claro da regeneração. Não obstante tudo isso, surgiram dificuldades.[159] A *certitudo salutis* se deslocou da conduta de vida ascética, na qual a consciência do estado de graça precisava passar por uma constante confirmação, para o imediato *sentimento* da graça e da perfeição,[160] pois à luta expiatória que ocorria *uma única vez* unia-se a certeza da *perseverantia*. Para aqueles metodistas que eram seguidores da doutrina da predestinação, esse deslocamento significou, de duas coisas, uma: ou a interpretação antinomista da "liberdade cristã", no caso das natureza fracas, portanto, o colapso da conduta de vida metódica; ou, quando essa consequência era rejeitada, uma autoconfiança do santo que atingia alturas vertiginosas:[161] uma intensificação *sentimental* do tipo puritano. Diante dos ataques dos adversários, tentou-se impedir essas consequências, por um lado, enfatizando ainda mais a validade normativa da Bíblia e o caráter indispensável da comprovação;[162] porém, por outro lado, essas consequências conduziram, dentro do movimento, a uma intensificação da orientação anticalvinista de Wesley, que professava que a graça pode ser perdida. As fortes influências luteranas a que Wesley estivera exposto por intermédio das irmandades[163] intensificaram essa evolução e aumentaram a *indeterminação* da orientação religiosa da moralidade metodista.[164] Por conseguinte, apenas o conceito de *regeneration*, ou seja, de uma segurança sentimental da salvação, que se manifesta diretamente como fruto da *fé*, foi mantido coerentemente como fundamento indispensável. Por sua vez, o conceito de santificação, com sua consequente emancipação do poder dos pecados, manteve-se como prova do estado de graça, resultante da regeneração, e a importância dos meios externos da graça, em especial dos sacramentos, foi correspondentemente desvalorizada. Em todo caso, até mesmo na Nova Inglaterra, por exemplo, o *general awakening* ocorrido em toda parte como consequência do metodismo indica uma intensificação da doutrina da graça e da eleição.[165]

Portanto, de *nosso* ponto de vista, o metodismo aparece como uma estrutura que, tal como o pietismo, fundamenta-se em uma ética incerta. Contudo, também para ele a aspiração a uma *higher life*, a uma "segunda bênção", serviu como uma espécie de substituto da doutrina da predestinação e, desenvolvida em solo inglês, a prática de sua ética orientou-se completamente pela prática do cristianismo reformado desse país, do qual queria ser um *revival*. O ato emocional da conversão era provocado *de maneira metódica*. Uma vez alcançado, não se tinha um gozo pio da comunhão com Deus ao modo do pietismo sentimental de Zinzendorf, mas o sentimento despertado era logo guiado para o caminho da busca racional da perfeição. Portanto, o caráter emocional da religiosidade não conduzia a um cristianismo interno e sentimental, à maneira do pietismo alemão. Schneckenburg já demonstrou que isso se vinculava a um menor desenvolvimento do sentimento de *pecado* (em parte, justamente como consequência do processo emocional da conversão), e esse conceito permaneceu um ponto recorrente na crítica ao metodismo. Nesse caso, o caráter fundamental *reformado* da percepção religiosa continuou sendo determinante. A excitação emocional assumiu o caráter de um entusiasmo despertado apenas ocasionalmente, mas que chegava a ser "coribântico" e, de resto, não prejudicava em nada o caráter racional da conduta de vida.[166] Destarte, a *regeneration* do metodismo simplesmente criou uma *complementação* da pura santificação pelas obras: uma ancoragem religiosa da conduta de vida ascética, depois de abandonada a predestinação. Os sinais dessa conduta, indispensáveis como controle da verdadeira conversão, como sua "condição", segundo dito por Wesley em algumas ocasiões, eram idênticos aos do calvinismo nessa matéria. Na discussão que faremos a seguir sobre a ideia de vocação, podemos deixar de lado o metodismo naquilo que é essencial, pois, como fruto tardio,[167] ele em nada contribuiu com o desenvolvimento dessa ideia.[168]

Tanto por seu conteúdo conceitual quanto por sua evolução histórica, o pietismo do continente europeu e o metodismo dos povos anglo-saxões são fenômenos secundários.[169] Em contrapartida, como segundo portador *autônomo* da ascese protestante ao lado do calvinismo encontram-se o *anabatismo* e as seitas[170] que dele derivaram diretamente ou adotaram suas formas de pensamento religioso ao longo dos séculos XVI e XVII, como os *batistas*, os *menonitas* e, sobretudo, os *quakers*.[171] Com eles, chegamos a comunidades religiosas cuja ética repousa em um fundamento por princípio heterogêneo em relação à doutrina reformada. O esboço apresentado a seguir, que ressalta apenas o que para *nós* é importante aqui, não poderá dar uma ideia dos múltiplos aspectos desse movimento. Por certo, mais uma vez enfatizaremos seu desenvolvimento nos países em que o capitalismo se instalou há mais tempo. Já nos deparamos com alguns indícios do pensamento de todas essas comunidades, extremamente importante tanto do ponto de vista histórico quanto em princípio, porém cuja influência sobre o desenvolvimento da civilização só poderá ser esclarecida por completo em outro contexto: a *believer's church*.[172] Isso significa que a comunidade religiosa, a "Igreja visível", segundo a terminologia usada pelas igrejas reformadas,[173] já não era concebida como uma espécie de instituição fideicomissária para fins ultraterrenos, uma *instituição* que necessariamente abrangia justos e injustos — fosse para aumentar a glória de Deus (calvinismo), fosse para proporcionar aos homens os bens da salvação (catolicismo e luteranismo) —, mas exclusivamente como uma comunidade dos *pessoalmente crentes e regenerados*, e apenas deles. Em outras palavras, era vista não como uma Igreja, e sim como uma "seita".[174] No fundo, apenas isso deveria simbolizar o princípio, em si puramente externo, de batizar exclusivamente os adultos que tivessem adquirido e reconhecido a fé em seu íntimo.[175] Para os anabatistas, a "justificação" *por meio* dessa fé era, como eles insistiam em repetir em todos os seus discursos religiosos, radicalmente diferente da ideia de uma *atribuição "forense"* do mérito de Cristo, que dominava a dogmática ortodoxa do antigo protestantismo.[176] Consistia mais em *apropriar-se internamente* de sua obra de salvação. No entanto, essa só ocorria por meio de uma *revelação* individual: por meio da ação do Espírito Santo no indivíduo, e *apenas* por ela. Era oferecida a todos, e bastava esperar ansiosamente pelo Espírito e não resistir à sua vinda, apegando-se ao mundo de maneira pecaminosa. Diante disso, a importância da fé no sentido de conhecer a doutrina da Igreja, mas também de alcançar em penitência a graça divina, acabou recuando para ceder lugar a um renascimento — que naturalmente trazia consigo intensas transformações — de conceitos religiosos do pneuma* encontrados no cristianismo primitivo. Por exemplo, a seita para a qual Menno Simons foi o primeiro a criar, em seu *Fondamentboek* (1539), uma doutrina relativamente coerente, também quis, como as outras seitas anabatistas, ser *a* verdadeira e irrepreensível Igreja de Cristo, que, tal como a comunidade primitiva, consistia exclusivamente em indivíduos que haviam sido despertados e chamados por Deus *em pessoa*. Os regenerados, e somente eles, são irmãos de Cristo, pois, como ele,

* Do grego, num contexto religioso, espírito, alma. Para os filósofos gregos, o sopro animador ou a força criadora. (N. E.)

foram criados em espírito diretamente por Deus.[177] Disso resultou para as primeiras comunidades anabatistas a preocupação de *evitar* o "mundo" com rigor, ou seja, toda relação que não fosse absolutamente necessária com as pessoas mundanas, além da mais estrita bibliocracia, no sentido de seguir como modelo a vida da primeira geração de cristãos; e esse princípio de evitar o mundo nunca desapareceu por completo enquanto permaneceu vivo o antigo espírito.[178] Desses temas que predominaram no início, as seitas anabatistas mantiveram como patrimônio o princípio que, com fundamentos um pouco diferentes, já conhecemos no calvinismo e cuja importância essencial sempre se manifestará: o absoluto repúdio a toda *divinização da criatura* como desvalorização do respeito devido somente a Deus.[179] Entre os primeiros anabatistas da Suíça e da Alemanha meridional, a conduta de vida segundo a Bíblia era concebida de modo tão radical quanto a encontrada originariamente em São Francisco: como uma ruptura brusca com todos os prazeres mundanos e como uma vida estritamente de acordo com o modelo dos apóstolos. Com efeito, a vida de muitos de seus primeiros representantes lembra a de Santo Egídio. Contudo, diante do caráter pneumático da religiosidade, essa rigorosa observância da Bíblia[180] não encontrava bases muito sólidas. O que Deus revelara aos profetas e apóstolos não foi tudo o que podia e queria ter revelado. Ao contrário, segundo o testemunho da comunidade primitiva e como já ensinavam Schwenckfeld contra Lutero e, mais tarde, Fox contra os presbiterianos, a permanência da palavra, não como um documento escrito, mas como uma força do Espírito Santo que age na vida cotidiana do fiel, falando diretamente a quem quiser ouvi-lo, era a única característica distintiva da verdadeira Igreja. Foi a partir dessa ideia da revelação permanente que resultou a conhecida doutrina, mais tarde desenvolvida coerentemente pelos *quakers*, da importância decisiva, em última instância, do testemunho do espírito na razão e na *consciência*. Desse modo, eliminava-se não a validade da Bíblia, e sim seu domínio exclusivo e, ao mesmo tempo, introduzia-se um processo que abolia radicalmente todos os resquícios da doutrina eclesiástica da salvação e, por fim, entre os *quakers*, também acabava com o batismo e a eucaristia.[181] Ao lado dos predestinacionistas e sobretudo dos calvinistas rigorosos, as denominações anabatistas realizaram a mais radical desvalorização de todos os sacramentos como meios de salvação, levando o "desencantamento" religioso do mundo a suas últimas consequências. Apenas a "luz interna" da revelação permanente capacitava o indivíduo à verdadeira compreensão inclusive das revelações bíblicas de Deus.[182] Por outro lado, ao menos segundo a doutrina dos *quakers*, que nesse aspecto tiraram todas as suas conclusões, o efeito da revelação permanente podia estender-se a pessoas que nunca haviam conhecido a forma bíblica da revelação. A sentença *extra ecclesiam nulla salus* valia apenas para essa Igreja *in*visível dos iluminados pelos Espírito. Sem a luz interna, o homem natural, mesmo quando conduzido pela razão natural,[183] continuava sendo uma simples criatura cuja distância de Deus os anabatistas e os *quakers* sentiam de maneira quase mais rude que os calvinistas. Por outro lado, por ser obra de Deus, a regeneração produzida pelo Espírito, quando *por ele ansiamos* e a ele nos consagramos internamente, *pode* conduzir a uma superação tão completa da força do pecado[184] que recaídas ou até a perda do estado de graça tornam-se realmente impossíveis, embora, como mais tarde no metodismo, a obtenção desse estado não constituísse a regra e o grau da perfeição do indivíduo estivesse, antes, submetido à evolução. Entretanto, *todas* as comunidades anabatistas queriam ser comunidades *puras* no sentido de uma conduta irrepreensível de seus membros. O isolamento interno em relação ao mundo e a seus interesses e a submissão incondicional à autoridade de Deus, que fala à nossa consciência, também eram sinais inequívocos da real regeneração; portanto, a correspondente conduta de vida configurava uma exigência para a bem-aventurança. Como era um dom da graça divina, essa regeneração não podia ser adquirida; apenas quem vivesse de acordo com a própria consciência poderia considerar-se regenerado. Nesse sentido, as "boas obras" eram *causa sine qua non*. Bem se vê que essas últimas séries de pensamentos de Barclay, às quais nos ativemos, eram praticamente iguais à doutrina reformada e por certo se desenvolveram sob a influência da ascese calvinista, preexistente às seitas anabatistas na Inglaterra e nos Países Baixos. Durante todo o período inicial de sua atividade missionária, G. Fox consagrou-se a pregar a adoção séria e íntima dessa ascese.

No entanto, do ponto de vista psicológico — dado o repúdio à predestinação —, o caráter especificamente *metódico* da moralidade anabatista baseava-se sobretudo na ideia de *expectativa* quanto à ação do Espírito, que ainda hoje caracteriza o *meeting quaker* e foi muito bem analisado por Barclay. O objetivo dessa expectativa silenciosa é superar o instintivo e o irracional, as paixões e as subjetividades do homem "natural". *Ele* deve calar para, assim, criar aquele profundo silêncio na alma, no qual apenas Deus poderá falar. Certamente, o efeito dessa "expectativa" *podia* resultar em estados histéricos, profecias e até mesmo, em determinadas circunstâncias e enquanto houvesse esperanças escatológicas, em uma explosão de quiliasmo entusiástico, como é possível ocorrer em todas as espécies de religiosidade com semelhante fundamento e como de fato ocorreu no movimento aniquilado em Münster. Porém, como o anabatismo acabou convergindo para a vida profissional mundana normal, a ideia de que Deus fala apenas quando a criatura se cala passou a significar manifestamente uma educação para *sopesar* a ação com tranquilidade e orientá-la segundo um acurado exame individual da *consciência*.[185] As comunidades anabatistas mais tardias, em particular a dos *quakers*, também incorporaram esse caráter tranquilo, sóbrio e eminentemente *consciencioso* à sua experiência de vida. O desencantamento radical em relação ao mundo não admitia outro caminho além da ascese intramundana. Para comunidades que não quisessem envolver-se com os poderes políticos e suas ações, também resultou como consequência externa a confluência dessas virtudes ascéticas no trabalho profissional. Enquanto os líderes do movimento anabatista mais antigo haviam se mostrado radicalmente intransigentes em sua separação do mundo, é natural que já na primeira geração o estilo de vida estritamente apostólico *não* fosse considerado por *todos* um requisito para comprovar a regeneração. Dessa geração já faziam parte elementos burgueses abastados, e antes de Menno, que se manteve inteiramente no terreno da virtude profissional intramundana e da ordem da propriedade privada, o severo rigor moral dos anabatistas praticamente já se havia dirigido a esse leito escavado pela ética reformada,[186] justamente *porque* desde Lutero, até então seguido pelos anabatistas, a evolução para uma forma *extramundana* e monástica da ascese estava excluída por ser considerada não bíblica e próxima da santificação pelas obras. Contudo, sem contar as comunidades semicomunistas da primeira época que não abordaremos aqui, até hoje uma seita anabatista, a dos chamados *tunkers* (*dompelaers, dunckards*), não foi a única a ater-se ao repúdio à educação e a toda propriedade que não fosse absolutamente indispensável para a vida; também em Barclay, por exemplo, a lealdade à profissão é concebida não à maneira calvinista ou apenas luterana, mas, antes, de modo tomista como *naturali ratione*, uma *consequência* inevitável da inter-relação do fiel com o mundo.[187] Se nessas visões havia uma atenuação do conceito calvinista de profissão semelhante à de muitas manifestações de Spener e dos pietistas alemães, por outro lado, a intensidade do interesse econômico pela profissão *aumentou* substancialmente nas seitas anabatistas por diversos fatores. Em primeiro lugar, em razão da recusa em aceitar cargos estatais, originariamente concebida como uma obrigação religiosa, derivada da separação do mundo, uma recusa que, mesmo após ter sido abandonada como princípio, ao menos entre os menonitas e *quakers* continuou a existir na prática em virtude de outra estrita recusa em portar armas e prestar juramento, o que os desqualificava para os cargos públicos. De mãos dadas com essa recusa, em todas as denominações anabatistas havia uma insuperável hostilidade contra todo tipo de estilo de vida aristocrático, que em parte era consequência, como entre os calvinistas, da proibição de glorificar a criatura, e em parte também resultava desses princípios apolíticos ou até mesmo antipolíticos. Desse modo, toda a metódica sóbria e conscienciosa da conduta de vida anabatista foi impelida para os trilhos da vida profissional apolítica. Ao mesmo tempo, a extraordinária importância que a doutrina anabatista da salvação atribuía ao controle exercido pela consciência, como revelação individual de Deus, marcou seu comportamento na vida profissional com um caráter cuja grande significação para o desenvolvimento de aspectos importantes do espírito capitalista só conheceremos com mais detalhes posteriormente, e mesmo então apenas à medida que for possível fazê-lo aqui sem abordar toda uma ética social e política da ascese protestante. Nessa ocasião, para antecipar ao menos isso, veremos que a forma específica que essa ascese intramundana assumiu entre os anabatistas, especialmente entre os *quakers*,[188] já segundo o julgamento do século XVII, exprimia-se na comprovação prática daquele importante princípio da "ética" capitalista que se costuma formular com o lema *honesty is the best policy*[189] e que também encontrou seu documento clássico no já citado tratado de Franklin. Por outro lado, presumiremos que os efeitos do calvinismo atuaram mais no sentido de desencadear a energia da aquisição no âmbito da economia privada, pois, apesar de toda legalidade formal do "santo", no final das contas, também costumava valer para os calvinistas a seguinte frase de Goethe: "Quem age é sempre desprovido de consciência; apenas quem contempla tem consciência.".[190]

Outro elemento importante que beneficiou a intensidade da ascese intramundana das denominações anabatistas só pode ser estudado em sua plena significação em outro contexto. Entretanto, vale antecipar algumas observações a respeito, a fim de justificar o curso que escolhemos para nossa exposição. Deliberadamente, por ora, *não* se tomou como ponto de partida as instituições sociais objetivas das antigas igrejas protestantes e suas influências éticas, tampouco, em particular, a tão importante *disciplina eclesiástica*, e sim os efeitos que a apropriação *subjetiva* da religiosidade ascética por parte do *indivíduo* era capaz de produzir na conduta de vida. E isso não apenas porque até o momento esse aspecto da questão foi de longe o menos considerado, mas também porque o efeito da disciplina eclesiástica nem sempre atuava na mesma direção. O controle da polícia eclesiástica sobre a vida do indivíduo, que nos territórios das igrejas estatais calvinistas beirava os limites da Inquisição, *podia*, antes, *opor-se* àquela liberação das forças individuais que era condicionada pelo esforço ascético de apropriar-se metodicamente da salvação, como de fato aconteceu em certas circunstâncias. Assim como a regulamentação mercantilista do Estado podia gerar indústrias, mas não, ao menos por si só, o "espírito" capitalista — que, ao contrário, ela chegou a paralisar quando ele assumiu um caráter policial e autoritário —, o mesmo efeito podia emanar da regulamentação eclesiástica da ascese quando esta desenvolvia um caráter excessivamente policialesco, impondo determinado comportamento externo, porém, em certas circunstâncias, paralisando os estímulos subjetivos à conduta de vida metódica. Toda discussão sobre esse ponto[191] tem de levar em conta a grande diferença que havia entre o efeito da autoritária polícia moral das *igrejas* estatais e o da polícia moral das *seitas*, que se baseava na submissão voluntária. Em todo caso, o fato de o movimento anabatista, em todas as suas denominações, ter criado basicamente "seitas", e não "igrejas", favoreceu a intensidade de sua ascese, como também foi o caso, em diferentes graus, daquelas comunidades calvinistas, pietistas e metodistas que de fato foram impelidas a formar comunidades voluntárias.[192]

Depois que o presente esboço tentou explicar a fundamentação religiosa da ideia puritana de profissão, cabe-nos agora estudar seu efeito sobre a vida *profissional*. Não obstante todos os desvios em particular e toda a diferença na ênfase que nas diversas comunidades religiosas ascéticas é dada aos pontos de vista decisivos para nós, estes se mostraram presentes e eficazes em todas elas.[193] No entanto, para recapitular, sempre foi decisiva para nossa consideração a concepção do "estado de graça" religioso, que reiteradas vezes reapareceu em todas as denominações justamente como um estado (*status*) que separa o homem da deterioração da criatura, do "mundo",[194] cuja posse, porém — independentemente de como foi obtida segundo a dogmática da denominação em questão —, *não* podia ser garantida por um expediente mágico-sacramental qualquer nem pelo alívio proporcionado pela confissão, tampouco por ações individuais de devoção, mas apenas pela *comprovação* de uma conduta específica, inequivocamente diferente do estilo de vida do homem "natural". Por conseguinte, o indivíduo foi *motivado* a *controlar metodicamente* seu estado de graça na conduta de vida e, assim, a impregná-la de *ascetismo*. No entanto, esse estilo de vida ascético significava, como vimos, justamente uma configuração *racional* de toda a existência, orientada pela vontade divina. E essa ascese já não era um *opus supererogationis*, e sim uma realização cobrada de quem quisesse ter certeza de sua bem-aventurança. Essa vida especial dos santos, exigida pela religião e diferente da vida "natural" — e esse é o ponto decisivo —, já não acontecia fora do mundo, em comunidades monásticas, e sim *dentro* do mundo e em suas estruturas. Essa *racionalização* da conduta de vida dentro do mundo, tendo em vista o além, era o efeito da *concepção de profissão* do protestantismo ascético.

A partir do monastério e através da Igreja, a ascese cristã, que no início fugira do mundo rumo à solidão, já havia dominado o mundo ao qual renunciara. Contudo, de modo geral, deixara à vida cotidiana mundana seu caráter naturalmente imparcial. Nesse momento, entrava no mercado da vida, fechava as portas dos mosteiros atrás de si e começava a impregnar a vida *cotidiana* mundana com sua metódica, transformando-a em uma vida racional *no* mundo, mas não *deste* mundo nem *para* este mundo. Com qual resultado, é o que tentaremos mostrar com nossas considerações ulteriores.

Notas do autor para a Parte II — Capítulo 1

1. Não abordaremos o zwinglianismo separadamente, pois, após um breve período de grande poder, ele rapidamente perdeu importância. O "arminianismo", cuja peculiaridade *dogmática* consistia na rejeição ao dogma da predestinação em sua formulação crua e que refutava a "ascese intramundana", constituiu-se como seita apenas na Holanda (e nos Estados Unidos), e não nos interessa neste capítulo ou, quando muito, tem para nós apenas um interesse negativo: o de ser a confissão do patriciado mercantil na Holanda (a esse respeito, ver mais adiante). Seus dogmas tiveram validade na Igreja anglicana e na maioria das denominações metodistas. No entanto, sua atitude "erastiana" (ou seja, o reconhecimento da soberania do Estado também em questões eclesiásticas) era comum a *todas* as instâncias com interesses puramente políticos: tanto o Longo Parlamento quanto [a rainha] Elizabeth, na Inglaterra, bem como os Estados Gerais dos Países Baixos e, sobretudo, Oldenbarnevelt.

2. Sobre o desenvolvimento do conceito de "puritanismo", ver preferencialmente Sanford em *Studies and Reflections of the Great Rebellion*, p. 65 ss. Ao empregarmos essa expressão, sempre o fazemos no sentido assumido por ela na linguagem popular do século XVII, ou seja, para designar os movimentos religiosos de orientação ascética na Holanda e na Inglaterra, sem distinção entre programas de constituição eclesiástica e dogmas, compreendendo, portanto, os "independentes", os congregacionalistas, os batistas, os menonitas e os *quakers*.

3. Esse aspecto foi muito mal compreendido nas discussões sobre essa questão. Especialmente Sombart, mas também Brentano, sempre citam os autores de textos sobre a ética (no mais das vezes, aqueles que conheceram em minhas obras) como codificações de regras de vida, sem *nunca* indagar a qual delas foram dados os prêmios da *salvação*, que eram os únicos psicologicamente eficazes.

4. É praticamente desnecessário enfatizar que esse esboço, por mover-se em um terreno puramente dogmático, apoia-se sempre em formulações da literatura sobre a história da Igreja e dos dogmas, portanto, em textos "de segunda mão", sem nenhuma pretensão de "originalidade". Naturalmente, tentei aprofundar-me, na medida do possível, nas fontes da história da Reforma. Porém, teria sido muita presunção querer ignorar o trabalho teológico intensivo e sensível de muitas décadas em vez de se deixar *conduzir* por ele, como é inevitável, a fim de bem compreender as fontes. Resta-me esperar que a necessária brevidade desse esboço não tenha levado a formulações incorretas e que eu tenha ao menos evitado equívocos importantes nas questões objetivas. Para todos aqueles que estão familiarizados com a literatura teológica de maior relevância, essa exposição contém algo "novo" naturalmente apenas

à medida que tudo é colocado em relação com os pontos de vista importantes para *nós*. Alguns deles, que para nós têm uma importância decisiva, como o *caráter racional da ascese* e sua significação para o "estilo de vida" moderno, naturalmente interessam bem menos aos estudiosos de teologia. Desde a publicação desse ensaio, esse aspecto e, de modo geral, o lado sociológico da questão foram sistematicamente aprofundados na obra já citada de E. Troeltsch, cujo título *Gerhard und Melanchton*, bem como inúmeras resenhas nos *Gött. Gel. Anz.*, já continham prognósticos de seu grande trabalho. Por razões de espaço, não são citados todos os textos utilizados, mas *apenas* aqueles trabalhos seguidos pelo trecho do texto em questão ou ao qual ele se referia. Não raro, trata-se justamente de autores mais antigos cujos pontos de vista se aproximam dos nossos. A insuficiência de recursos das bibliotecas alemãs implica o fato de que, na "província", as fontes e os trabalhos mais importantes só podem ser consultados se emprestados de Berlim ou de outras grandes bibliotecas. Foi o que ocorreu com as obras de Voët, Baxter, o Wesley de Tyerman, todos os autores metodistas, batistas e *quakers* e muitos do primeiro período, não contidos no *Corpus Reformatorum*. Em muitos aspectos, a visita a bibliotecas inglesas e especialmente americanas se mostra indispensável para todo estudo mais *aprofundado*. De modo geral, para o esboço que segue, naturalmente teria de (e poderia) bastar o que havia disponível na Alemanha. Há algum tempo, na América, a intenção das universidades de renegar o próprio passado "sectário" faz com que as bibliotecas adquiram poucas obras ou mesmo nada novo na literatura sobre o tema — um traço característico daquela tendência geral à "secularização" da vida americana, que em breve terá dissolvido o caráter historicamente tradicional desse povo e alterado por completo e de maneira definitiva o sentido de muitas instituições fundamentais do país. Para tais pesquisas, há de se visitar os pequenos *colleges* ortodoxos das seitas no interior.

5. Sobre Calvino e o calvinismo em geral, além do trabalho fundamental de Kampschulte, a exposição de Erich Marck (em seu *Coligny*) é a mais instrutiva. Nem sempre crítico e imparcial é Campbell, *The Puritans in Holland, England and America* (2 vol.). Escritos de orientação fortemente anticalvinista são os *Studien over Johan Calvijn*, de Pierson. Para o desenvolvimento do calvinismo na Holanda, ver, além de Motley, os clássicos holandeses, especialmente *Groen van Prinsterer, Geschied. V. h. Vaderland*; *La Hollande e l'influence de Calvin* (1864); e, para a Holanda *moderna*: *Le parti antirévolutionnaire et confessionnel dans l'église des P. B.* (1860). Além desses, vale comparar principalmente *Fruin, Tien jaren uit den tachtigjarigen oorlog*, e *Naber, Calvinist of Libertijnsch*; W. J. F. *Nuyens, Gesch. Der kerkel. an pol. Geschillen in de Rep. de Ver. Prov.* (Amsterdã, 1886). Para o século XIX, A. *Köhler, Die niederl. ref. Kirche* (Erlangen, 1856). Para a França, além de Polenz, ver atualmente *Baird, Rise of the Huguenots*. Para a Inglaterra, além de Carlyle, Macaulay, Masson e — *last not least* — Ranke, ver sobretudo os diferentes trabalhos de Gardiner e Firth, que citaremos mais adiante, por exemplo *Taylor, A retrospect of the religious life in England* (1854), o excelente livro de Weingarten, *Die englischen Revolutions-Kirchen*, o ensaio de E. *Troeltsch* sobre os "moralistas" ingleses, na *Realenzyklopädie für Protest. Theol. u. Kirche*, 3ª ed., bem como, naturalmente, suas *Soziallehren der christlichen Kirchen und Gruppen* e o notável ensaio de Ed. Bernstein em *Geschichte des Sozialismus*

(Stuttgart, 1895, vol. I, p. 506 s.). A melhor bibliografia (com mais de sete mil títulos) encontra-se em *Dexter, Congregationalism of the last 300 years* (que por certo trata especialmente, mas não de maneira exclusiva, das questões da *constituição* eclesiástica). Esse livro é muito superior aos de Price (*Hist. of Nonconformism*), Skeats e outros tratados. Para a Escócia, ver, por exemplo, Sack, K. von Schottland (1844), e a literatura sobre John Knox. Para as colônias americanas, a obra de Doyle, *The English in America*, sobressai em meio às inúmeras obras a respeito. Além dele, ver também Daniel Wait Howe, *The Puritan Republic* (Indianapolis, The Bowen-Merrill-Cy publishers), J. Brown, *The pilgrim fathers of New England and their Puritan successors* (3ª ed. Revell). Outras citações serão feitas na ocasião oportuna. No que se refere às diferenças *doutrinais*, a exposição que segue deve-se especialmente ao já mencionado ciclo de palestras de *Schneckenburger*. Com sua intensa mistura de exposição histórica e julgamentos de valor, a obra fundamental de Ritschl, *Die christliche Lehre von der Rechtfertigung und Versöhnung* (3 vol., aqui mencionado de acordo com a 3ª ed.), revela os traços distintivos de um autor que, não obstante a grandiosidade e o rigor intelectual, nem sempre oferece ao leitor a completa certeza de sua "objetividade". Por exemplo, muitas vezes, questiono se ele agiu corretamente ao rejeitar a exposição de Schneckenburger, mas não me atrevo a tecer um julgamento próprio. Além disso, em meio à grande variedade das ideias e dos sentimentos religiosos já encontrados no próprio Lutero, o que para ele vale, por exemplo, como doutrina "luterana" costuma aparecer constatado por julgamentos de valor. É o que, para Ritschl, tem um *valor duradouro* no luteranismo. Segundo Ritschl, é o luteranismo como *deveria* ser, mas nem sempre como *foi*. Não é necessário ressaltar que as obras de Karl Müller, Seeberg, entre outros, foram sempre utilizadas. Se no que segue acabei por infligir ao leitor e *a mim mesmo* a penitência de um excesso de notas de rodapé, isso se deu pela necessidade de possibilitar, especialmente aos leitores não versados em teologia, uma verificação ao menos provisória das ideias contidas nesse esboço, também acenando para alguns pontos de vista que mais adiante se conectam a elas.

6. No que segue, *a princípio* não nos interessamos absolutamente pela origem, pelos antecedentes nem pela história evolutiva das orientações ascéticas, mas tomamos seu conteúdo conceitual como plenamente desenvolvido, como uma grandeza dada.

7. Sobre o esboço que segue, vale notar expressamente que aqui consideramos *não* as visões pessoais de *Calvino*, e sim o *calvinismo*, e este na *forma* em que se desenvolveu no final do século XVI e no século XVII nos grandes territórios onde exerceu sua influência, que eram, ao mesmo tempo, portadores da cultura capitalista. Por enquanto, deixaremos a Alemanha *totalmente de lado*, uma vez que o calvinismo puro não chegou a *dominar* grandes áreas do país. Por certo, "reformado" não é absolutamente sinônimo de "calvinista".

8. Já a declaração conjunta da Universidade de Cambridge e do arcebispo de Canterbury a respeito do 17º artigo da confissão anglicana, o chamado Artigo Lambeth, de 1595, que, ao contrário da versão oficial, também ensinava expressamente a predestinação à morte, não foi ratificada pela rainha. Como na confissão de Hanserd Knolly,

justamente os radicais davam um peso decisivo à expressa predestinação à morte (e não apenas à "admissão" da condenação, como queria a doutrina mais moderada).

9. O texto dos símbolos calvinistas citados aqui e mais adiante encontram-se em Karl Müller, *Die Bekenntnisschrifen der reformierten Kirche*. Leipzig, 1903. Mais citações nos trechos indicados.

10. Cf. a Declaração de Savoy e a (americana) de Hanserd Knolly. Sobre a doutrina da predestinação dos huguenotes, ver, entre outros, Polenz, I, p. 545 ss.

11. Sobre a teologia de Milton, ver o ensaio de Eibach em *Theol. Studien und Kritiken*, de 1879. A esse respeito, o ensaio de Macaulay por ocasião da tradução de Sumner da *Doctrina Christiana*, reencontrada em 1823 (ed. Tauchnitz, 185, p. 1 ss.) é superficial. Para informações mais precisas, ver naturalmente a obra inglesa e fundamental de Masson, em seis volumes, embora articulada de maneira muito esquemática, e a biografia alemã de Milton, escrita por Stern e baseada em Masson. Milton começou cedo a distanciar-se da doutrina da predestinação na forma do duplo decreto, até alcançar um modo de pensar cristão totalmente livre na velhice. Em certo sentido, ao se libertar de todo vínculo com o próprio tempo, ele pode ser comparado a Sebastian Franck. No entanto, Milton tinha uma natureza prática e positiva, enquanto Franck era essencialmente crítico. Milton é "puritano" apenas no sentido amplo de uma orientação *racional* da vida no mundo, segundo a vontade divina, orientação essa que representa a herança perene do calvinismo para a posteridade. Em sentido semelhante, poderíamos chamar Franck de "puritano". Como "figuras isoladas", não poderemos analisá-los em detalhes.

12. "Hic est fidei summus gradus: credere Deum esse clementem, qui tam paucos salvat — justum, qui sua voluntate nos damnabiles facit", diz a célebre passagem no texto *De servo arbitrio*.

13. No fundo, tanto Lutero quanto Calvino conheciam um Deus duplo (ver as observações de Ritschl em *Geschichte des Pietismus*, e o texto "Gott", de Köstlin, em *Realenzyklopädie für protestantische Theologie und Kirche*, 3ª ed.: o Pai misericordioso e bondoso, revelado no Novo Testamento, que prevalece nos primeiros livros da *Institutio Christiana*, e por trás dele o *Deus absconditus* [Deus oculto], que reina como um déspota arbitrário. Em Lutero prevaleceu totalmente o Deus do Novo Testamento, pois ele evitava cada vez mais a *reflexão* sobre as questões metafísicas, consideradas inúteis e perigosas. Em Calvino a ideia da divindade transcendente ganhou poder sobre a vida. No entanto, com a popularização do calvinismo, essa ideia da divindade não conseguiu se manter. Foi substituída não pelo Pai celestial do Novo Testamento, e sim pelo Jeová do Antigo.

14. Para o que segue, cf. *Scheibe, Calvins Prädestinationslehre*, Halle, 1897. Sobre a teologia calvinista em geral: *Heppe*, *Dogmatik der evangelisch-reformierten Kirche*. Elberfeld, 1861.

15. *Corpus Reformatorum*, vol. 77, p. 186 ss.

16. Pode-se consultar a exposição precedente do conceito doutrinal calvinista, em uma forma bastante semelhante à apresentada aqui, por exemplo, em Hoornbeek, *Theologia practica* (Utrecht, 1663), L. II, c. 1: *De praedestinatione*. De modo característico, a seção encontra-se *logo* após o título "De Deo". Em H., o texto fundamental é sobretudo o primeiro capítulo da Epístola aos Efésios. Não consideramos necessário analisar aqui as diversas tentativas incoerentes de combinar a responsabilidade individual com a predestinação e a previdência divina e de salvar a *liberdade* empírica da vontade, conforme iniciadas em Santo Agostinho com a primeira construção da doutrina.

17. "The deepest Community (com Deus) is found not in institutions or corporations or churches, but in the secrets of a solitary heart" [A mais profunda comunhão com Deus não é encontrada em instituições, corporações nem igrejas, e sim nos segredos de um coraçao solitário], formula Dowden em seu belo livro *Puritan and Anglican* (p. 234), o ponto decisivo. Esse profundo isolamento interno do indivíduo também apareceu nos jansenistas de Port Royal, que eram seguidores da doutrina da predestinação.

18. "Contra qui hujusmodi coetum (ou seja, uma Igreja em que existam uma doutrina pura, sacramentos e disciplina eclesiástica) contemnunt [...] salutis suae certi esse non possunt; et qui in illo contemtu perseverat electus non est." Olevian, *De substant. foed.*, p. 222.

19. "Dizem que Deus enviou seu filho para salvar a humanidade, mas esse não era seu objetivo; ele só queria ajudar alguns a se reerguerem após a queda [...] e eu lhes digo que Deus morreu somente pelos eleitos [...]" (sermão proferido em 1609, em Broek; in Rogge, *Wtenbogaert*, II, p. 9. Cf. Nuyens, op. cit., II, p. 232). Igualmente complicada é a argumentação da mediação de Cristo na *Hanserd Knolly's Confession*. Em toda parte pressupõe-se que Deus não teria precisado desse recurso.

20. Sobre esse processo, ver os ensaios a respeito da Ética econômica das religiões mundiais (*Wirtschaftsethik der Weltreligionen*). Conforme demonstrado nesses ensaios, a posição particular da antiga ética israelita em relação às posturas egípcia e babilônica, cujos conteúdos são afins, e seu desenvolvimento desde a época dos profetas basearam-se inteiramente no seguinte fato fundamental: o repúdio da magia sacramental como meio de salvação.

21. De igual modo, segundo a visão mais coerente, o batismo só era obrigatório em virtude da prescrição positiva, mas não era necessário para a salvação. *Por essa razão*, os independentes escoceses e ingleses, rigorosamente puritanos, podiam pôr em prática o seguinte princípio: filhos de indivíduos manifestamente *réprobos* não deveriam ser batizados (por exemplo, filhos de beberrões). O Sínodo de Edam, de 1586 (art. 32, 1), recomendava que só se batizasse um adulto que desejasse o batismo mas

que ainda não estivesse "maduro" para a eucaristia se sua mudança fosse irrepreensível e se seu desejo fosse *sonder superstitie* [isento de superstição].

22. Conforme já explicitado por Dowden (op. cit.), essa relação negativa com a "cultura dos sentidos" chega a ser um elemento constitutivo do puritanismo.

23. A expressão "individualismo" abrange o que de mais heterogêneo se pode imaginar. Espero que as observações seguintes esclareçam o que entendo aqui pelo termo. Em outro sentido, chamou-se o luteranismo de "individualista", pois ele *não* conhece uma regulamentação ascética da vida. A palavra também é empregada com outra acepção, por exemplo, por Dietrich Schäfer, quando em seu texto "Zur Beurteilung des Wormser Konkordats" (*Abh. d. Berl. Akad.*, 1905) ele nomeia a *Idade Média* uma época "marcada pela individualidade", pois, nos acontecimentos *relevantes* aos olhos do historiador, os fatores irracionais tiveram na época uma importância que hoje já não têm. Ele tem razão, mas talvez também a tenham aqueles aos quais ele opõe suas observações, pois ambos se referem a questões completamente diferentes quando falam de "individualidade" e "individualismo". Atualmente, as geniais formulações de Jakob Burckhardt estão em parte ultrapassadas, e uma análise conceitual minuciosa e historicamente orientada seria de grande valor científico. Naturalmente, tem-se o contrário disso quando o instinto lúdico leva certos historiadores a "definir" o conceito em um estilo de anúncio, apenas para colá-lo como uma etiqueta em determinada época histórica.

24. Em igual contraste — naturalmente, menos acentuado — com a doutrina católica ulterior. Em contrapartida, o profundo pessimismo de Pascal, que também se baseia na doutrina da predestinação, é de proveniência jansenista, assim como seu individualismo escapista, que não concorda absolutamente com a posição católica oficial. A esse respeito, ver p. 72, nota 2 do texto citado de Honigsheim sobre os jansenistas franceses.

25. Algo semelhante se encontra nos jansenistas.

26. Bailey, *Praxis pietatis* (ed. alemã, Leipzig, 1724), p. 187. Também Ph. J. *Spener*, em seus *Theologischen Bedenken* (aqui citado segundo a 3ª ed., Halle, 1712) parte de um ponto de vista semelhante: raramente o amigo dá um conselho levando em conta a honra de Deus; na maioria das vezes suas intenções são mundanas (não necessariamente egoístas). "He — the knowing man — is blind in no man's cause, but best sighted in his own. He confines himself to the circle of his own affairs, and thrusts not his fingers in needless fires [...] He sees the falseness of it (do mundo) and therefore learns to trust himself ever, others so far, as not to be damaged by their disappointment" [Ele — o homem sapiente — não é cego às causas alheias, mas enxerga muito bem as próprias. Limita-se ao círculo de suas próprias questões e não põe a mão no fogo por ninguém sem necessidade (...) Vê a falsidade (do mundo) e, desse modo, aprende a confiar em si mesmo; nos outros, apenas o suficiente para não sofrer uma decepção], filosofa Th. Adams (*Works of the Puritan Divines*, p. LI).

Bailey (*Praxis pietatis*, op. cit., p. 176) recomenda ainda que toda manhã, antes de sairmos entre as pessoas, imaginemos que estamos entrando em uma selva cheia de perigos e roguemos a Deus o "manto da *prudência* e da justiça". Esse sentimento se encontra em absolutamente todas as denominações ascéticas e chegou a conduzir alguns pietistas a uma espécie de vida de eremita no mundo. Mesmo Spangenberg, na p. 382 de sua *Idea fidei fratrum* (moraviana), recorda expressamente Jeremias 17,5: "Maldito o homem que confia no homem.". Para medir a misantropia característica dessa visão da vida, vale observar as explicações de Hoornbeek, *Theol. pract. I*, p. 882, sobre o dever do *amor ao inimigo*: "Denique hoc magis nos ulciscimur, quo proximum, inultum nobis, tradimus ultori Deo [...] Quo quis plus se uiciscitur, eo minus id pro ipso agit Deus": o mesmo "adiamento da vingança", tal como se encontra nas partes do Antigo Testamento posteriores ao exílio. Uma refinada intensificação e, ao mesmo tempo, uma interiorização do sentimento de vingança em comparação com o antigo "olho por olho". Sobre o "amor ao próximo", ver nota 35.

27. Certamente o confessionário como tal não teve apenas esse efeito. As formulações de Muthmann, por exemplo (*Z. f. Rel. Psych. I*, fascículo 2, p. 65), são simplistas demais para o problema psicológico altamente complexo da confissão.

28. Justamente *essa* combinação é de grande importância para julgar os fundamentos psicológicos das *organizações* sociais calvinistas, que se baseiam em motivos intrinsecamente individualistas e racionais em relação ao objetivo ou ao valor que desejam alcançar. O indivíduo nunca entra nelas levado pelo *sentimento*. A "glória de Deus" e a *própria salvação* sempre permanecem *acima* do "limiar da consciência". Ainda hoje isso imprime determinados traços característicos na peculiaridade da organização social de povos com passado puritano.

29. O traço fundamentalmente *antiautoritário* da doutrina, que em princípio depreciava como despropositada toda assistência eclesiástica e estatal em termos de ética e salvação da alma, conduziu reiteradamente à sua proibição, sobretudo por parte dos Estados Gerais holandeses. A consequência foi sempre a mesma: a formação de conventículos (como a partir de 1614).

30. Sobre Bunyan, cf. a biografia de Froude na coleção de Morley (*English Men of Letters*), bem como o esboço (superficial) de Macaulay (*Miscell. Works*, II, p. 227). Embora fosse um batista calvinista estrito, Bunyan mostrava-se indiferente em relação às divergências de denominação no calvinismo.

31. É evidente a importância indubitavelmente grande que teve para o caráter *social* do cristianismo reformado o pensamento calvinista segundo o qual, para garantir a própria salvação, era necessário fazer parte de uma *comunidade* que correspondesse às prescrições divinas, necessidade essa que derivava da exigência de "incorporação no corpo de Cristo" (*Calvin. Instit.*, III, 11, 10). No entanto, para *nossos* específicos pontos de vista, o cerne do problema é outro. Esse pensamento dogmático também poderia ter-se constituído com um caráter puramente institucional da Igreja e,

como se sabe, foi o que ocorreu. Em si, ele não dispõe de força psicológica para despertar *iniciativas* que levem à formação dessas comunidades nem para emprestar-lhes a força que possuía o calvinismo. Sua tendência a formar comunidades atuou justamente *fora* dos esquemas comunitários eclesiásticos e de prescrição divina no "mundo". Nesse caso, é decisiva a crença de que o cristão comprova seu estado de graça *atuando in majorem Dei gloriam* (ver adiante); a forte aversão à idolatria da criatura e todo apego às relações *pessoais* com outros seres humanos acabou por dirigir imperceptivelmente essa energia para os trilhos da atuação objetiva (impessoal). O cristão que confere importância à comprovação de seu estado de graça age em função dos objetivos *divinos*, que só podem ser *im*pessoais. Na ética puritana, como em qualquer ética ascética, toda relação *pessoal* e puramente sentimental entre seres humanos, ou seja, não condicionada racionalmente, torna-se facilmente suspeita de idolatria da criatura. Além do que já foi dito anteriormente, é o que demonstra com suficiente clareza a seguinte advertência sobre a *amizade*: "It is an irrational act and not fit for a rational creature to love any one farther than *reason* will allow us (...) It very often taketh up men's minds so as to *hinder* their *love of God*" [É um ato irracional e inadequado à criatura racional amar alguém além do que a razão nos permite (...). Muitas vezes, isso ocupa a mente dos homens a ponto de impedi-los de amar a Deus] (Baxter, *Christian Directory*, IV, p. 253). Tornaremos a encontrar tais argumentos reiteradas vezes. Os calvinistas se entusiasmam com a ideia de que, ao compor o mundo e, portanto, a organização social, Deus quis o que *objetivamente* corresponde ao meio de exaltar sua glória; não a criatura como fim em si mesma, e sim o ordenamento do que foi criado, subordinado à Sua vontade. Por conseguinte, o dinamismo dos santos, suscitado pela doutrina da predestinação, avança no esforço de racionalizar o mundo. Em particular a ideia, mesmo não sendo nova, de que a utilidade *pública* ou "the good *of the many*", conforme formula Baxter (*Christian Directory*, IV, p. 262, com a citação um pouco forçada da Epístola aos Romanos 9,3), no sentido do racionalismo liberal posterior, deveria ser anteposta a todo bem "pessoal" ou "privado" dos indivíduos era para o puritanismo consequência da rejeição à idolatria da criatura. Além de outras importantes razões que derivam de sentimentos "democráticos", a tradicional aversão americana à prestação de *serviços* pessoais está ligada, ainda que de maneira indireta, a essa tradição. O mesmo se pode dizer da imunidade *relativamente* grande que povos com passado puritano apresentam em relação ao cesarismo, e em geral da atitude internamente mais livre dos ingleses para com seus grandes estadistas, que de um lado inclina-se mais a "deixar valer" a ação dos poderosos, mas de outro rejeita toda paixão histérica por eles, bem como a ideia ingênua de que se possa ser obrigado à obediência política por "gratidão". Vale confrontar essa posição com o que experimentamos de positivo e negativo na Alemanha a partir de 1878. Quanto à pecaminosidade da fé na autoridade — admissível apenas por ser *im*pessoal e orientada pelo conteúdo da Escritura — e da estima exagerada mesmo dos homens mais santos e eminentes, pois com ela a obediência a *Deus* estaria eventualmente ameaçada, ver Baxter, *Christian Directory* (2ª ed., 1678), I, p. 56. Não cabe a nosso contexto analisar a rejeição à "idolatria da criatura" nem o princípio segundo o qual apenas Deus deveria "reinar" inicialmente na Igreja, mas por fim também na vida de modo geral.

32. Ainda discorreremos muitas vezes sobre a relação entre as "consequências" dogmáticas e psicológico-práticas. Não é necessário observar que ambas não são idênticas.

33. Aqui, o termo "social" naturalmente não se refere a seu significado moderno, mas é considerado apenas no sentido de uma atividade exercida em meio às organizações comunitárias de cunho político, eclesiástico, etc.

34. Boas obras, realizadas com *qualquer* outro objetivo que não o de honrar *Deus*, são *pecaminosas* (*Hanserd Knollys Confession*, cap. XVI).

35. O comportamento da *China Inland Mission* e da *International Missionarie's Alliance* (ver a respeito Warneck, *Gesch. d. prot. Mission*, 5ª ed., p. 99, 111) ajudam-nos a compreender o significado dessa "impessoalidade" do "amor ao próximo", "condicionada" pelo fato de que a vida é referida exclusivamente a Deus, no próprio campo da vida religiosa em comunidade. Despenderam-se somas gigantescas para equipar numerosas tropas de missionários. Por exemplo, só para a China foram cerca de mil, que em suas pregações itinerantes "ofereceriam" o Evangelho a todos os pagãos, pois assim ordenou Cristo e disso fez depender seu retorno. Se aqueles aos quais se prega foram conquistados para o cristianismo, podendo então participar da bem-aventurança, e se a própria língua dos missionários era *compreendida*, ainda que apenas gramaticalmente, é algo em princípio secundário, que diz respeito somente a Deus. Segundo Hudson Taylor (ver Warneck, op. cit.), a China teria cerca de 30 milhões de famílias. Mil missionários poderiam "alcançar" diariamente (!) 50 famílias e, desse modo, o Evangelho poderia ser "oferecido" a todos os chineses em mil dias ou em menos de três anos. É exatamente o mesmo esquema segundo o qual o calvinismo exercia, por exemplo, sua disciplina eclesiástica: o objetivo não era salvar a alma de quem era avaliado — pois esse era um assunto que dizia respeito apenas a Deus e, na prática, à própria pessoa, e não podia ser absolutamente influenciado por meios disciplinares eclesiásticos —, mas o aumento da glória de Deus. O calvinismo como tal não é responsável por essas obras missionárias modernas, pois elas repousam em um fundamento interdenominacional. (O próprio Calvino rejeita a obrigação da missão entre os pagãos, uma vez que a ulterior difusão da religião é *unius Dei opus* [exclusiva obra de Deus].) No entanto, elas provêm claramente daquele conjunto de ideias que se expande pela ética puritana segundo o qual se faz o suficiente pelo amor ao próximo quando cumprem os mandamentos de *Deus* em prol de Sua glória. Desse modo, também se dá ao próximo o que lhe é devido, e o restante é assunto que diz respeito apenas ao Senhor. Por assim dizer, a "humanidade" das relações com o "próximo" feneceu. É o que se manifesta nas mais diferentes circunstâncias. Assim, por exemplo, para apresentar mais um rudimento dessa atmosfera de vida no terreno da caridade reformada, que em certos aspectos se tornou merecidamente célebre: os órfãos de Amsterdã, que ainda no século XX vestiam paletó e calça divididos verticalmente em duas metades, uma preta e outra vermelha ou uma vermelha e outra verde, como uma espécie de traje de bufão, e assim eram conduzidos em cortejo até a igreja, certamente constituíam um espetáculo altamente edificante e serviam à

glória de Deus tanto quanto todo sentimento pessoal e "humano" deveria sentir-se insultado com isso. Conforme ainda veremos, algo semelhante ocorreu em todos os detalhes da atividade profissional privada. Obviamente, tudo isso indica apenas uma *tendência*, e mais adiante nós mesmos teremos certas restrições a fazer. Contudo, não poderíamos deixar de constatá-la aqui *como* uma tendência muito importante dessa religiosidade ascética.

36. Em todos esses aspectos, a ética de Port Royal, determinada pela predestinação, tem um posicionamento inteiramente diferente, em razão de sua orientação mística, *extra*mundana e, nesse sentido, católica (ver Honigsheim, op. cit.).

37. Hundeshagen (*Beitr. Z. Kirchenverfassungsgesch. u. Kirchenpolitik*, 1864, I, p. 37) defende o ponto de vista, desde então frequentemente repetido, de que o dogma da predestinação teria sido uma doutrina de teólogos, e não uma doutrina popular. Isso só é verdadeiro se identificarmos o conceito de "povo" com a *massa* das camadas inferiores sem formação. E mesmo nesse caso isso se verifica de maneira muito limitada. Nos anos 1840, Köhler (op. cit.) achou que justamente as massas (entenda-se a pequena burguesia holandesa) tendiam a ser rigorosamente predestinacionistas. Quem negasse o duplo decreto era para eles herege ou réprobo. Ele próprio foi interrogado quanto ao *momento* de seu renascimento (no sentido da predestinação). Da Costa e a separação de De Kock foram muito influenciados por isso. Não apenas Cromwell — que já Zeller (*Das theologische System Zwinglis*, p. 17) tomara como exemplo paradigmático do efeito do dogma —, mas também seus santos sabiam muito bem do que se tratava, e os cânones dos sínodos de Dordrecht e Westminster sobre essa doutrina constituíram uma questão de importância nacional. Os *tryers* e os *ejectors* de Cromwell admitiam apenas os seguidores da predestinação, e Baxter (*Life*, I, p. 72), embora fosse contrário, considera notável seu efeito sobre a qualidade do clero. Está absolutamente excluída a hipótese de que os pietistas reformados e os participantes dos conventículos ingleses e holandeses não soubessem dessa doutrina; foi justamente *ela* a reuni-los para que buscassem a *certitudo salutis*. O que a predestinação significava ou deixava de significar enquanto doutrina *teológica* pode ser mostrado pelo catolicismo eclesiasticamente correto, ao qual ela não permaneceu absolutamente estranha como doutrina esotérica e instável. (O fator decisivo era o repúdio à opinião de que o *indivíduo* tem de *considerar-se* e afirmar-se como eleito. Cf. a doutrina católica, por exemplo, em Ad. van Wyck, *Tract. de praedestinatione*, Colônia, 1708. Não cabe investigar aqui até que ponto a crença de Pascal na predestinação era correta.) Hundeshagen, que não simpatiza com essa doutrina, manifestamente extrai suas impressões de situações alemãs. Essa sua antipatia repousa na opinião, puramente dedutiva, de que ela conduziria necessariamente ao fatalismo moral e ao antinomismo. Essa opinião já havia sido refutada por Zeller (op. cit.). Por outro lado, não se pode negar que essa mudança fosse *possível*. Melanchton e Wesley discorrem a respeito, mas em ambos os casos é evidente que se tratava de uma combinação com a religiosidade *sentimental* da "fé". Para esses autores, aos quais faltava a ideia racional da *confirmação*, essa consequência residia de fato na essência da questão. As mesmas consequências fatalistas apareceram no *Islã*. Mas por quê? Porque a predestinação

islâmica era *predeterminista*, e não predestinacionista, referia-se a destinos *terrenos*, e não à salvação no além; por conseguinte, o elemento eticamente decisivo, a "confirmação" como predestinado, não desempenhava nenhum papel no Islã. Portanto, disso só poderia resultar o destemor na *guerra* (como na "moira"), mas não as consequências *metódicas* para a vida, pois a estas faltava a "recompensa" religiosa. Ver a dissertação teológica de F. Ullrich, *Die Vorherbest. L. im Isl. und Chr.*, Heidelberg, 1912. As atenuações da doutrina, trazidas pela prática — por exemplo, em Baxter —, não afetaram sua essência, uma vez que não se tocou na ideia da decisão de Deus de eleger um *indivíduo concreto* nem na ideia de sua *verificação*. Por fim e acima de tudo, todas as grandes figuras do puritanismo (no mais amplo sentido do termo) partiram dessa doutrina, cuja seriedade sombria influenciou o desenvolvimento de sua juventude: Milton, assim como Baxter — por certo, com uma atenuação cada vez maior —, e mais tarde o livre-pensador Franklin. Posteriormente, cada um deles se emancipou de sua interpretação estrita, fato que corresponde, em particular, à evolução, na mesma direção, pela qual também passou o movimento religioso como um todo. Porém *todos* os grandes *revivals* eclesiásticos, ao menos na Holanda e na maioria dos casos também na Inglaterra, sempre se reconectavam a essa doutrina.

38. É o que, por sua vez, compõe, de maneira tão imperiosa, a atmosfera predominante de *The Pilgrim's Progress*, de Bunyan.

39. Mesmo sem levar em conta o dogma da predestinação, essa *questão* estava mais distante do luterano da época dos epígonos do que do calvinista, não porque o primeiro se interessasse menos pela salvação da alma, mas porque no desenvolvimento da Igreja luterana o caráter *institucional da salvação* ganhou destaque, fazendo com que o indivíduo se sentisse objeto de sua atividade e nela protegido. Como era de esperar, somente o pietismo suscitou o problema também no luteranismo. No entanto, não se pode deixar de reconhecer que, *por si só*, a questão da *certitudo salutis* mostrou-se central para toda religião de salvação não sacramental — fosse ela o budismo, o jainismo ou qualquer outra. *Dela* derivavam todos os estímulos psicológicos de caráter puramente *religioso*.

40. É o que se encontra expressamente na carta a Bucer, *Corpus Reformatorum*, 29, p. 883 ss. A esse respeito, cf. Scheibe, op. cit., p. 30.

41. A Confissão de Westminster (XVIII, 2) também promete aos eleitos a certeza *infalível* da *graça*, embora, com toda a nossa ação, permaneçamos "servos inúteis" (XVI, 2) e a luta contra o Maligno perdure a vida inteira (XVIII, 3). Porém, muitas vezes, o eleito também tem de lutar para alcançar a *certitudo* que a consciência do dever cumprido lhe confere e da qual o crente nunca será totalmente privado.

42. A genuína doutrina calvinista remetia à *fé* e à consciência da comunhão com Deus nos sacramentos e mencionava apenas de maneira secundária os "outros frutos do espírito". Ver as passagens em Heppe, *Dogmatik d. ev. reform. Kirche*, p. 425. Com grande ênfase, o próprio Calvino rejeitou as obras como *sinais* de valor perante

Deus, embora elas fossem para ele, como para os luteranos, frutos da fé (*Instit.*, III, 2, 37, 38). A tendência prática a comprovar a fé nas obras, que caracteriza justamente a *ascese*, procede paralelamente à transformação gradual da doutrina de Calvino, para a qual (como em Lutero) a pureza da doutrina e os sacramentos distinguem, *antes de tudo*, a verdadeira Igreja; somente mais tarde a "disciplina" é equiparada a ambos como sinal característico. Essa evolução pode ser acompanhada nas passagens de Heppe (op. cit., p. 194-195) e no modo como, já no final do século XVI, nos Países Baixos, alguém se tornava membro da comunidade (a condição central era a submissão expressa e contratual à *disciplina*).

43. Ver, por exemplo, Olevian, *De substantia foederis gratuiti inter Deum et electos* (1585), p. 257. Heidegger, *Corpus Theologiae*, XXIV, p. 87 ss. e outras passagens em Heppe, *Dogmatik der ev. ref. Kirche* (1861), p. 425.

44. Entre outros, ver as observações de Schneckenburger, op. cit., p. 48.

45. Por exemplo, em Baxter, reaparece a diferença entre *mortal* e *venial sin* [pecado mortal e venial], tal como no sentido católico. O primeiro é sinal de que o estado de graça é ausente ou não atual, e apenas uma *conversion* do ser humano como um todo é capaz de garantir sua posse. O segundo não é incompatível com o estado de graça.

46. Assim, com diversas nuanças, Baxter, Bailey, Sedgwick e Hoornbeek. Ver também os exemplos em Schneckenburger, op. cit., p. 262.

47. Com frequência, a concepção do "estado de graça" como uma espécie de qualidade *estamental* (algo como a condição do asceta na antiga Igreja) encontra-se, entre outros, ainda em Schortinghuis (*Het innige Christendom*, 1740, obra *proibida* pelos Estados Gerais!).

48. Como veremos mais adiante, é o que aparece em inúmeras passagens do *Christian Directory*, de Baxter, e em sua conclusão. Essa recomendação do trabalho profissional como forma de afugentar o medo da própria inferioridade moral lembra a interpretação psicológica de Pascal a respeito da aspiração ao dinheiro e da ascese profissional como meios inventados para enganar-se quanto à própria nulidade moral. Nele, justamente a crença na predestinação, bem como a convicção da nulidade de toda criatura em razão do pecado original, é colocada inteiramente a serviço da renúncia ao mundo e da contemplação, recomendada como único meio para liberar-se do peso do pecado e para alcançar a certeza da salvação. Em sua já citada dissertação (parte de um trabalho mais amplo, que, espero, tenha continuidade), o doutor Paul Honigsheim fez algumas observações perspicazes sobre a peculiaridade estritamente católica e a peculiaridade jansenista do conceito de profissão. Falta aos jansenistas todo vestígio de ligação entre a certeza da salvação e a *atividade* intramundana. Muito mais do que para os luteranos ou os católicos genuínos, sua concepção de "profissão" tem o sentido de *submeter-se* a determinada situação de vida, imposta

não apenas pela ordem social, como no catolicismo, mas também pela própria voz da consciência (Honigsheim, op. cit., p. 139 ss.).

49. A seu ponto de vista também se vincula o esboço de Lobstein, escrito com muita transparência na *Festgabe für H. Holtzmann*, que também poderá ser comparado com o que segue. Foi criticado por ter enfatizado de maneira excessiva o *Leitmotiv* da *certitudo salutis*. Mas justamente aqui cabe distinguir a teologia de Calvino do *calvinismo* e o sistema teológico das necessidades da prática pastoral. *Todos* os movimentos religiosos que abrangeram camadas mais amplas da população partiram da seguinte pergunta: "Como posso ter *certeza* da minha salvação?". Como já dito, essa questão desempenha um papel central não apenas nesse caso, mas também na história da religião de modo geral. E como poderia ser diferente?

50. Contudo, não se pode negar que o *pleno* desenvolvimento desse *conceito* só ocorreu na fase *tardia* do luteranismo (Praetorius, Nicolai, Meisner). (Também *se encontra* em Johannes Gerhard, no sentido aqui referido.) Eis por que no quarto livro de sua *Geschichte des Pietismus* (vol. II, p. 3 ss.), Ritschl interpreta a introdução desse conceito na religiosidade luterana como o renascimento ou a aceitação da devoção católica. Não contesta (p. 10) que o problema da certeza individual da salvação fosse idêntico em Lutero e nos místicos católicos, mas acredita que a solução nos dois campos seja exatamente oposta. Por certo, não me posso permitir um julgamento particular a respeito. Obviamente, todos percebem que o ar que sopra em *Freiheit eines Christenmenschen* é diferente tanto do passatempo adocicado com o "amado Menino Jesus" da literatura posterior, de um lado, quanto do sentimento religioso de Tauler, de outro. Do mesmo modo, certamente a manutenção do elemento místico e mágico na doutrina luterana da eucaristia tem outros motivos religiosos além daquela devoção "bernardina" — o sentimento do "Cântico dos Cânticos" —, à qual Ritschl sempre recorre como fonte de cultivo de uma relação "nupcial" com Cristo. Mas não poderia essa doutrina da eucaristia ter *contribuído* para despertar uma religiosidade mística? Além disso, vale observar desde já que não é absolutamente pertinente dizer (op. cit., p. 11) que a liberdade do místico consistia apenas em *retirar-se* do mundo. Especialmente Tauler, em exposições muito interessantes do ponto de vista da psicologia da religião, apresentou como efeito *prático* das contemplações noturnas — que, entre outras coisas, ele recomenda em caso de insônia — a *ordem* que através delas também é trazida para os pensamentos voltados ao trabalho profissional mundano: "Somente assim (por meio da união mística com Deus à noite, antes de dormir) *a razão é depurada, o cérebro é fortalecido*, e durante todo o dia o ser humano, mais pacífico e conduzido por Deus, é tomado pela interna convicção de que realmente se uniu a Ele; então, todas as suas obras serão *ordenadas*. E se o homem se preparou para tanto, fundando a si mesmo e sua obra na *virtude*, quando ele voltar à realidade, suas obras serão *virtuosas e divinas* (*Predigten*, fol. 318). Em todo caso, vê-se — e ainda tornaremos a esse assunto — que a contemplação mística e a concepção racional da profissão *não se excluem* por si próprias. O contrário só ocorre quando a religiosidade assume um caráter manifestamente histérico, o que não se verificou entre todos os místicos nem entre todos os pietistas.

51. A esse respeito, ver os ensaios seguintes sobre a *Ética econômica das religiões mundiais* (*Wirtschaftsethik der Weltreligionen*), Introdução.

52. Nesse pressuposto, o calvinismo se mostra bem próximo do catolicismo oficial. No entanto, para os católicos, houve a necessidade do sacramento da penitência, enquanto os reformados precisaram da *comprovação* prática por intermédio da ação no mundo.

53. Ver, por exemplo, Beza ("De praedestinat. doct. ex praelect.", in *Rom. 9. a. Raph. Eglino exc.*, 1584), p. 133: "[...] sicut ex operibus vere bonis ad sanctificationis donum, a sanctificatione ad fidem [...] ascendimus: ita ex certis illis effectis non quamvis vocationen, sed efficacem illam, et ex hac vocatione electionem et ex electione donum praedestinationis in Christo tam firmam quam immotus est Dei thronus certissima connexione effectorum et causarum colligimus [...]". Há que se proceder com cautela somente em relação aos sinais da *condenação*, uma vez que apenas o estado *final* importa. (Sobre esse ponto, o puritanismo pensava de maneira diferente.) A esse respeito, ver também as profundas considerações de Schneckenburger, op. cit., que, no entanto, cita apenas uma categoria limitada de literatura. Em toda a literatura puritana, esse traço sempre volta a aparecer. Diz Bunyan: "It will not be said: did you believe? — but: were does Doers, or Talkers only?" [Não se dirá: acreditastes? — e sim: agistes ou apenas falastes?]. Segundo Baxter (*The Saints' Everlasting Rest*, cap. XII), que ensina a forma mais moderada de predestinação, a fé é a submissão a Cristo com o coração e *a ação*. "Do what you are able first, and then complain of God for denying you grace *if you have cause*" [Faz primeiro o que és capaz de fazer, depois queixa-te de Deus por ter te negado a graça se tiveres motivo], respondeu ele à objeção de que a vontade não é livre e Deus é o único a deter a capacidade da santificação (*Works of the Puritan Divines*, IV, p. 155). A análise de Fuller (o historiador da Igreja) limitou-se à questão sobre a comprovação prática e os autotestemunhos do próprio estado de graça na conduta de vida. Opinião semelhante tem Howe na passagem já citada. Toda análise dos *Works of the Puritan Divines* fornece inúmeras provas a respeito. Não era raro que justamente os escritos ascéticos *católicos* acabassem sendo "convertidos" ao *puritanismo* — para Baxter, um tratado jesuíta. Essas concepções em relação à doutrina de Calvino não eram de todo novas (cf. *Inst. Christ.*, c. I, ed. original de 1536, p. 97, 112). Contudo, para Calvino, a certeza da graça não podia ser alcançada com segurança nem mesmo por esse caminho (ibidem, p. 147). Costumava-se recorrer à Primeira Epístola de João (3,5) e a passagens semelhantes. Para já antecipar essa questão, a exigência da *fides efficax* não se limita aos calvinistas em sentido estrito. No artigo sobre a predestinação, profissões de fé *batistas* tratam do mesmo modo os frutos da fé ("and that its — da *regeneration* — proper evidence appears in the holy fruits of repentance and faith and *newness of life*" [e sua própria evidência aparece nos frutos sagrados do arrependimento, da fé e da *novidade da vida*]: art. 7 da profissão de fé impressa em *The Baptist Church Manual*, por J. N. Brown D. D., Filadélfia, Am. Bapt. Publ. Soc.). Do mesmo modo, o tratado *Olijf-Tacxken*, de influência *menonita* e adotado pelo Sínodo de Haarlem, em 1649, p. 1, inicia-se com a questão: como *reconhecer* os filhos de Deus? E responde (p. 10): "Nu al is't dat dasdanigh *vruchtbare*

ghelove alleene zii het seker fondamentale kennteeken [...] om de conscientien der gelovigen in het nieuwe verbondt der genade Gods te *versekeren*.".

54. Sobre a importância da *lex naturae* para o conteúdo material da ética social já se fizeram algumas alusões neste trabalho. Interessa-nos aqui não o *conteúdo*, e sim o *estímulo* à ação moral.

55. É evidente que essa concepção não poderia deixar de promover a penetração do espírito judaico do Antigo Testamento no puritanismo.

56. Assim diz a *Savoy Declaration* sobre os *members* da *ecclesia pura*: eles seriam "saints by *effectual* calling, *visibly manifested* by their profession *and walking*" [santos por um chamado eficaz, visivelmente manifestado por sua profissão e sua caminhada].

57. "A principle of goodness", Charnock em *Works of the Pur. Div.*, p. 175.

58. Conforme se expressa ocasionalmente Sedgwick, a conversão é "uma cópia fiel do decreto de predestinação". Além disso, como ensina Bailey, quem é eleito também é chamado e *capacitado* à obediência. *Somente* aqueles que Deus convoca à fé (que se exprime em sua conduta) são verdadeiros fiéis, não meros *temporary believers* [crentes temporários], conforme ensina a Hanserd Knollys Confession, que é batista.

59. Comparar, por exemplo, com a conclusão do *Christian Directory*, de Baxter.

60. Assim, por exemplo, em Charnock, *Self-examination*, p. 183, para refutar a doutrina católica da *dubitatio*.

61. Essa argumentação sempre reaparece em Joh. Hoornbeek, *Theologia practica*, por exemplo, em II, p. 70, 72, 182, e em I, p. 160.

62. A *Conf. Helvet.* 16 diz, por exemplo: "Et improprie his (as obras) *salus adtribuitur*".

63. Para tudo o que antecede, ver Schneckenburger p. 80 ss.

64. Já teria dito Santo Agostinho: "Si non es praedestinatus fact ut praedestineris".

65. Vale lembrar as palavras de Goethe com a mesma significação: "Como é possível conhecer a si mesmo? Nunca pela observação, e sim pela ação. Tenta cumprir teu dever, e logo saberás o que há em ti. Qual o teu dever? A exigência do dia.".

66. Pois, embora para o próprio Calvino esteja estabelecido que a "santidade" também deva aparecer *externamente* (*Instit.*, IV, 1 § 2, 7, 9), a fronteira entre santos e não santos permanece insondável para o conhecimento humano. Temos de acreditar

que, sendo a palavra de Deus anunciada em uma Igreja organizada e administrada conforme a lei, também existem eleitos, ainda que irreconhecíveis para nós.

67. A devoção calvinista é um dos muitos exemplos encontrados na história da religião para a relação entre as consequências *lógicas* e *psicológicas* de determinadas *ideias* religiosas para o *comportamento* prático e religioso. *Do ponto de vista lógico*, seria natural deduzir o fatalismo como consequência da predestinação. Já o *efeito psicológico* foi exatamente o contrário em razão da introdução da ideia de "comprovação". (Por questões de princípio semelhantes, é sabido que os defensores de Nietzsche reivindicam um significado ético positivo para a ideia do eterno retorno. No entanto, trata-se aqui da responsabilidade por uma vida futura, com a qual quem age não mantém nenhum vínculo de continuidade de consciência, enquanto para o puritano o lema era: "Tua res agitur.") Hoornbeek (*Theol. pract.*, vol. I, p. 159) já explica com elegância, na linguagem da época, a relação entre predestinação e ação: em virtude de sua eleição, os *electi* são inacessíveis ao fatalismo, e justamente ao *repelirem* as consequências fatalistas *comprovam* sua condição "*quos ipsa electio* sollicitos reddit et diligentes officiorum". O entrelaçamento de interesses práticos rompe as consequências fatalistas, que poderiam ser deduzidas *de maneira lógica* (que de fato ocorrem *ocasionalmente*, apesar de tudo). Por outro lado, porém, o *conteúdo conceitual* de uma religião — como mostra justamente Calvino — tem uma importância *muito maior* do que, por exemplo, William James (*The Varieties of Religious Experience*, 1902, p. 444 s.) tende a admitir. A importância do elemento racional na metafísica religiosa mostra-se de modo clássico nos grandiosos efeitos que especialmente a estrutura do *conceito* calvinista de Deus exerceu sobre a vida. Se o Deus dos puritanos atuou na história como poucos antes ou depois dele, o que o capacitou para tanto foram sobretudo aqueles atributos com os quais a força do *pensamento* o dotou. (De resto, por si só, a avaliação "pragmática" de James sobre a importância das ideias religiosas segundo a medida de sua comprovação na vida é um resultado genuíno daquele mundo conceitual da pátria puritana desse eminente pensador.) Obviamente, a vivência religiosa como tal é irracional como toda vivência. Em sua forma mais elevada e mística, ela chega a ser *a* vivência κατ εξοχην e, como James expôs com muita elegância, distingue-se por sua absoluta incomunicabilidade: tem um caráter *específico* e manifesta-se como conhecimento, mas não pode ser reproduzida adequadamente com os meios de nosso aparato linguístico e conceitual. Além disso, é correto dizer que *toda* vivência religiosa perde conteúdo tão logo busque formulações *racionais*, e mais ainda quando essa formulação conceitual é levada adiante. Nisso reside a razão para os trágicos conflitos de toda teologia racional, como bem sabiam as seitas batistas já no século XVII. Entretanto, aquela irracionalidade que, de resto, não é *absolutamente exclusiva* da "vivência" *religiosa*, mas (em sentido e medida diferentes) é de toda vivência, não impede que seja da máxima importância prática saber de que *espécie* é o sistema *conceitual* que, por assim dizer, confisca para si a imediata *vivência* religiosa e a conduz para seus trilhos. Pois, em tempos de intensa influência da Igreja sobre a vida e de forte desenvolvimento de interesses dogmáticos, é *a partir disso* que se desenvolve na Igreja a maioria das diferenças, cujas consequências éticas têm uma grande importância na prática, entre as diversas religiões da Terra. Quem

conhece as fontes históricas sabe quão inacreditavelmente intenso, segundo os critérios atuais, era o interesse pelo dogma também por parte dos leigos na época dos grandes conflitos religiosos. Só é possível estabelecer um paralelo disso com a ideia, no fundo também supersticiosa, que o atual proletariado faz daquilo que *a ciência* produz e é capaz de provar.

68. Baxter, *The Saints' Everlasting Rest*, I, 6, responde à pergunta: "Whether to make salvation our end be not mercenary or legal? — It is properly mercenary when we expect it as *wages* for work done [...] Otherwise it is only such a mercenarism as Christ commandeth [...] and if seeking Christ be mercenary, I desire to be so mercenary [...]" [Fazer da salvação nosso fim é um ato mercenário ou conforme à lei? — É propriamente mercenário quando a esperamos como recompensa por uma obra realizada (...) Do contrário, só será tal mercenarismo se comandado por Cristo (...) e se buscar Cristo for algo mercenário, então assim desejo ser (...)]. De resto, alguns calvinistas considerados ortodoxos também acabam incorrendo em uma santificação grosseira pelas obras. Segundo Bailey, *Praxis pietatis*, p. 262, as esmolas são um meio para evitar punições *temporais*. Outros teólogos recomendavam as boas obras aos *réprobos*, com a motivação de que, desse modo, a condenação talvez fosse mais suportável, e aos *eleitos* porque assim Deus os amaria não apenas sem razão, mas também *ob causam*, o que de algum modo já os recompensaria. De sua parte, a apologia também fizera algumas leves concessões à importância das boas obras para o grau da bem-aventurança (Schneckenburger, op. cit., p. 101).

69. Também aqui, para destacar inicialmente as diferenças características, é *necessário* empregar uma linguagem conceitual em termos de "tipo ideal", que em certo sentido faz violência à realidade histórica; no entanto, sem isso, estaria excluída uma clara formulação, em razão das ressalvas a serem feitas. Seria preciso discutir separadamente até que ponto os contrastes aqui indicados com a máxima perspicácia são apenas relativos. Não há dúvida de que, já na Idade Média, a *doutrina* católica oficial também propunha, de sua parte, o ideal da santificação sistemática da *vida como um todo*. Porém, também é indubitável que 1) a prática cotidiana da Igreja, justamente através da confissão, seu meio de educação mais eficaz, *facilitava* a conduta "assistemática" de vida a que se refere no texto; 2) deviam faltar ao catolicismo medieval laico a atmosfera fundamentalmente rigorista e o completo isolamento em si mesmo dos calvinistas.

70. Conforme já mencionado, a importância absolutamente central *desse* fator só aparecerá aos poucos nos ensaios sobre a Ética econômica das religiões mundiais (*Wirtschaftsethik der Weltreligionen*).

71. E, em certa medida, também para o luterano. Lutero não *queria* eliminar esse último vestígio de magia sacramental.

72. Cf. por exemplo Sedgwick, *Buß-und Gnadenlehre* (tradução alemã de Röscher, 1689): o penitente tem *uma regra fixa*, à qual obedece à risca e segundo a qual

ordena e conduz sua vida (p. 591). Com inteligência, vigilância e prudência, vive em conformidade com a lei (p. 596). Isso *só* pode ser produzido por uma mudança duradoura do ser humano *como um todo*, pois é resultado da predestinação (p. 852). O verdadeiro arrependimento sempre se exprime na conduta (p. 361). Como explica Hoornbeek (op. cit., 1, XI, c. 2), a diferença entre as obras apenas "moralmente" boas e as *opera spiritualia* consiste justamente no fato de que estas são consequência de uma *vida* regenerada, de que nela é possível perceber um progresso constante (op. cit., vol. I, p. 160), como só pode ser alcançado por meio da influência sobrenatural da graça divina (op. cit., p. 150). A santidade é a transformação do homem *como um todo* por intermédio da graça divina (ibidem, p. 190 ss.). Essas ideias são comuns a todo o protestantismo e, por certo, também se encontram nos ideais mais elevados do catolicismo; *no entanto*, foi apenas nas correntes puritanas, marcadas pela ascese intramundana, que puderam mostrar suas consequências para o mundo e, sobretudo, foi apenas nelas que receberam uma *recompensa* psicológica suficientemente forte.

73. Na Holanda, o último nome [*precisistas*] derivou especialmente dos "finos" (*Feinen*), que conduziam sua vida precisamente segundo os preceitos da *Bíblia* (como se verifica em Voët). De resto, o termo "metodista" aparece ocasionalmente no século XVII também para designar os puritanos.

74. Pois, tal como ressaltam os pregadores puritanos (por exemplo, Bunyan em "The Pharisee and the Publican", *W. of Pur. Div.*, p. 126), *cada* pecado isolado aniquila *tudo* o que se poderia acumular ao longo de uma vida inteira em termos de "mérito" por meio de "boas obras", se — o que é impensável — o homem realmente fosse capaz de produzir sozinho algo que Deus devesse *atribuir*-lhe como mérito, ou se pudesse viver permanentemente na perfeição. Como no catolicismo, não existe uma espécie de conta-corrente com saldo final — uma imagem que já era comum na Antiguidade —, mas para a *vida inteira* vale a rígida alternativa: ou o estado de graça, ou a condenação. Para alusões à concepção de conta-corrente, ver nota 103.

75. Nisso reside a diferença entre a mera *legality* e a *civility*, que, segundo Bunyan, vivem como companheiras do *Mr. Worldly-Wiseman* na *City*, chamada de *Morality*.

76. Charnok, "Self-examination" (*Works of the Pur. Div.*, p. 172): "*Reflection* and knowledge of self is a prerogative of a *rational* nature" [Reflexão e conhecimento de si mesmo são a prerrogativa de uma natureza racional]. Como complementação, a nota de rodapé: "*Cogito, ergo sum* is the first principle of the new philosophy" [*Cogito, ergo sum* é o primeiro princípio da nova filosofia].

77. Este ainda não é o local para discutir o parentesco da teologia de Duns Scotus — que nunca chegou a prevalecer, mas apenas foi tolerada e, às vezes, tratada como heresia — com certas reflexões do protestantismo ascético. Também Calvino, em consciente oposição ao catolicismo, e Lutero, mas em sentido um pouco diferente, partilharam a ulterior aversão que mais tarde tiveram os pietistas em relação à filosofia aristotélica

(cf. *Inst. Chr.*, II, c. 2, p. 4, IV, c. 17, p. 24). O "primado da vontade", como denominado por Kahl, é comum a todas essas correntes.

78. Exatamente assim o artigo "Ascese" do *Kirchenlexikon* [Enciclopédia eclesiástica] católico, por exemplo, define seu sentido, que coincide inteiramente com suas manifestações históricas mais elevadas. Do mesmo modo, Seeberg em *R. E. f. Prot. Th. u. K.* Para os objetivos deste estudo, que nos seja lícito empregar o conceito do modo como o fizemos aqui. Tenho consciência de que ele pode ser entendido de outra forma — tanto de maneira mais ampla quanto mais restrita — e de que assim se costuma proceder.

79. Em *Hudibras* (Canto 1, 18.19), os puritanos foram comparados aos frades descalços. Um relato do enviado genovês Fieschi chama o exército de Cromwell de reunião de "monges".

80. Perante essa continuidade interna entre a ascese monástica extramundana e a ascese profissional intramundana, que aqui afirmo manifestamente, surpreende-me que Brentano (op. cit., p. 134 e *passim*) apresente *contra* mim o argumento do trabalho ascético dos *monges* e sua recomendação! Todo o seu "excurso" contra mim culmina nesse ponto. Porém, justamente essa continuidade, como todos podem ver, é um pressuposto fundamental de toda a minha exposição: a Reforma tirou dos monastérios a ascese racional cristã e sua vida metódica e levou-as para a vida profissional mundana. Cf. as considerações seguintes, que permaneceram inalteradas.

81. Assim nos muitos relatos sobre os interrogatórios dos hereges puritanos, encontrados em *History of the Puritans*, de Neal, e em *English Baptists*, de Crosby.

82. Já Sandford, op. cit. (e muitos outros antes e depois dele), derivou do puritanismo o surgimento do ideal da *reserve*. Sobre esse ideal, cf. também as observações de James Bryce sobre o *college* americano no vol. II de seu *American Commonwealth*. O princípio ascético do "autocontrole" também contribuiu para fazer do puritanismo um dos pais da *disciplina militar* moderna. (Sobre Maurício de Orange como criador das modernas instituições militares, ver Roloff em *Preuß. Jahrb.*, 1903, vol. III, p. 255). Os *ironsides* de Cromwell, conduzidos em trote acelerado contra o inimigo, com a pistola engatilhada na mão, mas sem disparar, eram superiores aos "cavaleiros" não por uma paixão de dervixes, e sim por seu autocontrole sóbrio, que sempre os mantinha sob o comando do líder, enquanto os cavaleiros, com seus ataques impetuosos, sempre dissolviam a própria tropa em átomos. Informações a respeito em Firth, *Cromwells Army*.

83. Ver especialmente Windelband, Über *Willensfreiheit*, p. 77 ss.

84. Porém, não de maneira tão pura. Contemplações, ocasionalmente relacionadas a sentimentos, muitas vezes se cruzam com esses elementos racionais. Contudo, por sua vez, a contemplação também é *metodicamente* regulamentada.

85. De acordo com Richard Baxter, *pecaminoso* é *tudo* o que vai contra a *reason* que Deus nos deu como norma: não apenas as paixões de conteúdo pecaminoso, mas todos os afetos de algum modo insensatos ou imoderados *como tais*, pois destroem a *countenance* e, como processos próprios da criatura, impedem-nos de referir nossas ações e nossos sentimentos a Deus, causando-lhe ofensa. Cf. por exemplo o que foi dito sobre a pecaminosidade da ira (*Christian Directory*, 2ª ed., 1678, I, p. 285. Tauler também é citado na p. 287). Sobre a pecaminosidade do *medo*, ibidem, p. 287, col. 2. O fato de nosso *apetite* ser considerado veneração da criatura (*idolatry*) quando é "rule or measure of eating" [a regra ou medida do comer] é discutido com ênfase em vários trechos da mesma obra (I, p. 310, 316, col. 1). Por ocasião dessas argumentações, costumam ser citados, além dos Provérbios de Salomão, que sempre recebem destaque, o *De tranquillitate animi*, de Plutarco, e não raro os escritos ascéticos da Idade Média, São Bernardo, Boaventura, entre outros. Dificilmente a oposição a "quem não gosta de vinho, mulher e música..." poderia ser formulada de maneira mais direta do que com a extensão do conceito de *idolatry* a *todos* os prazeres sensoriais, desde que não se justifiquem por razões de *higiene*, caso em que (como o esporte, considerado nesses limites, mas também outras *recreations*) são admissíveis (a esse respeito, ver mais adiante). Note-se que as fontes citadas aqui e alhures não são obras dogmáticas nem de edificação, mas desenvolvidas a partir da prática pastoral e, portanto, constituem uma boa imagem da direção em que esta atuava.

86. Eu lamentaria — que se diga de passagem — se em minha exposição se lesse algum tipo de *valoração*, seja de uma ou de outra forma de religiosidade. Ela está muito longe disso. Trata-se apenas do *efeito* de determinados caracteres, talvez relativamente periféricos para a valoração puramente religiosa, mas importantes para o comportamento prático.

87. A esse respeito, ver em particular o artigo "Moralisten, englische", de E. Troeltsch em *R. E. f. Prot. Th. u. K.*, 3ª ed.

88. A influência que tiveram os conteúdos de consciência e as situações religiosas *bastante concretas*, que aparecem como "casualidade histórica", mostra-se com particular clareza no fato de que nos círculos do pietismo, surgidos na base da Reforma, chega-se a *lamentar*, por exemplo, a falta de mosteiros, e de que os experimentos "comunistas" de Labadie, entre outros, constituíam simplesmente um sucedâneo à vida no claustro.

89. É o que se constata já em algumas confissões da própria época da Reforma. Mesmo Ritschl (*Pietismus*, I, p. 158 ss.), embora considere a evolução ulterior uma degeneração das ideias da Reforma, não contesta que, por exemplo, na *Conf. Gall.*, 25, 26, na *Conf. Belg.*, 29, na *Conf. Helv.*, post 17, "a Igreja particular reformada é definida com características bastante empíricas, e não são contados como parte dessa verdadeira Igreja os fiéis *sem o atributo de uma atividade moral*" (a esse respeito, ver supra, nota 43).

90. "Bless God that we are not of the many" [Bendito seja Deus porque não fazemos parte da maioria] (Th. Adams, *W. of the Pur. Div.*, p. 138).

91. Desse modo, o conceito historicamente tão importante de *birthright* [direito inato] encontrou na Inglaterra um apoio considerável: "The first born which are written in heaven [...] As the first born is not to be defeated in his inheritance and the enrolled names are never to be obliterated, so certainly shall they inherit eternal life" [Os primogênitos que estão escritos no céu (...) Assim como o primogênito não deve ser destituído de sua herança e os nomes inscritos jamais devem ser esquecidos, certamente eles herdarão a vida eterna] (Th. Adams, *W. of Pur. Div.*, p. XIV).

92. Em teoria, mas certamente não na prática, o sentimento luterano do *arrependimento* pronto à expiação é intrinsecamente estranho ao calvinismo asceticamente desenvolvido. Para ele, do ponto de vista ético, é algo sem valor que em nada ajuda os condenados, e para aquele que tem certeza de sua eleição, o pecado que eventualmente venha a confessar a si próprio é um sintoma de atraso no desenvolvimento e de santificação incompleta, que ele, em vez de se arrepender, *odeia* e tenta superar agindo em favor da glória de Deus. Cf. as considerações de Howes (que foi capelão de Cromwell de 1656 a 1658) em "Of men's enemity against God and of reconciliation between God and Man", *Works of the English Puritan Divines*, p. 237: "The carnal mind is *enemity* against God. It is the mind, therefore, not as speculative merely, but as practical and active, that must be renewed. (ibidem, p. 246): Reconciliation [...] must begin in 1) a deep conviction [...] of your former *enemity* [...] I have been *alienated* from God [...] 2) (p. 251) a clear and lively apprehension [...] of the monstrous iniquity and wickedness thereof" [A mente carnal é animosidade contra Deus. Portanto, é a mente que deve ser renovada, não como meramente especulativa, mas como algo prático e ativo. (ibidem, p. 246): A reconciliação (...) deve começar por 1) uma profunda convicção (...) de sua animosidade anterior (...) Estive alienado de Deus (...) 2) (p. 251) uma compreensão clara e vívida (...) de sua monstruosa iniquidade e vilania]. Aqui se fala apenas do ódio ao pecado, não ao pecador. Porém, a famosa carta da duquesa Renata d'Este (mãe de "Leonor") a Calvino — na qual, entre outras coisas, fala do ódio que sentiria do pai e do marido *caso* se convencesse de que pertenciam aos réprobos — mostra a transferência desse sentimento à pessoa e, ao mesmo tempo, constitui um exemplo do que antes foi dito a respeito do modo como a doutrina da predestinação fazia com que o indivíduo se desprendesse internamente dos vínculos com as comunidades, formados a partir do sentimento "natural".

93. "None but those who give evidence of being *regenerated or holy* persons, ought to be received or counted fit members of visible churches. Where this is wanting, *the very essence of a church is lost*" [Somente aqueles que demonstram ter-se regenerado ou se tornado pessoas santas deveriam ser recebidos pelas igrejas visíveis ou contados como membros adequados a elas. Onde essa condição é inexistente, a essência de uma igreja é perdida], formula Owen, calvinista independente, vice-chanceler de Oxford sob Cromwell (*Inv. into the origin of Ev. Ch.*). Ver também o artigo seguinte.

94. Ver o artigo seguinte.

95. *Cat. Genev.* 149. Bailey, *Praxis pietatis*, p. 125: "Na vida, devemos agir como se ninguém além de Moisés tivesse autoridade sobre nós.".

96. "Os reformados veem a lei como norma ideal, enquanto os luteranos sentem-se derrubados por ela, pois a veem como norma inalcançável." Os luteranos a dispuseram *no início* de seu catecismo, antes do Evangelho, a fim de despertar a necessária *humildade*; nos catecismos reformados ela costuma aparecer *após* o Evangelho. Os reformados acusavam os luteranos de terem "verdadeiro pavor de se tornarem santos" (Möhler), enquanto os luteranos acusavam os reformados de "submissão servil à lei" e arrogância.

97. *Studies and reflections of the Great Rebellion*, p. 79 ss.

98. Entre esses elementos não se pode esquecer especialmente o *Cântico dos cânticos* — em geral, ignorado pelos puritanos —, cujo erotismo oriental contribuiu, por exemplo, para determinar o desenvolvimento do tipo de religiosidade de São Bernardo.

99. Sobre a necessidade desse autocontrole, ver, por exemplo, o já citado sermão de Charnock sobre 2 Cor 13,5 em *Works of the Pur. Div.*, p. 161 ss.

100. A maioria dos teólogos moralistas o aconselha. Assim, Baxter, *Christ. Directory*, II, p. 77 ss., que, no entanto, não dissimula os "perigos".

101. Por certo, a contabilidade moral também foi amplamente difundida em outros lugares. No entanto, faltava a *ênfase* que fazia dela o único meio de *conhecer* o decreto eterno de eleição ou condenação e, por conseguinte, a *recompensa* psicológica decisiva a quem se preocupa com esse "cálculo" e o leva em consideração.

102. *Essa* era a diferença decisiva em relação a outros comportamentos aparentemente semelhantes.

103. Também Baxter (*Saint's everlasting rest*, c. XII) explica a *invisibilidade* de Deus com a seguinte observação: assim como se pode usar a correspondência para fazer um bom negócio com um estranho nunca visto, também se pode usar o "bem-aventurado comércio" para adquirir junto ao Deus invisível "uma pérola preciosa". Essas metáforas comerciais, em vez daquelas forenses, usadas pelos moralistas mais antigos e pelo luteranismo, são bastante características do puritanismo, que, no final das contas, deixa ao homem "negociar" sua própria bem-aventurança. Cf. também o seguinte trecho de um sermão: "We reckon the value of a thing by that which a wise man will give for it, who is not ignorant of it nor under necessity. Christ, the Wisdom of God, gave himself, his own precious blood, to redeem souls and he knew what they were and had no need of them" [Calculamos o valor de uma coisa segundo o que por ela daria um homem sábio, que dela não fosse ignorante nem se encontrasse

em situação de necessidade. Cristo, a Sabedoria de Deus, deu a si mesmo seu próprio sangue precioso para salvar almas, e ele sabia o que elas eram e não precisava delas] (Matthew Henry, "The worth of the soul", *Works of the Pur. Div.*, p. 313).

104. Lutero, ao contrário, já dizia: "Chorar antecede o agir, e sofrer supera todo fazer.".

105. Isso também se manifesta com a máxima clareza no desenvolvimento da teoria ética do luteranismo. A esse respeito, ver Hoennicke, *Studien zur altprotestantische Ethik*, Berlim, 1902, bem como a instrutiva resenha de E. Troeltsch, *Gött. Gel. Anz.*, 1902, nº 8. Na forma, a doutrina luterana se aproximava muito da calvinista *ortodoxa*, especialmente da mais antiga; no entanto, sua diferente orientação religiosa sempre acabava por se impor. A fim de estabelecer um vínculo entre a moralidade e a fé, por intermédio de Melanchthon o conceito de *penitência* foi colocado em primeiro plano. A penitência produzida pela lei tem de anteceder a fé, mas as boas obras devem suceder a ela; do contrário — segundo uma formulação quase puritana —, essa penitência não será a verdadeira fé que justifica. Para ele, certa medida de relativa perfeição poderia ser alcançada também na Terra; aliás, originariamente, Melanchthon chegou a ensinar que a justificação ocorre para tornar o homem capaz de boas obras e que no crescente aperfeiçoamento já existe pelo menos aquele tanto de bem-aventurança terrena que a fé pode garantir. De modo bastante análogo ao que ocorreu entre os reformados, também entre os dogmáticos luteranos ulteriores exprimiu-se a ideia de que boas obras são os *frutos* necessários da fé. A questão sobre o que seriam "boas obras" já Melanchthon respondera, e mais ainda os luteranos depois dele, referindo-se cada vez mais à lei. Como reminiscência das primeiras ideias de Lutero, restou apenas a menor seriedade conferida à bibliocracia, especialmente à orientação pelas normas pontuais do Antigo Testamento. Em sua essência e enquanto codificação dos mais importantes princípios da lei moral *natural*, o Decálogo permaneceu como norma para a ação humana. *Contudo*, não havia nenhuma ponte segura que ligasse sua validade estatutária à importância cada vez mais enfatizada e exclusiva da *fé* para a justificação, até porque essa fé — ver acima — tinha um caráter psicológico totalmente diferente da fé calvinista. O ponto de vista genuinamente luterano do primeiro período fora abandonado, e teve de sê-lo por uma Igreja que se considerava uma instituição de salvação, mas não foi substituído por outro. Em particular, por temor de perder o fundamento dogmático (*sola fide!*), não se podia alcançar a racionalização ascética da vida como missão moral do indivíduo. Pois faltava justamente um estímulo que alçasse a ideia de *comprovação* à mesma importância dada no calvinismo pela doutrina da predestinação. Também a interpretação mágica dos sacramentos — que concordava com a ausência dessa *doutrina* —, especialmente a associação da *regeneratio* — ou pelo menos de seu início — com o *batismo*, além da aceitação do *universalismo* da graça, tinha de opor-se ao desenvolvimento da moralidade metódica, pois atenuava a distância entre o *status naturalis* e o estado de graça, sobretudo com a forte ênfase luterana dada ao pecado original. Não menos importante foi a atuação da interpretação *exclusivamente forense* do ato de justificação, que pressupunha que os decretos de Deus poderiam ser modificados pela influência do ato *concreto* de penitência do pecador convertido. Entretanto,

justamente essa interpretação foi cada vez mais enfatizada por Melanchthon. Toda essa mudança em sua doutrina, que se manifesta na importância crescente da *penitência*, estava intimamente ligada à sua profissão de fé no "livre-arbítrio". Todas essas circunstâncias determinaram o caráter *não* metódico da conduta de vida luterana. Para o luterano médio, atos *concretos* de graça para pecados concretos — já pelo fato de se ter conservado a confissão — tinham de constituir o conteúdo da salvação, não o desenvolvimento de uma aristocracia de santos que criasse para si mesma a certeza de sua salvação. Desse modo, não se pôde chegar a uma moralidade livre da lei nem a uma *ascese* racional, orientada de acordo com a lei; ao contrário, como estatuto e exigência ideal, a lei permaneceu inorgânica ao lado da "fé". Além do mais, uma vez que se temia a bibliocracia estrita como santificação pelas obras, essa lei também se mostrou bastante incerta, vaga e sobretudo assistemática em seu conteúdo mais preciso. No entanto, como disse Troeltsch (op. cit.) a respeito da teoria ética, a vida permaneceu uma "soma de meras tentativas, nunca inteiramente bem-sucedidas", que, "presas à fragmentação de instruções isoladas e incertas", não estavam orientadas a "influir em uma totalidade de vida coerente". Em essência, de acordo com a evolução já iniciada por Lutero (ver acima), essas tentativas representavam, nas pequenas e nas grandes coisas, uma resignação com a situação dada. *Além de* determinados destinos políticos da nação, a tão lamentada "resignação" dos alemães com culturas estrangeiras e sua rápida mudança de nacionalidade devem ser atribuídas, em grande parte, *também* a essa evolução que ainda hoje repercute em todas as relações de nossa vida. A assimilação subjetiva da cultura permaneceu fraca *porque* ocorreu essencialmente mediante a aceitação passiva do que era apresentado de forma "autoritária".

106. Sobre esses argumentos, ver o livro anedótico de Tholuck, *Vorgeschichte des Rationalismus*.

107. Sobre o efeito totalmente diferente da doutrina *islâmica* da predestinação (ou melhor, da *predeterminação*) e seus fundamentos, ver a dissertação em teologia anteriormente citada (Heidelberg) de F. Ullrich: *Die Vorherbestimmungslehre im Islam und Christentum*, 1912. Sobre a doutrina da predestinação dos jansenistas, ver *P. Honigsheim*, op. cit.

108. Ver a respeito o artigo seguinte desta coleção.

109. Ritschl, *Geschichte des Pietismus*, I, p. 132, tenta traçar esse limite para o período anterior a Labadie (de resto, apenas com base em exemplos holandeses), a partir dos seguintes critérios: I. os pietistas formavam conventículos; II. cultivavam o conceito da "nulidade da existência, criada de modo contraditório ao interesse evangélico na bem-aventurança"; III. buscavam "a certeza da graça na relação afetuosa com o Senhor Jesus" de maneira oposta à dos reformados. No que se refere a esse período inicial, a última característica é válida apenas para *um* dos representantes do pietismo tratados por ele; o conceito da "nulidade da criatura" era, em si, filho legítimo do espírito calvinista, e somente quando conduzia na prática à fuga do mundo é que se desviava do caminho do protestantismo normal. Por fim, os conventículos foram

instituídos, em certa extensão, pelo sínodo de Dordrecht (em especial para fins de catequese). Das características de devoção pietista, analisadas por Ritschl no estudo precedente, poderiam ser consideradas: 1. o "precisismo" submisso com o qual a letra da Bíblia era seguida em todos os *aspectos externos* da vida, como ocasionalmente sustentado por Gisbert Voët; 2. a abordagem da justificação e da reconciliação com Deus não como fim em si, mas como mero *recurso* para a vida santa e ascética, como talvez se encontre em Lodensteyn, mas também conforme já indicado, por exemplo, em Melanchthon (cf. nota 105 acima); 3. o grande apreço pela "luta penitencial" como característica da autêntica regeneração, tal como ensinado primeiramente por W. Teellinck; 4. abstenção da Eucaristia quando dela participassem pessoas não regeneradas (falaremos a respeito em outro contexto) e, relacionada a isso, a formação de conventículos fora dos limites estabelecidos pelo cânone de Dordrecht, bem como a restauração da "profecia", ou seja, da interpretação das Escrituras também por não teólogos e até mesmo por mulheres (Anna Maria Schürmann). Todos esses são fatos que representam desvios, em parte consideráveis, da doutrina e da prática dos reformadores. No entanto, diante das correntes não incluídas por Ritschl em sua exposição, especialmente a dos puritanos ingleses, esses desvios, *exceto* o terceiro, representam apenas uma intensificação das tendências presentes em toda a evolução dessa religiosidade. A objetividade do estudo de Ritschl sofre pelo fato de que o grande erudito traz em si seus juízos de valor de orientação político-eclesiástica ou, melhor dizendo, político-religiosa e, em sua antipatia por toda religiosidade especificamente *ascética*, interpreta toda evolução nesse sentido como uma recaída no "catolicismo". Contudo, como o catolicismo, o antigo protestantismo também incluía *all sorts and conditions of men*; mesmo assim, a *Igreja* Católica rejeitou o rigorismo da ascese intramundana em sua forma jansenista, do mesmo modo como o pietismo refutou o quietismo especificamente católico do século XVII. Em todo caso, para nossas considerações especiais, o pietismo só se transforma em algo diferente, não em sentido quantitativo, mas qualitativo, quando o elevado temor perante o mundo conduz à fuga da vida profissional na economia privada, ou seja, à formação de conventículos com base monástico-comunista (Labadie), ou ainda — o que os contemporâneos criticavam em alguns pietistas extremistas — a *negligenciar* deliberadamente o trabalho profissional mundano em favor da contemplação. Naturalmente, essa consequência mostrava-se com particular frequência quando a contemplação começava a assumir o caráter que Ritschl designou como "bernardismo", pois aparece pela primeira vez na interpretação que São Bernardo faz do Cântico dos cânticos: uma religiosidade sentimental mística, que busca alcançar uma *unio mystica* de coloração cripto-sexual. Já do ponto de vista da pura psicologia religiosa, sem dúvida, ela representa um *aliud* perante a religiosidade reformada, mas *também* perante sua expressão *ascética* em homens como Voët. Ritschl, entretanto, busca sempre combinar esse quietismo com a ascese pietista e, assim, levá-la à mesma condenação, apontando toda citação da mística ou da ascese católica que encontra na literatura pietista. Contudo, mesmo os teólogos moralistas ingleses e holandeses acima de qualquer suspeita citam Bernardo, Boaventura e Thomas de Kempis. Em todas as igrejas da Reforma, a relação com o passado católico era muito complexa e, dependendo do ponto de vista que se coloca em primeiro plano, uma ou outra igreja

— ou seja, respectivamente, determinados aspectos de uma ou outra — aparece como mais próxima do catolicismo.

110. O instrutivo artigo "Pietismus", de Mirbt, na terceira edição da *Realenz. f. Port. Theol. u. K.*, deixa totalmente de lado os antecedentes reformados ao tratar do pietismo simplesmente como uma experiência religiosa e pessoal de Spener, o que causa certa estranheza. Como introdução ao pietismo, ainda é digna de leitura a descrição de Gustav Freytag em *Bildern aus der deutschen Vergangenheit*. Para os primórdios do pietismo inglês na literatura contemporânea, cf. por exemplo: W. Whitaker, *Prima institutio disciplinaque pietatis* (1570).

111. Como se sabe, essa visão capacitou o pietismo a ser um dos principais portadores da ideia de *tolerância*. A esse respeito, que me seja permitido fazer aqui algumas inserções. Se não levarmos em conta a *indiferença* humanista do Iluminismo, que por si só nunca exerceu uma grande influência prática, do ponto de vista histórico, essa ideia de tolerância surgiu no Ocidente a partir das seguintes fontes principais: 1. razão de Estado puramente política (arquétipo: Guilherme de Orange); 2. o mercantilismo (particularmente evidente, por exemplo, em Amsterdã e nas inúmeras cidades, entre os senhores de terra e potentados que admitiram os sectários como portadores valiosos do progresso econômico); 3. a mudança radical da religiosidade calvinista. No fundo, a predestinação excluía o fato de que o Estado realmente favorecesse a religião por meio da intolerância. Desse modo, era incapaz de salvar almas; apenas a ideia da *honra de Deus* levava a Igreja a requerer seu apoio para reprimir a heresia. Quanto maior a importância dada ao fato de que o pregador e todos os participantes da Eucaristia deveriam pertencer aos eleitos, mais insuportável se tornava toda intromissão estatal na nomeação dos pregadores e na distribuição das paróquias como se fossem prebendas a alunos universitários talvez não regenerados, apenas porque tinham formação teológica; insuportável também era, de modo geral, toda ingerência nos assuntos da comunidade por parte dos políticos no poder, comumente censuráveis quanto à sua conduta. O pietismo reformado reforçou esse ponto de vista ao desvalorizar a retidão dogmática e minar aos poucos o princípio *extra ecclesiam nulla salus* [fora da Igreja não há salvação]. *Calvino* havia considerado a *submissão* dos réprobos à instituição divina da Igreja a única solução compatível com a glória de Deus. Na Nova Inglaterra buscou-se constituir a Igreja como uma aristocracia dos santos comprovados. Os independentes radicais, porém, recusavam toda intromissão de autoridades civis ou hierárquicas de qualquer ordem no exame da "comprovação", que só podia ser feito dentro de *cada* comunidade. A ideia de que a glória de Deus exigia que também os réprobos fossem submetidos à disciplina da Igreja foi suplantada por outra — igualmente existente desde o início, mas acentuada com paixão cada vez maior —, segundo a qual se ofende a glória de Deus ao partilhar a Eucaristia com um réprobo. Isso deveria conduzir ao voluntarismo, pois conduziu à *believers' Church*, comunidade religiosa que compreendia apenas os regenerados. O batismo calvinista, ao qual pertencia, por exemplo, Praisegod Barebone, líder do "Parlamento dos santos", tirou as conclusões mais decisivas dessa série de conceitos. O exército de Cromwell defendeu a liberdade de consciência, e o Parlamento dos "santos" chegou

a manifestar-se a favor da separação entre Estado e Igreja *porque* seus adeptos eram pietistas devotos, ou seja, por razões *positivo*-religiosas. 4. Desde o início de sua existência, as *seitas anabatistas* — que abordaremos posteriormente e que de longe são as mais coerentes do ponto de vista interno — se ativeram ao princípio de que apenas os pessoalmente regenerados podem ser admitidos na comunidade eclesiástica; por essa razão, abominam todo caráter "institucional" da Igreja e toda intervenção do poder mundano. Portanto, também nesse caso foi uma causa *positivo-religiosa* que produziu a exigência da tolerância absoluta. O primeiro que, quase uma geração antes dos batistas e duas gerações antes de Roger Williams, defendeu a tolerância absoluta *e* a separação entre Estado e Igreja por razões semelhantes foi John Browne. A primeira declaração de uma comunidade religiosa nesse sentido parece ser a resolução dos batistas ingleses em Amsterdã, de 1612 ou 1613: "The magistrate is not to middle with religion or matters of conscience [...] because Christ is the King and lawgiver of the Church and conscience" [O magistrado não deve imiscuir-se em religião ou assuntos relativos à consciência (...) pois Cristo é o rei e legislador da Igreja e da consciência]. O primeiro documento oficial de uma comunidade eclesiástica que requeria como *direito* a proteção *positiva* da liberdade de consciência pelo Estado foi o artigo 44 da *Confession of the Particular Baptists*, de 1644. Vale notar e enfatizar mais uma vez que a opinião às vezes defendida de que a tolerância *como tal* favoreceu o capitalismo é completamente errônea. A tolerância religiosa não é nada especificamente moderno ou ocidental. Durante longos períodos, predominou na China, na Índia, nos grandes impérios da Ásia Ocidental na época do helenismo, no Império Romano e nos impérios islâmicos com um alcance — limitado apenas pela razão do *Estado* (que ainda hoje a limita!) — como em nenhum lugar no mundo se vira nos séculos XVI e XVII, menos ainda nas regiões em que o puritanismo *reinava*, como na Holanda e na Zelândia na época de sua ascensão político-econômica ou na Velha e na Nova Inglaterra puritanas. Antes e depois da Reforma, tal como ocorrera com o império sassânida, o Ocidente foi caracterizado pela intolerância confessional, que também predominara na China, no Japão e na Índia em épocas isoladas, mas geralmente por razões políticas. Por conseguinte, a tolerância como *tal* certamente nada tem a ver com o capitalismo. Tudo dependia de *quem se beneficiava dela*. No próximo artigo, continuaremos a tratar das consequências para a exigência da *believers' Church*.

112. Essa ideia aparece em sua aplicação prática, por exemplo, nos *tryers* de Cromwell, que eram os examinadores dos candidatos ao cargo de pregador. Buscavam avaliar menos a formação especializada em teologia do que o estado subjetivo de graça do candidato. Ver também o artigo seguinte.

113. A desconfiança característica do pietismo em relação a Aristóteles e à filosofia clássica em geral já se encontra prefigurada em Calvino (cf. *Instit.* II, cap. 2, p. 4; III, cap. 23, p. 5; IV, cap. 17, p. 24). Em Lutero, como se sabe, ela não era menor no início, mas depois tornou a ser reprimida graças à influência humanista (sobretudo de Melanchthon) e às necessidades prementes do ensino e da apologética. Naturalmente, a Confissão de Westminster (cap. I, 7), em concordância com as tradições protestantes,

também ensinava que o *necessário* para a bem-aventurança estava contido nas Escrituras de forma clara o suficiente até mesmo para quem não tivesse estudo.

114. Contra isso protestaram as igrejas oficiais. Por exemplo, em um breve catecismo da Igreja presbiteriana escocesa, de 1648, p. VII, é proibida a participação em orações domésticas de pessoas que *não* pertençam à mesma família como uma intromissão nas prerrogativas do *cargo*. Também o pietismo, como toda formação comunitária ascética, libertou o indivíduo das amarras do patriarcalismo doméstico, ligado ao interesse pelo prestígio do cargo.

115. Por boas razões, intencionalmente, não analisaremos as relações "psicológicas", no sentido *técnico* da palavra, desses conteúdos religiosos de consciência e, se possível, evitaremos empregar a terminologia correspondente. O patrimônio conceitual realmente confirmado da psicologia, incluindo a *psiquiatria*, ainda não é suficiente para poder ser utilizado diretamente para fins de pesquisa histórica no âmbito de nossos problemas sem perturbar a imparcialidade do julgamento histórico. Empregar a terminologia dessas ciências apenas levaria à tentação de cobrir fatos imediatamente compreensíveis e muitas vezes até banais com um véu de erudição diletante, repleta de estrangeirismos, e assim produzir a falsa aparência de maior exatidão conceitual, da qual Lamprecht, por exemplo, infelizmente foi um caso típico. Iniciativas mais sérias para utilizar os conceitos psicopatológicos na interpretação de certos fenômenos históricos de massa encontram-se em W. Hellpach, *Grundlinien zu einer Psychologie der Hysterie*, cap. 12, bem como em sua obra *Nervosität und Kultur*. Não me cabe aqui tentar explicar como, em minha opinião, a influência de certas teorias de Lamprecht prejudicou também esse versátil autor. Mesmo quem conhece apenas a literatura mais acessível sabe muito bem como são totalmente inúteis as observações esquemáticas de Lamprecht sobre o pietismo (no sétimo volume da *Deutsche Geschichte*) em comparação com a literatura mais antiga.

116. Assim, por exemplo, entre os seguidores do *Innige Christendom*, de Schortinghuis. Do ponto de vista da história das religiões, isso remonta à perícope do servo de Deus no Dêutero-Isaías e ao Salmo 22.

117. Nos pietistas holandeses, isso ocorreu de maneira isolada e, posteriormente, por influências *spinozistas*.

118. Labadie, Tersteegen, entre outros.

119. Isso aparece com a máxima clareza quando ele — sim, o próprio Spener! — contesta a competência da autoridade para controlar os conventículos, a não ser em casos de desordens e abusos, pois se trata de um *direito fundamental* dos cristãos, garantido pelo ordenamento apostólico (*Theologische Bedenken*, II, p. 81 ss.). Em princípio, esse é justamente o ponto de vista puritano em relação à condição e à vigência dos direitos do indivíduo que resultam do *ex jure divino* e, portanto, são inalienáveis. A Ritschl não escapou nem a esta (*Pietismus*, II, p. 157) nem a outra heresia mencionada no

texto (ibidem, p. 115). Por mais anistórica que seja a crítica positivista — para não dizer filisteia — que ele faz ao conceito de direito fundamental, ao qual, no final das contas, devemos não menos do que *tudo* o que hoje até ao *mais reacionário* parece como o mínimo de sua esfera de liberdade individual, há de se concordar com ele quanto ao fato de que, em ambos os casos, falta uma relação orgânica com o ponto de vista luterano de Spener. Os próprios conventículos (*collegia pietatis*), aos quais os célebres *Pia desideria* de Spener deram fundamentação teórica e ele deu vida na prática, correspondiam essencialmente aos *prophesyings* ingleses, tal como encontrados pela primeira vez nas *Horas bíblicas londrinas* (1547), de Jan Laski, e desde então pertencentes ao inventário permanente das formas puritanas de religiosidade, perseguidas como rebelião contra a autoridade eclesiástica. Por fim, como se sabe, ele justificou sua recusa em aceitar a disciplina eclesiástica de Genebra alegando que seu portador designado, o "terceiro Estado" (*status oeconomicus*, os cristãos laicos), *não* estava incluído na organização da Igreja luterana. Por outro lado, ao discutir a excomunhão, demonstra fraca consistência luterana ao reconhecer como representantes do "terceiro Estado" os membros mundanos do consistório, nomeados pelo soberano territorial.

120. Por si só, o *nome* "pietismo", que surge pela primeira vez em territórios luteranos, já nos diz que, segundo a concepção dos contemporâneos, seu traço característico era fazer da *pietas* uma *atividade* metódica.

121. Por certo, há de se reconhecer que essa motivação é própria sobretudo do calvinismo, mas não *exclusivamente*. É encontrada até com certa frequência nos ordenamentos *mais antigos* da Igreja luterana.

122. No sentido da Epístola aos Hebreus, 5, 13-14. Cf. Spener, *Theol. Bedenken*, I, 306.

123. Além de Bailey e Baxter (ver *Consilia theologica*, III, 6, 1, dist. 1, 47; dist. 3, 6), Spener apreciava especialmente Thomas de Kempis e, sobretudo, Tauler (de quem não compreendia tudo: *Consilia theologica*, III, 6, 1, dist. 1, 1). Para uma discussão mais detalhada do último, ver em especial *Cons. theol.*, I, 1, 1, nº 7. Para ele, Lutero deriva de Tauler.

124. Ver em Ritschl, op. cit., II, p. 113. Ele refutava a "luta penitencial" dos pietistas posteriores (e de Lutero) como único sinal decisivo da verdadeira conversão (*Theol. Bedenken*, III, p. 476). Sobre a santificação como fruto da gratidão, resultante da crença na reconciliação — uma formulação especificamente luterana —, ver as passagens citadas em Ritschl, op. cit., p. 115, nota 2. Sobre a *certitudo salutis*, ver, por um lado, *Theol. Bedenken*, I, 324: a verdadeira fé é menos *sentida emocionalmente* do que *reconhecida* por seus *frutos* (amor e obediência a Deus); e, por outro, *Theol. Bedenken*, I, p. 335 ss.: "No que se refere à preocupação sobre como assegurar-se do próprio estado de salvação e graça, é mais seguro recorrer a nossos livros (luteranos) do que aos escrevinhadores ingleses.". No entanto, sobre a essência da salvação, ele concordava com os ingleses.

125. Os diários religiosos, recomendados por A. H. Francke, também eram um sinal externo disso. O exercício metódico e o *hábito* da santificação deveriam produzir o crescimento desta e a *separação* entre os bons e os maus: esse é, por exemplo, o tema fundamental do livro *Von des Christen Vollkommenheit*, de Francke.

126. A diferença entre essa fé pietista racional na Providência e sua interpretação ortodoxa aparece de maneira característica na célebre polêmica entre os pietistas de Halle e *Löscher*, representante da ortodoxia luterana. Em seu *Timotheus Verinus*, Löscher chega a contrapor aos desígnios da Providência tudo o que é alcançado por meio da ação *humana*. Em contrapartida, o ponto de vista ao qual se atém Francke sempre foi o de considerar um "sinal divino" aquele lampejo de clareja sobre o que deve acontecer, que é resultado da *espera* tranquila de uma decisão. Essa ideia é análoga à psicologia dos *quakers* e corresponde à concepção ascética geral de que a *metódica* racional seria o caminho para aproximar-se de Deus. Contudo, Zinzendorf, que em uma de suas resoluções mais decisivas deixou ao critério da *sorte* o destino de sua comunidade, está longe da forma como Francke enxerga a fé na Providência. Spener (*Theol. Bedenken*, I, p. 314) referiu-se a *Tauler* para caracterizar a "serenidade" cristã com a qual o indivíduo deve entregar-se ao desígnio divino, sem impedi-lo com uma ação precipitada e por conta própria. Em substância, esse também é o ponto de vista de Francke. Por toda parte se manifesta claramente a atividade da religiosidade pietista, essencialmente atenuada em relação ao puritanismo e voltada a buscar a paz (neste mundo). Em oposição a isso, *first righteousness, than peace* [primeiro a integridade, depois a paz], dizia, ainda em 1904, um batista influente (G. White, em um memorando a ser citado mais adiante), ao formular o programa ético de sua denominação (*Baptist Handbook*, 1904, p. 107).

127. *Lect. paraenet.*, IV, p. 271.

128. Contra essa concepção recorrente se volta sobretudo a crítica de Ritschl. Ver o texto de Francke citado anteriormente (*Von des Christen Vollkommenheit*), que contém essa doutrina.

129. Também se encontra nos pietistas ingleses *não* predestinacionistas, como Goodwin. Sobre ele e outros, cf. Heppe, *Gesch. des Pietismus in der reformierten Kirche*, Leiden, 1879, livro que, mesmo após o *standard work* de Ritschl, continua sendo indispensável no que se refere à Inglaterra e às vezes também aos Países Baixos. Ainda no século XIX, segundo o que escreveu no livro citado no artigo seguinte, Köhler costumava ser indagado nos Países Baixos sobre o *momento* de sua regeneração.

130. Desse modo, buscava-se combater a consequência laxista da doutrina luterana sobre a possibilidade de recuperar a graça (especialmente a habitual "conversão" *in extremis*).

131. Contra a necessidade, a isso relacionada, de saber o dia e a hora da "conversão" como característica *imprescindível* de sua autenticidade, cf. Spener, *Theol. Bed.*,

II, 6, 1, p. 197. A "luta pela expiação" lhe era tão desconhecida quanto os *terrores conscientiae* de Lutero eram ignorados por Melanchthon.

132. Por certo, em paralelo também agia a interpretação antiautoritária do "sacerdócio universal", própria de toda ascese. Ocasionalmente se recomendava ao pastor que adiasse a absolvição até que se "comprovasse" o autêntico arrependimento, o que Ritschl, com razão, considera um aspecto calvinista em princípio.

133. Os pontos essenciais para nós encontram-se com mais facilidade em Plitt, *Zinzendorfs Theologie* (3 volumes, Gotha, 1869 ss.), vol. I, p. 325, 345, 381, 412, 429, 433 ss., 444, 448; vol. II, p. 372, 381, 385, 409 ss.; vol. III, p. 131, 167, 176. Cf. também Bernh. Becker, *Zinzendorf und sein Christentum* (Leipzig, 1900), 3º livro, cap. III.

134. Na verdade, ele considerava a Confissão de Augsburgo um documento apropriado da fé cristã-luterana apenas se — conforme exprimiu em sua terminologia repulsiva — nela se vertesse um "caldo para as feridas". Lê-lo é uma penitência, pois, na fraca diluição das ideias, sua linguagem causa um efeito ainda pior do que a "aguarrás de Cristo", tão assustadora para F. Th. Vischer (em sua polêmica com a *Christoterpe* de Munique).

135. "Em nenhuma religião reconhecemos como irmãos os que não tenham sido lavados pela aspersão do sangue de Cristo e *prosseguido, totalmente transformados*, na santificação do espírito. Não reconhecemos nenhuma comunidade manifesta (= visível) de Cristo, a não ser aquela em que a palavra de Deus é ensinada em sua pureza e onde seus membros, *também santificados*, vivem *em conformidade com ela* como filhos de Deus." A última frase é extraída do pequeno catecismo de Lutero; porém, como já destaca Ritschl, *nele* serve para responder à pergunta sobre como se deve santificar o nome de *Deus*, enquanto *aqui* serve para *delimitar* a Igreja dos *santos*.

136. Ver Plitt, I, p. 346. Ainda mais decisiva é a resposta, citada em Plitt (I, p. 381), à pergunta "São necessárias boas obras para a bem-aventurança?" — "Desnecessárias e nocivas para a obtenção da bem-aventurança, porém, depois que ela é alcançada, são tão necessárias que quem não as pratica tampouco é bem-aventurado." Portanto, aqui também as boas obras não constituem a causa real da bem-aventurança, e sim a causa — única! — de seu reconhecimento.

137. Por exemplo, por meio das caricaturas da "liberdade cristã", duramente criticadas por Ritschl (op. cit., III, p. 381).

138. Sobretudo enfatizando intensamente o conceito de satisfação por meio da punição na doutrina da salvação, que ele transformou em fundamento de seu método de santificação, depois que suas tentativas de aproximação missionária foram rejeitadas pelas seitas americanas. A partir desse momento, a preservação da *puerilidade* e das virtudes da resignação submissa é colocada por ele em primeiro plano como meta

da ascese dos hernutos, em forte contraste com as tendências na comunidade, que eram muito semelhantes à ascese puritana.

139. No entanto, essa influência tinha limites. Eis por que é errôneo querer encaixar a religiosidade de Zinzendorf em um nível de desenvolvimento "*psicossocial*", como ocorre em Lamprecht. Além disso, nada exerceu maior influência sobre toda a sua religiosidade do que o fato de ele ter sido um *conde* com instintos fundamentalmente feudais. Ademais, do ponto de vista "psicossocial", o *lado sentimental* dessa religiosidade conviria tanto ao período da decadência sentimental da cavalaria quanto ao da "sensibilidade". Caso se considere o ponto de vista psicossocial, pode-se compreender melhor o que a opõe ao racionalismo europeu ocidental quando se recorre aos vínculos patriarcais do Leste alemão.

140. É o que resulta das controvérsias de Zinzendorf com Dippel. Do mesmo modo, após a morte do primeiro, as declarações do Sínodo de 1764 manifestaram claramente o caráter da comunidade dos hernutos como *instituição* voltada à salvação. Ver a crítica de Ritschl a respeito, op. cit., III, p. 443 ss.

141. Cf., por exemplo, §§ 151, 153, 160. A possibilidade de a santificação não ocorrer *apesar* do verdadeiro arrependimento e do perdão dos pecados se revela em especial nas observações da p. 311 e corresponde à doutrina luterana da salvação tanto quanto contradiz a calvinista (e metodista).

142. Cf. as declarações de Zinzendorf citadas em Plitt, II. Igualmente Spangenberg, *Idea fidei*, p. 325.

143. Cf., por exemplo, a declaração de Zinzendorf citada em Plitt, III, p. 131, a respeito de Mateus 20, 28: "Quando vejo um homem ao qual Deus deu um dom apurado, alegro-me e sirvo-me desse dom com prazer. Porém, quando percebo que esse homem não está satisfeito com seu dom, mas quer torná-lo ainda mais apurado, considero isso o início da ruína dessa pessoa.". Zinzendorf justamente negava — em especial em sua conversa com John Wesley, em 1743 — o *progresso* da santificação, pois a identificava com a justificação e a encontrava *apenas* na relação com Cristo, obtida através do *sentimento*. Plitt, I, p. 413. No lugar da sensação de ser "instrumento" de Deus entra a de "possuir" o divino: portanto, mística, e não ascese (no sentido a ser tratado na introdução aos ensaios posteriores). Naturalmente, como discutiremos nessa ocasião, o *habitus* atual e *terreno* é o que também o puritano *realmente* almeja. Contudo, nele esse *habitus*, interpretado como *certitudo salutis*, é a *sensação* ativa *de ser um instrumento*.

144. No entanto, justamente devido a essa inferência, o trabalho profissional não teve um fundamento ético consistente. Zinzendorf rejeita a ideia luterana do "serviço divino" na profissão como ponto de vista *decisivo* para a fidelidade à profissão. Essa fidelidade seria, antes, uma *recompensa* pela "lealdade do Salvador a seu ofício de artesão" (Plitt, II, p. 411).

145. Sua sentença é conhecida: "Um homem sensato não deve ser incrédulo, e um homem que crê não deve ser insensato", em seu *Sokrates, d. i. Aufrichtige Anzeige verschiedener nicht sowohl unbekannter als vielmehr in Abfall geratener Hauptwahrheiten* (1725) [Sócrates, isto é, apresentação sincera de diferentes verdades primordiais, menos desconhecidas do que descartadas], além de sua predileção por escritores como Bayle.

146. A marcada preferência da ascese protestante pelo empirismo racionalizado por meio de fundamentação matemática é conhecida e, portanto, não precisa ser discutida aqui com mais detalhes. Sobre a evolução das ciências rumo à pesquisa "exata", racionalizada pela matemática, seus motivos filosóficos e sua oposição aos pontos de vista de Bacon, cf. Windelband, *Gesch. d. Philos.*, p. 305-307, sobretudo as observações no rodapé da p. 305, que com pertinência rejeitam a ideia de que as modernas ciências naturais devem ser entendidas como um *produto* de interesses materiais e tecnológicos. Por certo existem relações de extrema importância, porém, muito mais complicadas. Ver também Windelband, *Neuere Philos.*, I, p. 40 ss. O *ponto de vista* decisivo para o posicionamento da ascese protestante, tal como aparece da maneira mais clara nos *Theol. Bedenken*, I, p. 232, III, p. 260, de Spener, era: assim como se reconhece o cristão pelos *frutos* de sua fé, o reconhecimento de Deus e de seus desígnios também só pode ser obtido a partir do conhecimento de suas *obras*. Por conseguinte, a disciplina preferida de toda a cristandade puritana, anabatista e pietista era a *física* e, depois dela, outras disciplinas relacionadas à matemática e às ciências naturais que trabalhavam com método semelhante. Acreditava-se justamente que, a partir da compreensão empírica das leis divinas na natureza, seria possível alcançar o conhecimento do "sentido" do mundo, que nunca poderia ser compreendido por meio de especulações conceituais em razão do caráter fragmentário da revelação divina — e essa era uma ideia calvinista. O empirismo do século XVII foi para a ascese o meio de buscar "Deus na natureza". *Ele* parecia *conduzir* a Deus, ao passo que a especulação filosófica parecia afastar Dele. De acordo com Spener, especialmente a filosofia aristotélica foi para o cristianismo um dano fundamental. *Qualquer* outra filosofia teria sido melhor, sobretudo a *platônica*: *Cons. Theol.*, III, 6, 1, Dist. 2, nº 3. Cf. também a seguinte passagem característica: "Unde pro Cartesio quid dicam non habeo (ele não o leu), semper tamen optavi et opto, ut Deus viros excitet, qui veram philosophiam vel tandem oculis sisterent, *in qua nullius hominis attenderetur* auctoritas, sed sana tantum *magistri nescia ratio.*". Spener, *Cons. Theol.*, II, 5, nº 2. É conhecida a importância que tiveram essas concepções do protestantismo ascético para o desenvolvimento da *educação*, sobretudo a do ensino *técnico*. Associadas à posição tomada em relação à *fides implicita*, produziram seu programa pedagógico.

147. "Esse é o tipo de gente que coloca sua felicidade mais ou menos em quatro partes: 1) tornar-se [...] insignificante, desprezado, vilipendiado [...]; 2) negligenciar [...] todos os sentidos desnecessários para servir ao Senhor [...]; 3) não ter nada ou doar o que recebe [...]; 4) trabalhar *por jornada*, não pelo ganho, *mas pela profissão* e pela causa do Senhor e do próximo [...]" (*Rel. Reden*, II, p. 180, Plitt, I, p. 445.) *Nem todos* podem e devem tornar-se discípulos, apenas aqueles que o Senhor chama. No

entanto, conforme reconhece o próprio Zinzendorf (Plitt, I, p. 449), dificuldades subsistem, uma vez que o Sermão da Montanha se dirige formalmente a *todos*. Salta aos olhos a afinidade entre esse "livre acosmismo do amor" e os antigos ideais anabatistas.

148. Com efeito, a interiorização sentimental da devoção não era absolutamente estranha ao luteranismo, mesmo na época dos epígonos. *Nesse caso*, a diferença constitutiva estava, antes, no elemento *ascético*, ou seja, na regulamentação da vida, que para os luteranos tinha um sabor de "santificação pelas obras".

149. Segundo Spener (*Theol. Bedenken*, I, 324), um "temor no coração" seria melhor sinal da graça do que a "certeza". Entre os autores puritanos também encontramos advertências explícitas contra a "falsa certeza", mas ao menos a doutrina da predestinação, à medida que sua influência determinou a prática pastoral, sempre agiu no sentido oposto.

150. Pois em toda parte o efeito *psicológico* da manutenção da confissão era *dispensar* o indivíduo da responsabilidade por sua conduta — eis por que era procurada — e, por conseguinte, da rigorosa consequência das exigências ascéticas.

151. Em sua exposição sobre o pietismo de Württemberg (vol. III da obra várias vezes citada), Ritschl já indicou a forte influência que fatores puramente *políticos* tiveram também no *tipo* de devoção pietista.

152. Ver a passagem de Zinzendorf, citada na nota 147.

153. Sem dúvida, o calvinismo, pelo menos o genuíno, também é "patriarcal". E a relação entre o êxito da atividade de Baxter e o caráter de indústria doméstica em Kidderminster aparece claramente em sua autobiografia. Ver o trecho citado em *Works of the Pur. Divines*, p. XXXVIII: "The town liveth upon the weaving of Kidderminster stuffs, and as they stand in their loom, they can set a book before them, or edify each other [...]". [A cidade vive de tecer os produtos de Kidderminster, e estando sentadas diante de seu tear, as pessoas podem colocar um livro à sua frente ou entabular conversas edificantes (...)]. Contudo, o patriarcalismo no terreno da ética reformada e, mais ainda, da ética anabatista tem uma configuração diferente daquele no terreno do pietismo. Esse problema só pode ser discutido em outro contexto.

154. *Lehre von der Rechtfertigung und Versöhnung*, 3ª ed., I, p. 598. Se Frederico Guilherme I definiu o pietismo em geral como um assunto adequado para *rentistas*, isso certamente descreve mais esse rei do que o pietismo de Spener e Francke, e o rei também sabia muito bem por que abria a ele seus Estados com seu edito de tolerância.

155. Para uma orientação introdutória no conhecimento do metodismo, o excelente artigo "Methodismus" de Loofs na *Real-Encykl. f. Prot. Theol. u. K.*, 3ª ed., é bastante apropriado. Os trabalhos de Jacoby (especialmente o *Handbuch des Methodismus*),

Kolde, Jüngst e Soythey também são úteis. Sobre Wesley: *Tyerman, life and times of John W.* Londres, 1870 ss. O livro de Watson (*Life of W.*, também em tradução) é popular. Uma das melhores bibliotecas sobre a história do metodismo encontra-se na Northwestern University, em Evanston (Chicago). O poeta religioso Isaac Watts, amigo do capelão de Oliver Cromwell (Howe) e mais tarde de Richard Cromwell, formou uma espécie de elo entre o puritanismo clássico e o metodismo. Whitefield teria buscado seu conselho (cf. Skeats, p. 254 ss.).

156. Sem levar em conta as influências pessoais dos Wesley, esse parentesco é historicamente condicionado, por um lado, pelo fim do dogma da predestinação e, por outro, pelo vigoroso e novo despertar da *sola fide* entre os fundadores do metodismo, mas motivado sobretudo por seu específico caráter *missionário*, que conduzia a uma restauração (reformuladora) de certos métodos medievais da pregação destinada a "despertar" e os combinava com formas pietistas. Esse fenômeno — que nesse aspecto ficava atrás não apenas do pietismo, mas também da devoção bernardina da Idade Média — certamente não pertence a uma linha *geral* de evolução rumo ao "subjetivismo".

157. Assim o próprio Wesley caracterizou ocasionalmente o efeito da fé metodista. A afinidade com a "bem-aventurança" de Zinzendorf é evidente.

158. Ver a declaração, por exemplo, em *Leben Wesleys* (edição alemã), p. 331.

159. J. Schneckenburger, *Vorlesungen über die Lehrbegriffe der kleinen protestantischen Kirchenparteien*, ed. por Hundeshagen. Frankfurt, 1863, p. 147.

160. Whitefield, líder do grupo predestinacionista que se desfez após sua morte por ser desorganizado, refutou a doutrina de Wesley sobre a "perfeição" em seus pontos essenciais. De fato, ela é apenas um *sucedâneo* da ideia calvinista da comprovação.

161. Schneckenburger, op. cit., p. 145. Um pouco diferente, Loofs, op. cit. Ambas as consequências são típicas de toda religiosidade com estrutura semelhante.

162. Segundo a conferência de 1770. Já a primeira conferência, de 1744, reconhecera que tanto o calvinismo, por um lado, quanto o antinomismo, por outro, não se distanciavam nem um milímetro das palavras da Bíblia. Por serem obscuras, concluiu-se que não se deveria produzir uma cisão por diferenças doutrinais enquanto a validade da Bíblia fosse mantida como norma *prática*.

163. A doutrina dos metodistas sobre a possibilidade da perfeição sem pecado os *separava* dos hernutos, doutrina essa que também era rejeitada especialmente por Zinzendorf, enquanto, por outro lado, Wesley sentia o aspecto sentimental da religiosidade dos hernutos como "místico" e definia como "blasfemas" as opiniões de Lutero sobre a "lei". Aqui se mostra o limite que inevitavelmente persistia entre toda espécie de conduta de vida religiosa *racional* e o luteranismo.

164. John Wesley destaca ocasionalmente que por toda parte — entre *quakers*, presbiterianos e anglicanos — é preciso acreditar em *dogmas*, menos entre os metodistas. A esse respeito, cf. também a exposição, ainda que sucinta, de Skeats, *History of the free churches of England 1688-1851*.

165. Cf., por exemplo, Dexter, *Congregationalism*, p. 455 ss.

166. Contudo, naturalmente *pode* prejudicar, como ocorre hoje entre os negros americanos. De resto, além das razões puramente históricas e da publicidade do processo, o caráter com frequência acentuadamente patológico da emoção metodista em oposição à tendência sentimental relativamente branda do pietismo *talvez* esteja ligado a uma penetração mais forte da *ascese* na vida dos territórios onde se difundiu o metodismo. Porém, uma decisão a esse respeito caberia apenas a neurologistas.

167. Loofs, op. cit., p. 750, destaca expressamente que o metodismo se distingue de outros movimentos ascéticos pelo fato de ser *posterior* à época do Iluminismo na Inglaterra e o compara ao renascimento do pietismo na Alemanha (obviamente bem menos pronunciado), no primeiro terço do século XIX. Porém, de todo modo, seguindo Ritschl (*Lehre der Rechtfertigung und Versöhnung*, vol. I, p. 568 ss.), será lícito traçar um paralelo com a versão de pietismo própria de Zinzendorf, que, ao contrário daquela de Spener e Franck, *também* já era uma reação ao Iluminismo. Porém, como vimos, justamente essa reação toma no metodismo um rumo bem diferente do que aconteceu na comunidade dos hernutos, pelo menos enquanto foi influenciada por Zinzendorf.

168. No entanto, como bem mostra o trecho extraído de John Wesley (citado abaixo), ele desenvolveu essa ideia do mesmo modo e com o mesmo efeito que as outras denominações ascéticas.

169. E — conforme demonstrado — *atenuações* da coerente ética ascética do puritanismo; por outro lado, se quisessem interpretar essas concepções religiosas, tal como se costuma fazer hoje, apenas como "expoentes" ou "reflexos" do desenvolvimento capitalista, deveria ocorrer *justamente o contrário*.

170. Dos batistas, somente os chamados *general baptists* remontam aos antigos anabatistas. Como já dito anteriormente, os *particular baptists* eram calvinistas que, em princípio, limitavam a condição de membro da Igreja aos regenerados ou aos que *pessoalmente* haviam aderido a essa confissão; por isso, em linha de princípio, permaneceram voluntaristas e se opuseram a todas as igrejas estatais — por certo, sob Cromwell, nem sempre foram coerentes na prática. Contudo, tanto eles quanto os *general baptists*, por mais importantes que tenham sido do ponto de vista histórico como portadores da tradição anabatista, não nos dão aqui nenhuma ocasião para uma análise dogmática particular. Não há dúvida de que os *quakers*, que formalmente constituíam uma nova instituição fundada por George Fox e seus colegas, em seus conceitos fundamentais eram meros seguidores da tradição anabatista.

A melhor introdução à sua história, que ao mesmo tempo ilustra sua relação com os batistas e os menonitas, foi feita por Robert *Barclay, The Inner Life of the Religious Societies of the Commonwealth*, 1876. Sobre a história dos batistas, cf. entre outros H. M. *Dexter, The True Story of John Smyth, the Se-Baptist, as Told by Himself and his Contemporaries*, Boston, 1881 (a esse respeito, J. C. Lang em *Bapt. Quart. R.*, 1883, p. 1 ss.). J. *Murch, A Hist. of the Presb. and Gen. Bapt. Ch. In the W. of Engl.*, Londres, 1835. A. H. *Newman*, "Hist. of the Bapt. Ch. in the U. S.", Nova York, 1894 (*Am. Church Hist. Ser.*, vol. 2); *Vedder, A Short Hist. of the Baptists*, Londres, 1897; E. B. *Bax, Rise and Fall of the Anabaptists*, Nova York, 1902; G. *Lorimer, Baptists in History*, 1902; J. A. *Seiss, Baptist system Examined*, Luth. Publ. S., 1902; mais material em *Baptist Handbook*, Londres, 1896 ss.; *Baptist Manuals*, Paris, 1891/3; *Baptist Quart. Review*; *Biblioteca Sacra* (Oberlin, 1900). A melhor biblioteca *batista* parece encontrar-se no Colgate College, no Estado de Nova York. Para a história dos *quakers*, considera-se a melhor coleção a de Devonshire House, em Londres (não utilizada por mim). O moderno órgão oficial da ortodoxia é o *American Friend*, editado pelo professor *Jones*, e a melhor história *quaker*, a de Rowntree. De resto: Rufus B. Jones, *George Fox, an Autobiography*, Filadélfia, 1903; Alton C. Thomas, *A Hist. of the S. of Friends in America*, Filadélfia, 1895; Eduard *Grubb, Social Aspects of Quaker Faith*, Londres, 1899. A esse respeito, ver a extensa e excelente literatura *biográfica*.

171. É um dos muitos méritos da *Kirchengeschichte* de Karl Müller ter reservado ao movimento anabatista — grandioso à sua maneira, ainda que externamente discreto — um merecido lugar em sua exposição. Como nenhum outro, esse movimento sofreu a perseguição impiedosa por parte de *todas* as igrejas, justamente por *querer* ser uma *seita* no sentido específico da palavra. Mesmo após cinco gerações, ele continuou desacreditado no mundo inteiro (inclusive na Inglaterra) devido ao resultado desastroso de sua orientação escatológica em Münster. Sempre reprimido e acuado, somente muito depois de seu surgimento conseguiu formular com coerência o conteúdo de seu *pensamento* religioso. Desse modo, produziu ainda menos "teologia" do que teria sido compatível com seus princípios por si só hostis a tratar a fé em Deus como uma "ciência" especializada. Isso despertou pouca simpatia nos teólogos profissionais mais antigos — e mesmo nos de sua época — e pouco os impressionou. Porém, mesmo com teólogos mais recentes, a situação não foi diferente. Em Ritschl, *Pietismus*, I, p. 22 ss., por exemplo, os "anabatistas" são tratados com pouca imparcialidade e até de modo desdenhoso; o indivíduo sente-se tentado a falar a partir de um "ponto de vista burguês" em matéria de teologia. No entanto, décadas antes já existia a bela obra de Cornelius (*Geschichte des Münsterschen Aufruhrs*). Também nesse caso Ritschl constrói, a partir de seu ponto de vista, um colapso no "catolicismo" e fareja influências diretas dos espirituais e dos observantes franciscanos. Ainda que essas influências pudessem ser comprovadas em casos isolados, os fios seriam muito finos. E, sobretudo, há o fato histórico de que a Igreja Católica oficial tratou com extrema desconfiança a ascese *intra*mundana dos laicos, sempre que esta conduzia à formação de conventículos, e tentava orientá-la para a formação de ordens religiosas — ou seja, para *fora* do mundo — ou ainda a incorporava intencionalmente como ascese de segundo grau às ordens constituídas e as submetia a seu controle. Quando

não o conseguiu, também farejou o perigo de que a prática da moralidade ascética subjetivista poderia levar à negação da autoridade e à heresia, como fez — com igual direito — a Igreja elisabetana em relação aos *prophesyings*, os conventículos bíblicos semipietistas, mesmo quando foram totalmente corretos em relação ao *conformism*, e como foi expresso pelos Stuart em seu *Book of Sports*, que trataremos posteriormente. A história de muitos movimentos heréticos, mas também, por exemplo, a dos *humiliati* e das beguinas, bem como o destino de São Francisco, são provas disso. A pregação dos monges mendicantes, sobretudo dos franciscanos, teria ajudado várias vezes a preparar o terreno para a moralidade ascética laica do protestantismo. No entanto, em última instância, os inúmeros traços de afinidade entre a ascese no monacato ocidental e a conduta de vida ascética no protestantismo — que justamente em nosso contexto devem ser enfatizados como altamente instrutivos — têm seu fundamento no fato de que, como é natural, *toda* ascese surgida do cristianismo bíblico terá, necessariamente, certos traços comuns importantes. Além disso, *toda* ascese, independentemente da confissão, precisa de determinados meios comprovados para a "mortificação" da carne. Quanto ao esboço que segue, há de se notar ainda que sua brevidade deve ser atribuída à circunstância de que, para o problema a ser discutido *neste* tratado, ou seja, o desenvolvimento dos fundamentos religiosos da ideia "burguesa" de *profissão*, a ética anabatista tem uma importância muito limitada. Nada lhe acrescentou de efetivamente novo. Por enquanto, não abordaremos o aspecto social do movimento, que é muito mais importante. Dada a formulação de nosso problema, do conteúdo histórico do movimento anabatista mais *antigo* poderemos integrar à exposição *apenas* aquilo que mais tarde exerceu alguma influência sobre a peculiaridade das seitas que, para nós, estão em primeiro plano: batistas, *quakers* e menonitas (de modo mais secundário).

172. Ver acima, nota 93.

173. Sobre sua origem e suas modificações, ver A. Ritschl em seus *Gesammelte Aufsätzen*, p. 69 ss.

174. Obviamente, os anabatistas sempre rejeitaram a qualificação de "seita". São *a* Igreja no sentido da Epístola aos Efésios (5, 27). Contudo, para a *nossa* terminologia, são uma "seita" *não apenas* porque lhes falta toda relação com o Estado. Por certo, seu ideal era a relação entre Igreja e Estado dos primórdios do cristianismo, ainda existente entre os *quakers* (Barclay), uma vez que para eles, como para muitos pietistas (Tersteegen), *apenas* a pureza das igrejas sob a Cruz era insuspeita. No entanto, sob um Estado *não* crente ou até mesmo sob a Cruz, os calvinistas também foram obrigados, *faute de mieux*, a apoiar a separação entre Estado e Igreja — tal como fizera a própria Igreja católica em um caso semelhante. Os anabatistas eram uma "seita" *não* porque a admissão na comunidade eclesiástica ocorria *de facto* mediante um contrato entre a comunidade e os catecúmenos. Com efeito, *formalmente* foi o que também ocorreu, por exemplo, nas comunidades reformadas dos Países Baixos (como consequência da situação política originária), segundo a antiga constituição eclesiástica (a esse respeito, ver Hoffmann, *Kirchenverfassungsrecht der niederl.*

Reformierten, Leipzig, 1902). Ao contrário, eram uma seita porque a comunidade religiosa *só estava autorizada* a ser organizada de maneira voluntária, como seita, e não de maneira institucional, como Igreja; não deveria aceitar não regenerados e, portanto, desviava-se do modelo de cristão antigo. Nas comunidades anabatistas, era inerente ao *conceito* de "Igreja" o que entre os reformados se verificava como estado de fato. Já se mencionou que também *estes* eram impelidos à *believer's church* por motivos religiosos bastante precisos. Sobre "Igreja" e "seitas", ver detalhes no ensaio seguinte. O conceito de seita aqui adotado foi empregado quase ao mesmo tempo e — suponho — independentemente de mim também por Kattenbusch em *R. E. f. Pr. Th. u. K.* (verbete "Sekte"). Em sua obra *Soziallehren der christlichen Kirche*, Troeltsch o aceita e se aprofunda a respeito. Ver também a introdução aos estudos sobre a *Wirtschaftsethik der Weltreligionen* [Ética econômica das religiões mundiais].

175. Cornelius, op. cit., demonstrou com muita clareza o quanto esse símbolo foi importante do ponto de vista histórico para a preservação da comunidade das igrejas, uma vez que criava para elas um caráter inequívoco e inconfundível.

176. Podemos desconsiderar aqui algumas aproximações com a doutrina da justificação dos menonitas.

177. Nessa ideia talvez se baseie o interesse religioso pelas discussões de questões como a encarnação de Cristo e sua relação com a Virgem Maria; questões essas que, com frequência, já nos mais antigos documentos dos anabatistas (por exemplo, em Cornelius, apêndice ao volume II da obra já citada), estranhamente aparecem como único componente puramente dogmático. A esse respeito, ver entre outros K. Müller, *K. G.*, II, 1, p. 330. Interesses religiosos semelhantes fundamentavam a diferença na cristologia dos reformados e dos luteranos (na doutrina da chamada *communicatio idiomatum*).

178. Esse princípio manifestou-se sobretudo na tentativa inicialmente rigorosa de evitar os excomungados também nas relações da vida civil — um ponto em que foram feitas amplas concessões até mesmo pelos calvinistas, que em princípio defendiam a opinião de que as relações civis não deveriam ser afetadas por censuras eclesiásticas. A esse respeito, ver o ensaio seguinte.

179. É conhecido o modo como esse princípio se manifestou entre os *quakers* em exterioridades sem importância (recusa em tirar o chapéu, em ajoelhar-se, em curvar-se em reverência, bem como em usar o pronome de tratamento formal). No entanto, por si só e até certo ponto, a ideia *fundamental* é própria de *toda* ascese, que, por isso, em sua forma *genuína*, é sempre "hostil à autoridade". No calvinismo, essa ideia se manifestou no princípio de que na *Igreja* apenas *Cristo* deveria reinar. No que se refere ao pietismo, caber pensar no esforço de Spener para justificar os *títulos* a partir da Bíblia. No que dizia respeito à autoridade *eclesiástica*, a ascese *católica* rompeu com esse traço mediante o voto de *obediência*, interpretando a própria obediência em sentido ascético. A "inversão" desse princípio na ascese protestante ainda é o

fundamento histórico da peculiaridade da *democracia* contemporânea entre os povos influenciados pelo puritanismo e de sua diferença em relação àqueles de "espírito latino". Também é o que historicamente constitui a base da "falta de respeito" dos americanos que, dependendo do caso, a uns parece repulsiva, a outros, revigorante.

180. Por certo, entre os anabatistas, essa observância valia desde o início essencialmente para o *Novo* Testamento, e não do mesmo modo que para o Antigo. Sobretudo o Sermão da Montanha gozava em todas as denominações de uma particular consideração como programa ético-social.

181. Já Schwenckfeld havia considerado a realização externa dos sacramentos uma adiáfora, enquanto os *general baptists* e os menonitas observaram rigorosamente o Batismo e a Eucaristia, e os menonitas também o lava-pés. Entretanto, muito forte era a depreciação — pode-se até dizer a *desconfiança* — em relação aos sacramentos, com exceção da Eucaristia, tal como ocorreu entre os predestinacionistas. Ver o ensaio seguinte.

182. A esse respeito, as denominações anabatistas, em especial os *quakers* (Barclay, *Apology for the true Christian Divinity*, 4ª ed., Londres, 1701 — obra que Ed. Bernstein gentilmente colocou à minha disposição), reportavam-se à declaração de Calvino em *Inst. Christ. Theol.*, III, 2, onde de fato se encontram convergências inconfundíveis com a doutrina anabatista. Mesmo a *diferença* mais antiga entre a dignidade da "palavra de Deus" — como aquilo que Deus revelou aos patriarcas, profetas e apóstolos — e a "Sagrada Escritura" — como aquilo que eles *anotaram* dessa revelação — aproximava-se intimamente, porém sem que houvesse uma relação histórica, da concepção anabatista da essência da Revelação. A doutrina mecanicista da inspiração, e com ela a estrita bibliocracia dos calvinistas, também foi produto de um desenvolvimento que se manifestou ao longo do século XVI em determinada direção, assim como a doutrina *quaker* da "luz interna", baseada em fundamentos anabatistas, foi resultado de um desenvolvimento ocorrido em sentido oposto. Nesse caso, a nítida distinção também foi em parte consequência de uma constante discussão.

183. Isso foi intensamente enfatizado contra certas tendências dos socinianos. A razão "natural" *nada* sabe de Deus (Barclay, op. cit., p. 102). Desse modo, deslocava-se novamente a posição que em geral a *lex naturae* assumia no protestantismo. Em princípio, não poderia haver *general rules* nem *código* moral, pois a "profissão" de cada um e que é *individual* para cada um lhe é indicada por Deus através da *consciência*. Devemos fazer *não* "o bem", no sentido generalizante de razão "natural", e sim a *vontade de Deus*, tal como foi inscrita em nosso coração com a Nova Aliança e se expressa na consciência (Barclay, p. 73 ss., 76). Essa irracionalidade da moralidade — resultante da elevada polaridade entre o divino e a criatura — exprime-se nas sentenças fundamentais da ética dos *quakers*: "What does contrary to his faith, though his faith may be wrong, is no ways acceptable to God [...] though the thing might have been lawful to another" [O que o homem faz contrariamente à sua fé,

ainda que esta seja errônea, não é absolutamente aceitável para Deus (...) ainda que possa estar de acordo com a lei para outrem] (Barclay, p. 487). Obviamente, na prática, não podia ser mantida. Em Barclay, por exemplo, os "moral and perpetual Statues acknowledged by all Christians" [estatutos morais e perpétuos, reconhecidos por todos os cristãos] marcam o limite da *tolerância*. Na prática, os contemporâneos sentiam sua ética como semelhante à dos pietistas reformados, com algumas particularidades. "Tudo o que há de bom na Igreja é suspeito de ser quakerismo", ressalta Spener repetidas vezes, parecendo até invejar a reputação dos *quakers*. *Cas. Theol*., III, 6, 1, Dist. 2 (nº 64). A recusa do juramento em razão de uma palavra da Bíblia já mostra que a verdadeira emancipação das Escrituras não ia muito longe. Não nos ocuparemos aqui da importância ético-*social* da seguinte sentença, considerada por muitos *quakers* a quintessência de *toda* a ética cristã: "Fazei aos outros apenas o que desejais que façam a vós".

184. Barclay justifica a necessidade de aceitar essa *possibilidade* dizendo que, sem ela, "there should never be a place known by the Saints wherein they might be free of doubting and despair, which [...] *is most absurd*" [nunca haveria um lugar conhecido pelos santos onde eles pudessem ficar livres da dúvida e do desespero (...) o que é extremamente absurdo]. Vê-se que a *certitudo salutis* depende disso. Cf. Barclay, op. cit., p. 20.

185. Resta, portanto, uma diferença de tonalidade entre a racionalização calvinista da vida e a dos *quakers*. Porém, se Baxter a formula dizendo que para os *quakers* o "espírito" deve agir sobre a alma como sobre um cadáver, enquanto o princípio dos reformados (caracteristicamente formulado) era: "reason and spirit are conjunct principles" [razão e espírito são princípios associados] (*Christ. Dir*., II, p. 76), então essa oposição já não tinha validade prática em sua época e *nessa* modalidade.

186. Ver os acurados verbetes "Menno" e "Mennoniten" de Cramer em *R. E. f. Pr. Th. u. K*., especialmente a p. 604. Ao contrário, o verbete "Baptisten" da mesma obra é superficial e em parte até mesmo impreciso. Seu autor ignora, por exemplo, as *Publications of the Hanserd Knollys Society*, imprescindíveis para a história do batismo.

187. Assim, Barclay (op. cit., p. 404) explica que comer, beber e *adquirir* são atos *naturais*, e não espirituais, podendo ser praticados mesmo *sem* uma especial convocação divina. A explicação é uma resposta à objeção (característica) de que, como ensinam os *quakers*, se não se deve rezar sem uma especial *motion of the spirit*, tampouco se deveria arar sem esse especial estímulo de Deus. Por certo, também é significativo o fato de que, em resoluções modernas de sínodos *quakers*, aconselha-se o indivíduo a retirar-se da vida dos negócios depois de ele ter adquirido patrimônio suficiente para poder repousar e viver integralmente no reino de Deus, ao abrigo das engrenagens do mundo, embora essas ideias também possam ser encontradas em outras denominações, inclusive na calvinista. Nisso também se expressa o fato de que a aceitação da ética profissional burguesa por parte de seus portadores foi a mudança intramundana de uma ascese originariamente *escapista*.

188. Remetemos expressamente aqui às excelentes argumentações de E. Bernstein, op. cit. Em outra oportunidade trataremos da exposição extremamente esquemática de Kautsky sobre o movimento anabatista e sua teoria do "comunismo herético" (no primeiro volume da mesma obra).

189. Veblen (Chicago), em seu interessante livro *Theory of business enterprise*, é da opinião de que esse lema pertence exclusivamente ao "início do capitalismo". Contudo, sempre houve "super-homens" econômicos que, como os atuais *captains of industry*, estão além do bem e do mal, e na ampla camada do comportamento capitalista que se encontra sob eles esse lema ainda tem validade.

190. "In civil actions it is good to be *as the many*, in religious, to be as the best" [Nas ações civis, é bom ser como a maioria; nas religiosas, como os melhores], exprime, por exemplo, Th. Adams (*Works of the Pur. Div.*, p. 138). Por certo, isso parece ter um alcance muito maior do que o pretendido. Significa que a honestidade puritana é uma legalidade *formalista*, assim como a "sinceridade" ou *uprightness*, que muitas vezes povos que foram puritanos gostam de reivindicar como virtude nacional, é algo especificamente *diferente*, reconfigurado do ponto de vista formalista e reflexivo em relação à *Ehrlichkeit* [honradez] alemã. Boas observações a respeito foram feitas por um pedagogo nos *Preuß. Jahrb.*, vol. 112 (1903), p. 226. Por sua vez, o *formalismo* da ética puritana é a consequência totalmente adequada da vinculação à *lei*.

191. Mais informações a respeito no próximo ensaio.

192. *Aqui* reside a razão do penetrante efeito econômico das *minorias* (ascético-) protestantes, mas não das católicas.

193. O fato de a diferença da fundamentação dogmática ser compatível com a inclusão do interesse decisivo de "comprovação" se explica, em última análise, pela peculiaridade histórico-religiosa do cristianismo em geral. Esse aspecto não será discutido aqui.

194. "Since God hath gathered us to be a people [...]" [Uma vez que Deus nos reuniu para formarmos um povo (...)], também diz Barclay, por exemplo, em op. cit., p. 357, e eu mesmo ouvi um sermão *quaker* no Haverford College, que insistia na interpretação de *saints* como *separati*.

2. Ascese e espírito do capitalismo

A fim de compreender as relações existentes entre as concepções religiosas fundamentais do protestantismo ascético e as máximas da vida econômica cotidiana, é necessário, antes de tudo, considerar aqueles escritos teológicos que podem ser reconhecidos como oriundos da prática pastoral. Pois, em uma época em que o além era tudo, em que a posição social do cristão dependia de sua admissão na Eucaristia e em que a ascendência do sacerdote na cura das almas, na disciplina eclesiástica e na pregação — como demonstra qualquer consulta às coletâneas de *consilia, casus conscientiae*, etc. — exercia uma influência da qual nós, homens modernos, *já não conseguimos fazer a menor ideia*, os poderes religiosos que se fazem valer *nessa prática* são os formadores decisivos do "caráter de um povo".

Nesta seção, trataremos o protestantismo ascético como *um* conjunto, o que não ocorrerá nas considerações ulteriores. Como o puritanismo inglês, derivado do calvinismo, oferece a fundamentação mais coerente da ideia de profissão, de acordo com nosso princípio, colocaremos um de seus representantes no centro de nosso estudo. Richard *Baxter* distingue-se de muitos outros representantes literários da ética puritana por sua posição eminentemente prática e irênica, bem como pelo reconhecimento universal de seus trabalhos, sempre reeditados e traduzidos. Presbiteriano e apologeta do Sínodo de Westminster, como tantos dos melhores espíritos da época, emancipou-se gradualmente dos dogmas do calvinismo extremo. Intimamente, opunha-se à usurpação de Cromwell por ser avesso a toda revolução, ao sectarismo e, sobretudo, ao zelo fanático dos "santos", mas demonstrava grande generosidade em relação às peculiaridades externas e à objetividade perante o adversário. Buscava seu campo de atividade essencialmente no sentido da promoção prática da vida eclesiástica e, por ter sido um dos pastores de almas de maior êxito na história, em favor desse trabalho, colocou-se à disposição tanto do governo parlamentar quanto de Cromwell e da Restauração,[1] até exonerar-se de seu cargo sob esta última já antes da "Noite de São Bartolomeu". Além de ser o compêndio mais abrangente da teologia moral puritana, seu *Christian Directory* é sempre orientado para as experiências práticas de sua própria atividade pastoral. Como elementos de comparação, tomaremos como referência os *Theologische Bedenken*, de Spener, para o pietismo alemão, a *Apology*, de Barclay, para os *quakers*, e outros representantes da ética ascética,[2] que, por economia de espaço, serão tratados em nota de rodapé na medida do possível.[3]

Quando se toma em mãos *O descanso eterno dos santos*, de Baxter, e seu *Christian Directory*, ou ainda trabalhos análogos de outros autores,[4] o que de imediato se nota nos julgamentos sobre a riqueza[5] e sua aquisição é justamente a ênfase dada aos elementos ebionitas da mensagem do Novo Testamento.[6] Como tal, a riqueza é um grave perigo, suas tentações são contínuas, o esforço[7] para alcançá-la não apenas é desprovido de sentido perante a importância superior do reino de Deus como também moralmente suspeito. De maneira muito mais categórica do que em Calvino, que na riqueza dos eclesiásticos não via nenhum impedimento à sua eficácia, e sim, ao contrário, um aumento perfeitamente desejável de seu prestígio, e lhes concedia o investimento lucrativo de seu patrimônio, desde que evitassem escândalos, aqui a ascese parece dirigir-se *contra* toda aspiração à aquisição de bens temporais. Dos escritos puritanos poderíamos extrair à discrição inúmeros exemplos de condenação à aspiração por dinheiro e bens materiais e confrontá-los com a literatura ética da Baixa Idade Média, muito mais imparcial nesse aspecto. Essas suspeitas eram realmente levadas a sério — basta uma análise mais acurada para perceber seu sentido ético decisivo e suas implicações.

O que realmente é condenável do ponto de vista moral é a *acomodação* na posse,[8] o *desfrute* da riqueza e suas consequências, que são o ócio e as tentações da carne, e sobretudo o afastamento da aspiração à vida "santa". E *somente por* trazer consigo o perigo dessa acomodação é que a posse é suspeita. Com efeito, o "descanso eterno dos santos" está no além; na Terra, para assegurar seu estado de graça, o homem também tem de "realizar, enquanto for dia, as obras daquele que o enviou". Não o ócio nem o prazer, mas *apenas a ação* serve para aumentar a glória de Deus, segundo Sua vontade inequivocamente revelada.[9] Portanto, o *desperdício de tempo* é o primeiro e, em princípio, mais grave de todos os pecados. O tempo de vida é demasiadamente breve e precioso para "consolidar" nossa vocação. Perder tempo com atividades sociais, "conversas frívolas",[10] luxo,[11] e até mesmo dormindo mais do que o necessário à saúde[12] — de seis a, no máximo, oito horas — é absolutamente condenável do ponto de vista moral.[13] Ainda não se diz, como em Franklin, "tempo é dinheiro", mas a sentença vale, de certo modo, em sentido espiritual: o tempo é infinitamente precioso, porque toda hora perdida é subtraída do trabalho a serviço da glória de Deus.[14] Portanto, também a contemplação inativa é desprovida de valor e eventualmente até condenável, pelo menos quando ocorre à custa do trabalho profissional.[15] Pois ela agrada *menos* a Deus do que a realização ativa de Sua vontade por meio da profissão.[16] Ademais, para a contemplação inativa existe o domingo, e, segundo Baxter, quem não tem tempo para Deus no momento oportuno são sempre os ociosos em sua profissão.[17]

Nesse sentido, a principal obra de Baxter é percorrida por uma reiterada pregação, por vezes quase apaixonada, em favor do trabalho duro e contínuo, seja ele físico ou intelectual.[18] Dois temas atuam aqui em conjunto.[19] Em primeiro lugar, o trabalho é o *meio ascético*, há muito tempo comprovado e desde sempre apreciado[20] na Igreja ocidental, em franca oposição não apenas ao Oriente, mas também em relação a quase todas as regras monásticas do mundo inteiro.[21] Em particular, o trabalho é a profilaxia específica contra todas aquelas tentações que o puritanismo reúne sob o conceito de *unclean life*, cuja função não é pequena. A ascese sexual no puritanismo difere da monástica apenas no grau, não no princípio fundamental, e, por abranger também a vida conjugal, seu alcance é maior do que o desta. De fato, mesmo *no* matrimônio, as relações sexuais *só* são permitidas como o meio desejado por Deus para aumentar Sua glória, em correspondência ao mandamento "Crescei e multiplicai-vos.".[22] Contra todas as tentações sexuais, assim como contra as dúvidas religiosas e o tormento causado pelos escrúpulos, além de uma dieta sóbria, alimentos vegetais e banhos frios, prescreve-se: "Trabalha duro na tua profissão.".[23]

Porém, além disso e acima de tudo, o trabalho constitui o fim *em si mesmo* da vida prescrito por Deus.[24] A sentença de São Paulo, "se alguém não quiser trabalhar, não coma também", vale incondicionalmente e para todos.[25] A indisposição para o trabalho é sintoma de uma ausência de estado de graça.[26]

Aqui se mostra claramente a diferença em relação à postura medieval. Tomás de Aquino também interpretara essa sentença. Porém, segundo ele,[27] o trabalho é necessário apenas *naturali ratione* [pela razão natural] para manter a vida do indivíduo e da coletividade. Quando não há esse objetivo, também cessa a validade da prescrição. Esta concerne apenas à espécie, não ao indivíduo. Não se refere a quem consegue viver de sua posse sem precisar trabalhar; do mesmo modo, também a contemplação, como forma espiritual da ação no reino de Deus, está naturalmente acima da interpretação literal do mandamento. Ademais, para a teologia popular, a forma mais elevada de produtividade monástica consistia em aumentar o *theaurus ecclesiae* [tesouro da Igreja] mediante orações e serviços do coro. Em Baxter, não apenas essas violações do dever ético de trabalhar são naturalmente suprimidas; ele também insiste com a máxima ênfase no princípio segundo o qual a riqueza não isenta dessa prescrição absoluta.[28] Também quem tem posses não deve comer sem trabalhar, pois, ainda que ele não precise do trabalho para cobrir suas necessidades, subsiste o mandamento divino, ao qual ele tem de obedecer tanto quanto o pobre.[29] Pois a todos, sem distinção, a divina Providência dispôs uma vocação (*calling*), que ele deve reconhecer e na qual deve trabalhar, e essa vocação não é, como no luteranismo,[30] um destino ao qual terá de submeter-se e resignar-se, mas uma ordem de Deus ao indivíduo para que opere em favor de Sua glória. Essa nuança aparentemente tênue teve consequências psicológicas de amplo alcance e estava relacionada a um desenvolvimento ulterior da interpretação *providencial* do cosmo econômico, que já era familiar à escolástica.

O fenômeno da divisão do trabalho e da estruturação das profissões na sociedade já havia sido concebido, entre outros, por Tomás de Aquino — a quem, por comodidade, tornamos a nos referir — como uma emanação direta do plano de Deus para o mundo. No entanto, a inserção do homem nesse cosmo ocorre *ex causis naturalibus* [por causas naturais] e é fortuita ("contingente", segundo a terminologia escolástica). Para Lutero, como vimos, a inserção do homem nos estamentos e nas profissões existentes, que deriva da ordem histórica objetiva, tornou-se uma emanação direta da vontade divina; portanto, a *permanência* do indivíduo na posição e nos limites que Deus lhe atribuíra era um dever religioso.[31] E isso sobretudo porque justamente as relações da devoção luterana com o "mundo" de maneira geral foram incertas desde o início e assim permaneceram. Da esfera de pensamento de Lutero, que nunca se afastou por completo da indiferença paulina pelo mundo, não se podiam extrair princípios éticos para estruturar o mundo, que, por essa razão, tinha de ser aceito tal como era, e apenas a *essa aceitação* se podia aplicar o selo de obrigação religiosa. Por sua vez, na concepção puritana, o caráter providencial da atuação recíproca dos interesses econômicos privados apresenta uma nuança diferente. Em conformidade com o esquema puritano de interpretação pragmática, é pelos *frutos* da estruturação das profissões que se reconhece seu objetivo providencial. A esse respeito, Baxter estende-se em considerações que em mais de um ponto lembram a conhecida apoteose feita por Adam Smith sobre a divisão do trabalho.[32] Por possibilitar ao trabalhador desenvolver uma competência (*skill*), a especialização das profissões conduz a um aumento quantitativo e qualitativo do rendimento do trabalho e, portanto, serve ao bem-estar comum (*common best*), que é idêntico ao bem-estar do maior número possível [de pessoas]. Nesse sentido, a motivação é puramente utilitária e inteiramente aparentada com alguns pontos de vista correntes na literatura mundana da época.[33] Entretanto, a marca caracteristicamente puritana se manifesta quando Baxter coloca no topo de suas argumentações o seguinte tema: "Fora de uma profissão estável, a produção de um homem não passa de um trabalho ocasional e inconstante, e ele passa mais tempo no ócio do que no trabalho", e quando ele conclui do seguinte modo: "[...] e ele (o trabalhador profissional) cumprirá seu trabalho *corretamente*, enquanto outro permanecerá em eterna confusão e sua ocupação não conhecerá lugar nem tempo[34] [...] por isso, uma vocação estável (*certain calling*; de outras passagens consta *stated calling*) é a melhor solução para todos.". O trabalho inconstante ao qual se vê obrigado o trabalhador diarista é um estado transitório muitas vezes inevitável, mas sempre indesejável. À vida do *homem sem profissão* falta justamente o caráter sistemático e metódico que, como vemos, é requerido pela ascese intramundana. Também segundo a ética dos *quakers*, a vida profissional do homem deve constituir um coerente exercício ascético da virtude, uma confirmação de seu estado de graça através da *escrupulosidade*, que se exprime no cuidado[35] e no método com os quais ele exerce sua profissão. Não o trabalho em si, mas um trabalho profissional racional é o que Deus exige. Na ideia puritana de profissão, a ênfase sempre recai nesse caráter metódico da ascese profissional, e não, como em Lutero, na resignação com a sorte designada por Deus.[36] Eis a razão para a resposta categoricamente afirmativa quando se pergunta se alguém poderia combinar vários *callings* — desde que isso seja benéfico para o bem-estar geral ou pessoal,[37] não prejudique ninguém e não induza a pessoa a se tornar inescrupulosa (*unfaithful*) em uma das profissões combinadas. A *mudança* de profissão em si tampouco é vista como algo condenável se não for feita de modo leviano, e sim para agradar mais a Deus,[38] ou seja, de acordo com o princípio geral de optar por uma profissão mais útil. Acima de tudo, a utilidade de uma profissão e sua correspondente aceitação por Deus se orientam, em primeiro lugar, por critérios morais e, em segundo, pela importância dos bens que com ela são produzidos para a "coletividade". No entanto, há um terceiro aspecto, que naturalmente é mais importante na prática: a *lucratividade* da economia privada.[39] Pois se esse Deus, que o puritano vê atuando em todas as circunstâncias da vida, mostra a um dos seus uma oportunidade de lucro é porque tem suas intenções para fazê-lo. Por conseguinte, o bom cristão tem de seguir esse apelo e aproveitar a oportunidade.[40] "Se Deus vos mostrar um caminho no qual *possais ganhar mais* do que em outro, sem prejuízo para vossa alma ou para outrem e sem infringir a lei, e se o rejeitardes e seguirdes outro que traga menos lucro, então *vos estareis opondo a uma das finalidades de vossa vocação (calling), recusando a ser o administrador de Deus (Stewart) e a aceitar seus dons para poderdes empregá-los para Ele, se Ele assim o exigir. Por certo, não pelos prazeres da carne nem pelos pecados, e sim por Deus vos é lícito trabalhar para enriquecer.*"[41] Com efeito, a riqueza só é censurável como tentação de entregar-se ao ócio e gozar a vida em pecado, e a aspiração a alcançá-la só o é quando ocorre para que mais tarde se possa viver sem preocupações e com alegria. Porém, como exercício do dever profissional, não apenas é moralmente lícita como também chega a ser imposta.[42] A parábola daquele servo que foi rejeitado porque não soube utilizar o dom que lhe fora confiado parecia exprimir essa ideia sem rodeios.[43] Como muitas vezes se argumentou, *querer* ser pobre seria o mesmo que querer ser doente,[44] algo reprovável como santificação pelas obras e prejudicial à glória de Deus. Ademais, o indivíduo que pede esmola mesmo tendo condições de trabalhar peca não apenas por preguiça, mas também, nas palavras do Apóstolo, por ir contra o amor ao próximo.[45]

Assim como a estabilidade da profissão, inculcada pela importância que representa do ponto de vista ascético, transfigura eticamente o *profissional moderno*, a interpretação providencial das possibilidades de lucro transfigura o homem de *negócios*.[46] O laxismo aristocrático do grão-senhor e a ostentação de *parvenu* do novo-rico são igualmente odiosas para a ascese. Em contrapartida, um raio de aprovação ética atinge em cheio o sóbrio *self-made man* burguês:[47] "God blesseth his trade" [Deus abençoe seu comércio] é uma expressão comumente empregada para se referir àqueles homens de bem[48] que seguiram com sucesso as disposições divinas. Todo o poder de Deus do Antigo Testamento, que recompensa a devoção dos seus já nesta vida,[49] tinha de atuar no mesmo sentido para o puritano, que, segundo o conselho de Baxter, controlava o próprio estado de graça comparando-o com a condição espiritual dos heróis bíblicos[50] e interpretava as sentenças da Bíblia "como os parágrafos de uma Constituição". Por si só, as sentenças do Antigo Testamento não eram totalmente unívocas. Vimos que Lutero utilizou idiomaticamente o conceito de "profissão" pela primeira vez em sentido mundano ao traduzir uma passagem do Eclesiástico. Entretanto, pela atmosfera que o anima e apesar da influência helenística, o Eclesiástico pertence aos elementos do Antigo Testamento (ampliado), que atuam em sentido tradicionalista. É característico o fato de que ainda hoje esse livro pareça gozar de especial apreço entre camponeses luteranos alemães,[51] assim como o caráter luterano de amplas correntes do pietismo alemão costumava manifestar-se na preferência pelo Eclesiástico.[52] Os puritanos condenaram os apócrifos por não serem inspirados de acordo com sua rígida alternativa entre o que é divino e o que é criado.[53] Tanto mais forte entre os livros canônicos foi a influência do Livro de Jó, que combinava uma grandiosa glorificação da majestade divina — absolutamente soberana, desvencilhada de toda escala humana e tão congenial com as visões calvinistas

— com a certeza que novamente irrompe ao final do livro, tão secundária para Calvino quanto importante para o puritanismo, de que Deus costuma abençoar os seus também e justamente — no Livro de Jó: apenas! — nesta vida, inclusive no sentido material.[54] O quietismo oriental, que aparece em alguns dos versículos mais líricos dos Salmos e dos Provérbios de Salomão, também foi eliminado da interpretação, tal como fez Baxter com a coloração tradicionalista da passagem da 1ª Epístola aos Coríntios, fundamental para o conceito de profissão. Por outro lado, insistiu-se ainda mais naquelas passagens do Antigo Testamento que celebram a *legalidade formal* como sinal distintivo de uma conduta que agrada a Deus. A teoria de que a lei mosaica teria sido despojada de sua validade pela Nova Aliança somente por conter preceitos cerimoniais ou condicionados historicamente para o povo judeu, mas no restante mantinha a validade que sempre possuíra como expressão da *lex naturae*,[55] possibilitava, de um lado, a eliminação desses preceitos, que simplesmente não podiam adaptar-se à vida moderna, mas deixava o caminho livre para uma forte intensificação daquele espírito de legalidade presunçoso e sóbrio, que era próprio da ascese intramundana desse protestantismo, graças aos inúmeros traços de parentesco com a moralidade do Antigo Testamento.[56] Portanto, se já os contemporâneos, bem como os autores mais modernos, muitas vezes definiram a disposição ética fundamental, específica do puritanismo inglês, como "English Hebraism",[57] isso é totalmente correto quando bem compreendido. Nesse sentido, não se deve pensar no judaísmo palestino da época em que surgiram os escritos do Antigo Testamento, e sim no judaísmo tal como se formou aos poucos sob a influência dos muitos séculos de educação formalista, legalista e talmúdica; e mesmo nesse caso é preciso ter muito cuidado com os paralelismos. A disposição do judaísmo antigo, em sua totalidade voltada à valorização espontânea da vida como tal, estava muito distante do caráter específico do puritanismo. Igualmente distante dele — e que isso não passe despercebido — estava a ética econômica do judaísmo medieval e moderno nos traços decisivos para a posição de ambos dentro do desenvolvimento do *ethos* capitalista. O judaísmo estava do lado do capitalismo "aventureiro", de orientação política ou especulativa: em uma palavra, seu *ethos* era o do capitalismo dos *párias*, enquanto o puritanismo carregava o *ethos* da *indústria* racional burguesa e da organização racional do *trabalho*. Tomou da ética judaica apenas o que se ajustava nesses limites.

Demonstrar as consequências caracterológicas da penetração de normas do Antigo Testamento na vida — uma tarefa estimulante, que, no entanto, ainda não foi realmente resolvida nem mesmo para o judaísmo[58] — seria impossível no âmbito deste esboço. Além das relações já indicadas, no que se refere ao *habitus* interno dos puritanos, há de se considerar sobretudo que a crença de serem o povo escolhido por Deus experimentou com eles um grandioso renascimento.[59] Como até mesmo o moderado Baxter agradece a Deus o fato de tê-lo feito nascer na Inglaterra e na verdadeira Igreja, e não em outro lugar, essa gratidão pela própria irrepreensibilidade, operada pela graça divina, penetrou a atitude[60] da burguesia puritana em relação à vida e condicionou aquele caráter correto e duro do ponto de vista formalista, tal como era próprio dos representantes daquela época heroica do capitalismo.

Tentaremos agora esclarecer especialmente os pontos em que a concepção puritana de profissão e a exigência de uma conduta de vida ascética influenciaram necessária e *diretamente* o desenvolvimento do estilo de vida capitalista. Como vimos, a ascese volta-se com força total sobretudo contra uma questão: o *gozo espontâneo* da existência e do que ela tem a oferecer em termos de alegrias. Talvez esse traço tenha se expressado do modo mais característico no conflito em torno do *Book of Sports*,[61] que Jaime I e Carlos I erigiram em lei, com a finalidade manifesta de combater o puritanismo, e cuja leitura em todos os púlpitos foi ordenada por Carlos I. Se os puritanos combateram com fúria a disposição do rei, segundo a qual aos domingos eram legalmente concedidas algumas diversões populares fora do tempo dedicado à

Igreja, o que os encolerizou foi *não* apenas a perturbação do descanso sabático, mas também toda a distração intencional da conduta de vida ordeira dos santos. E se o rei ameaçou com penas severas todo ataque à legalidade desses esportes, o objetivo era justamente romper com esse caráter *ascético* e perigoso para o Estado por ser *antiautoritário*. A sociedade monárquico-feudal protegia "os que queriam se divertir" contra a moral burguesa incipiente e o conventículo ascético, hostil à autoridade, assim como hoje a sociedade capitalista costuma proteger "os que querem trabalhar" contra a moral de classe dos operários e os sindicatos hostis à autoridade. Diante disso, os puritanos defendiam sua característica mais decisiva: o princípio da conduta de vida ascética. Pois, de resto, a aversão do puritanismo ao esporte, mesmo entre os *quakers*, não era fundamental. Apenas deveria servir a uma finalidade racional, como a recuperação necessária para o desempenho físico. Em contrapartida, como meio de dar livre curso a impulsos indomados, era considerado suspeito e, à medida que se tornou puro meio de deleite ou despertou a ambição pela competição, instintos brutais ou o prazer irracional de apostar, obviamente era condenável. Como tal, o prazer *impulsivo* de viver, que distraía tanto do trabalho profissional quanto da religiosidade, era inimigo da ascese racional, quer se apresentasse como esporte de grão-senhor, quer como visita a salões de dança ou tabernas, típica do homem comum.[62]

Por conseguinte, desconfiado e muitas vezes hostil é também o posicionamento em relação aos bens culturais que não podem ser avaliados como manifestamente religiosos. Não que o ideal de vida puritano contivesse uma ignorância obscura que desprezasse a cultura. O que se verifica é justamente o contrário, pelo menos no que se refere à ciência — com exceção da abominada escolástica. Além disso, os maiores representantes do movimento puritano mostram-se profundamente imbuídos da cultura do Renascimento: os sermões da ala presbiteriana do movimento transbordam classicismos,[63] e mesmo os sermões dos radicais, embora se mostrassem escandalizados, não menosprezavam esse tipo de erudição na polêmica teológica. Talvez nunca um país tenha sido tão abundante de *graduates* como a Nova Inglaterra durante a primeira geração de sua existência. A sátira dos adversários, como o *Hudibras* de Butler, também ataca justamente a erudição livresca e a dialética treinada dos puritanos: em parte, isso está conectado à valorização religiosa do conhecimento, derivada da posição em relação *fides implicita* dos católicos. A situação é outra quando se entra no campo da literatura não científica[64] e mais ainda no âmbito das artes sensoriais. Aqui certamente a ascese caiu como uma geada na vida da feliz Inglaterra de outrora. E não apenas as festas mundanas foram afetadas. O ódio encolerizado dos puritanos contra tudo o que cheirasse a *superstition*, contra todas as reminiscências de dispensa mágica ou hierúrgica da graça, perseguiu a comemoração cristã do Natal, bem como a Árvore de Maio[65] e a arte sacra espontânea. O fato de que na Holanda tenha restado espaço para o desenvolvimento de uma grande arte, muitas vezes grosseiramente realista,[66] apenas comprova quão pouco exclusiva podia ser a regulamentação dos costumes, que nesse país era aplicada pelas autoridades segundo essas tendências, diante da influência da corte e do estamento dos regentes (um estrato de *rentistas*), mas também do gosto pela vida dos pequenos burgueses enriquecidos, depois que o breve domínio da teocracia calvinista se dissolveu em uma Igreja estatal sóbria e o calvinismo, por conseguinte, perdeu sensivelmente sua atratividade ascética.[67] O teatro era condenável para o puritano,[68] e a concepção mais radical não se limitou a eliminar com rigor o elemento erótico e a nudez da esfera do admissível na literatura e na arte. Os conceitos de *idle talk* [conversa irrelevante], *superfluities* [superfluidades],[69] *vain ostentation* [ostentação vã] — todas designações de uma conduta irracional, sem objetivo e, portanto, não ascética, que servia não à glória de Deus, mas do homem — estavam disponíveis para favorecer decisivamente uma sóbria utilidade contra todo emprego de motivos artísticos. Isso também valia quando se tratava diretamente da ornamentação da pessoa, por exemplo, de seus trajes.[70]

Essa forte tendência à uniformização do estilo de vida, que hoje apoia o interesse capitalista pela *standardization* da produção,[71] tinha seu fundamento ideal na aversão à "idolatria da criatura".[72] Por certo, não se deve esquecer que o puritanismo encerrava em si um mundo de contradições, que o senso instintivo da grandeza atemporal na arte certamente era mais elevado em seus líderes do que entre os "cavalheiros",[73] e que um gênio peculiar como Rembrandt teve a orientação de sua criatividade substancialmente influenciada pelo meio sectário em que vivia, ainda que sua "conduta" tivesse encontrado pouca graça aos olhos do Deus puritano.[74] Contudo, isso em nada muda o quadro geral, pois, se o desenvolvimento ulterior da atmosfera puritana pôde trazer consigo e de fato ajudou a determinar uma forte internalização da personalidade, isso beneficiou sobretudo a literatura, ainda que apenas em gerações posteriores.

Sem discutir em detalhes as influências do puritanismo em todas essas orientações, vale lembrar que a admissibilidade do prazer proporcionado pelos bens culturais que servem à fruição estética ou esportiva sempre encontra *uma* barreira característica: *não devem custar nada*. O homem é apenas um administrador dos bens que lhe foram designados pela graça divina. Tal como o servo da Bíblia, ele tem de prestar contas de cada centavo que lhe foi confiado,[75] e é no mínimo suspeito gastar para uma finalidade que não seja a glória de Deus, mas que sirva ao próprio deleite.[76] Qual pessoa que tenha os olhos abertos não se deparou até hoje com representantes dessa concepção?[77] A ideia de que o homem tem *deveres* em relação à propriedade que lhe foi confiada e à qual está subordinado como serviçal administrador ou até mesmo como "máquina de fazer dinheiro" pousa sobre a vida com todo o seu gélido peso. Quanto maior se torna a propriedade, tanto mais pesado — *se* a disposição ascética superar a prova — é o sentimento de responsabilidade para mantê-la intacta e aumentá-la para a glória de Deus por meio de um trabalho sem descanso. Como muitos elementos do espírito capitalista moderno, a gênese desse estilo de vida também remonta à Idade Média em algumas raízes,[78] mas apenas na ética do protestantismo ascético encontrou seu fundamento ético coerente. Sua importância para o desenvolvimento do capitalismo é evidente.[79]

Portanto, a ascese protestante intramundana — assim poderíamos resumir o que foi dito até o momento — atuou com toda a força contra a *fruição* espontânea da propriedade e restringiu o *consumo*, sobretudo o de artigos de luxo. Em contrapartida, teve como efeito psicológico liberar a *aquisição de bens* dos obstáculos da ética tradicionalista. Rompeu as correntes que detinham a ambição por lucro, não apenas ao legalizá-lo, mas também ao considerá-lo (no sentido exposto) diretamente desejado por Deus. Conforme testemunhou expressamente Barclay, grande apologeta do quakerismo, junto com os puritanos, a luta contra os desejos da carne e o apego aos bens externos *não* era contra o *ganho* racional, mas contra a utilização irracional da propriedade. No entanto, essa utilização residia sobretudo na valorização das formas *ostensivas* de luxo — condenadas como idolatria da criatura[80] e muito próximas da percepção feudal —, e não no emprego racional e utilitário desejado por Deus para os objetivos de vida do indivíduo e da coletividade. Ao proprietário *não* queria impor a *mortificação*,[81] e sim o uso de sua propriedade para coisas necessárias e *de utilidade prática*. De modo característico, o conceito de *comfort* abrange a esfera dos usos eticamente lícitos, e sem dúvida não é por acaso que o desenvolvimento do estilo de vida que se prende a esse conceito tenha sido observado da maneira mais precoce e evidente justamente entre os mais coerentes representantes de toda essa visão de vida: os *quakers*. Ao brilho e ao esplendor da pompa cavalheiresca, que, repousando em bases econômicas pouco sólidas, prefere a elegância surrada à simplicidade sóbria, os *quakers* opõem a comodidade limpa e sólida do *home* burguês como ideal.[82]

Do *lado da produção* da riqueza em economia privada, a ascese lutou contra a desonestidade e, em igual medida, contra a avidez puramente *impulsiva*, pois isso era o que ela condenava como *covetousness* [cobiça], "mamonismo", etc.: a aspiração à riqueza com o objetivo final de *ser* rico. Pois a posse, como tal, era tentação. Contudo, nesse aspecto, a ascese era a força "que sempre quer o bem e sempre cria o mal" — o mal que, no seu sentido, é a posse e suas tentações. Pois, de acordo com o Antigo Testamento e em total analogia com a apreciação ética das "boas obras", na aspiração à riqueza como *finalidade* a ascese não apenas via o cúmulo do condenável; já na conquista da riqueza como *fruto* do trabalho profissional via a bênção de Deus. Porém, ainda mais importante era o fato de que a avaliação religiosa do trabalho profissional incansável, constante, sistemático e mundano, como meio ascético mais elevado e, ao mesmo tempo, como confirmação mais segura e visível do homem regenerado e da autenticidade de sua fé, tinha de ser a alavanca mais potente da expansão dessa concepção de vida que aqui chamamos de "espírito" do capitalismo.[83] E se *unirmos* aquela limitação do consumo a esse desencadeamento da aspiração ao ganho, o resultado externo é evidente: *formação de capital* mediante a *obrigação ascética de poupar*.[84] Os obstáculos que se opunham ao consumo do bem adquirido tinham de favorecer seu emprego produtivo como capital de *investimento*. Quão forte foi esse efeito é algo que, por sua própria natureza, escapa a uma determinação exata em números. Na Nova Inglaterra, a relação é tão evidente que não passou despercebida do olhar de um historiador excelente como Doyle.[85] Contudo, também na Holanda, que apenas durante sete anos foi efetivamente dominada pelo calvinismo estrito, a maior simplicidade da vida entre as enormes riquezas, que imperava nos círculos mais sérios do ponto de vista religioso, conduziu a uma excessiva obsessão pelo acúmulo de capital.[86] Além disso, é patente que a tendência a "enobrecer" os patrimônios burgueses — tendência essa que existiu em todos os tempos e lugares e ainda hoje atua entre nós — não escapou de ser sensivelmente obstruída pela antipatia do puritanismo pelas formas de vida feudais. Escritores ingleses mercantilistas do século XVII atribuíram a superioridade do poder capitalista holandês em relação à Inglaterra ao fato de que, naquele país, ao contrário deste, os patrimônios recém-adquiridos não buscavam enobrecer-se por meio do investimento regular em terras — e isso é o mais importante, pois não se trata apenas da compra de terras — nem por intermédio da transição para costumes feudais, subtraindo-se à valorização capitalista.[87] A estima que também os puritanos tinham pela *agricultura* como ramo particularmente importante da atividade lucrativa e benéfico à religiosidade não se aplicava (tal como se vê em Baxter) ao *landlord*, mas ao *yeoman* e ao *farmer*, e, no século XVIII, não ao aristocrata proprietário de terras [*Junker*], mas ao *agricultor* "racional".[88] A partir do século XVII, a sociedade inglesa se vê dividida entre a *squirearchy*, representante da "feliz Inglaterra de outrora", e os círculos puritanos, com um poder social muito oscilante.[89] Ainda hoje, ambos os traços se mostram lado a lado na imagem do "caráter nacional" inglês: o de uma alegria de viver ingênua e inquebrantável e o de um autocontrole severamente regulado e reservado, com um vínculo ético convencional.[90] Do mesmo modo, a história mais antiga da colonização norte-americana é marcada por um profundo contraste entre *adventurers* [aventureiros], de um lado, que estabeleceram plantações com a força de trabalho de *indented servants* [servos por contrato] e queriam levar uma vida senhoril, e os puritanos, de outro, cuja mentalidade era especificamente burguesa.[91]

Até onde se estendeu o poder da concepção puritana de vida, em todas as circunstâncias ela favoreceu a tendência à conduta burguesa e *racional* do ponto de vista econômico, e isso, naturalmente, é muito mais importante do que o favorecimento da acumulação de capital. Foi sua mais importante e, sobretudo, a única sustentação coerente. Balançou o berço do "homem econômico" moderno. Por certo, esses ideais puritanos de vida falharam em uma prova de resistência demasiado difícil, imposta pelas "tentações" da riqueza, bem conhecidas dos próprios puritanos. Com frequência encontramos os mais genuínos seguidores do espírito puritano nas fileiras de pequeno-burgueses e fazendeiros em ascensão,[92] enquanto os *beati possidentes* [felizes proprietários], mesmo entre os *quakers*, muitas vezes se mostram prontos a renegar os antigos ideais.[93] Esse foi o mesmo destino que sempre coube à antecessora da ascese intramundana, ou seja, à ascese monástica da Idade Média: se a racional conduta econômica havia produzido seu pleno efeito no cenário de uma rigorosa regulamentação da vida e de uma limitação do consumo, então a riqueza adquirida cabia diretamente à nobreza — como na época anterior ao cisma — ou ameaçava arruinar a disciplina monástica, tornando necessária a intervenção de uma das inúmeras "reformas". De fato, em certo sentido, toda a história das regras das ordens religiosas é uma luta sempre renovada com o problema do efeito secularizador da posse. Isso vale em grandiosa medida também para a ascese intramundana do puritanismo. O intenso *revival* do metodismo, que antecedeu o florescimento da indústria inglesa por volta do final do século XVIII, pode muito bem ser comparado com uma dessas reformas monásticas. Do próprio John Wesley cabe citar aqui uma passagem[94] que seria muito adequada como lema para tudo o que dissemos até o momento. Com efeito, ela mostra como os chefes das correntes ascéticas tinham total clareza das conexões, aparentemente tão paradoxais, que apresentamos aqui, e isso no sentido que aqui desenvolvemos.[95] Ele escreve:

> Temo que, onde quer que a riqueza tenha se multiplicado, o conteúdo da religião tenha diminuído na mesma proporção. Por isso, não vejo como seria possível, segundo a natureza das coisas, que um novo despertar da autêntica religião possa ter longa duração. Pois a religião *deve, necessariamente*, produzir laboriosidade (*industry*) e frugalidade (*frugality*), e ambas não podem gerar outra coisa senão riqueza. Porém, quando a riqueza aumenta, também aumentam o orgulho, a paixão e o amor pelo mundo em todas as suas formas. Por mais que agora floresça como uma

árvore verdejante, como poderia então o metodismo, ou seja, uma religião do coração, persistir nesse estado? Por toda parte, os metodistas são diligentes e parcimoniosos; por conseguinte, seus bens se multiplicam. Por isso, também crescem em orgulho, paixão, desejos carnais e mundanos, bem como em arrogância. Assim, embora permaneça a forma da religião, aos poucos o espírito desaparece. Não haveria um meio de impedir essa contínua decadência da religião pura? Não podemos impedir as pessoas de serem diligentes e parcimoniosas. *Temos de exortar todos os cristãos a ganhar e a poupar tudo o que puderem, ou seja, a enriquecer.* (Segue a admoestação de que aqueles que "ganham e economizam tudo o que podem" também devem "dar tudo o que podem", para assim crescerem na graça e acumularem um tesouro no céu.) Vemos até nos detalhes a relação aqui ilustrada.[96]

Tal como diz Wesley nesse trecho, aqueles poderosos movimentos religiosos, cuja importância para o desenvolvimento econômico residia sobretudo nos efeitos *educativos* de sua ascese, só desenvolveram com regularidade sua plena influência *econômica* depois de superado o auge do entusiasmo *puramente* religioso; depois que a sofreguidão da busca pelo reino de Deus começou aos poucos a se dissolver em uma sóbria virtude profissional; depois que a raiz religiosa sofreu uma morte lenta e abriu espaço para a mundanidade utilitária. Foi nesse momento que, para empregar as palavras de Dowden, surgiu na imaginação popular *Robinson Crusoe, homem econômico isolado*, que paralelamente praticava o trabalho missionário[97] e assumiu o lugar do "peregrino" de Bunyan, que, em sua íntima solidão, aspirava ao Reino dos Céus passando apressadamente pela "feira das vaidades". Mais tarde, quando predominou o princípio "to make the best of *both* worlds" [aproveitar o melhor dos dois mundos], finalmente a boa consciência também teve de ser incluída — conforme Dowden já havia observado — entre os recursos da confortável vida burguesa, como exprime com graça o provérbio alemão sobre o "sanftes Ruhekissen" [travesseiro macio].* O que essa época religiosamente intensa do século XVII deixou à sua herdeira utilitária foi justamente e sobretudo uma imensa consciência tranquila —digamos, sem receio, uma consciência *farisaicamente* tranquila — no que se refere ao ganho monetário, desde que realizado apenas de forma legal. Todo vestígio do *Deo placere vix potest* [dificilmente pode agradar a Deus] havia desaparecido.[98] Surgira um *ethos profissional* especificamente *burguês*. Com a consciência de contar com a plena graça do Senhor e por ele ser visivelmente abençoado, o empreendedor burguês podia e *devia* seguir seus interesses de ganho, desde que se mantivesse nos limites da correção formal, que sua conduta moral fosse irrepreensível e o uso que fizesse de sua riqueza não fosse escandaloso. Além disso, o poder da ascese religiosa colocava à sua disposição trabalhadores sérios, conscienciosos, extremamente capazes e apegados ao trabalho como uma finalidade de vida desejada por Deus.[99] A ascese ainda lhe dava a tranquilizadora certeza de que a divisão desigual dos bens deste mundo é uma obra especial da divina Providência, que, com essas diferenças, do mesmo modo que com a graça particular, persegue seus objetivos secretos, por nós desconhecidos.[100] Já Calvino havia enunciado a sentença, muitas vezes citada, de que o "povo", ou seja, a massa dos trabalhadores e artesãos, só obedece a Deus quando é mantido na pobreza.[101] Os holandeses (Pieter de la Court e outros) a "secularizaram", dizendo que a massa das pessoas só *trabalha* quando se vê impelida pela necessidade, e mais tarde essa formulação de um *Leitmotiv* da economia capitalista desembocou na corrente da teoria da "produtividade" dos baixos salários. Aqui também, com o perecimento de sua raiz religiosa, a mudança utilitária infiltrou-se discretamente no pensamento, totalmente em conformidade com o esquema de desenvolvimento que observamos reiteradas vezes. A ética medieval não apenas havia tolerado a mendicância, como até

---

* *Ein gutes Gewissen ist ein sanftes Ruhekissen:* uma consciência tranquila é um travesseiro macio. [N. T.]

a glorificara com as ordens mendicantes. Por darem aos ricos a oportunidade de realizar boas obras por meio das esmolas, os mendigos laicos também foram vez por outra designados e classificados como um "estamento". Mesmo a ética social anglicana dos Stuart era muito próxima dessa atitude. Estava reservado à ascese puritana cooperar com aquela dura legislação inglesa aplicada aos pobres, que criou uma mudança fundamental nesse campo. E pôde fazer isso porque as seitas protestantes e as comunidades estritamente puritanas de modo geral realmente *não conheciam* a mendicância em seu meio.[102]

Por outro lado, visto da perspectiva dos operários, a variante zinzendorfiana do pietismo glorificava, por exemplo, o trabalhador fiel à profissão, que não visava ao lucro, vivia segundo o modelo dos apóstolos e, portanto, era dotado do carisma dos discípulos.[103] Concepções semelhantes, e até mais radicais, difundiram-se inicialmente entre os anabatistas. Não resta dúvida de que toda a literatura ascética de quase *todas* as confissões se encontra impregnada pela ideia de que, mesmo sendo mal remunerado, o trabalho leal por parte daqueles aos quais a vida não ofereceu outras oportunidades é algo que muito agrada a Deus. *Nesse sentido*, a ascese protestante em si não trazia nenhuma inovação. Entretanto, não apenas aprofundou ao máximo essa ideia como também dotou essa norma daquilo que, no fim das contas, era *a única coisa que importava* para sua eficácia: a *motivação* psicológica pela concepção desse trabalho como *vocação*, como o melhor meio, para não dizer o único, de assegurar o estado de graça.[104] Por outro lado, a ascese protestante legalizou a exploração dessa específica disposição ao trabalho, interpretando o ganho financeiro do patrão como "profissão".[105] É evidente que a "produtividade" do trabalho, no sentido capitalista do termo, tinha de ser intensamente promovida por essa aspiração *exclusiva* ao reino de Deus por meio do cumprimento do dever do trabalho como vocação e da rigorosa ascese que a disciplina da Igreja impunha como algo natural justamente às classes desprovidas de posses. Considerar o trabalho como "profissão" tornou-se algo tão característico para o trabalhador moderno quanto, para o patrão, a correspondente concepção do lucro. Quando um observador tão perspicaz quanto o anglicano Sir William Petty atribuiu o poder econômico holandês do século XVII ao fato de que os *dissenters* (calvinistas e batistas), particularmente numerosos nesse país, eram pessoas que consideravam *o trabalho e o empenho produtivo seu próprio dever perante Deus.* Sob os Stuarts, produziu-se no anglicanismo, e especialmente nas concepções de Laud, uma mudança fiscal e monopolista. Tratava-se de uma aliança do Estado e da Igreja com os "monopolistas" no terreno de uma infraestrutura social-cristã. A essa mudança, o puritanismo — cujos representantes eram fervorosos adversários *dessa* espécie de capitalismo em que o Estado privilegiava comerciantes, provedores de matérias-primas e ferramentas e os colonialistas — opôs as *motivações* da aquisição racional e legal, com base na própria capacidade e na própria iniciativa. Enquanto na Inglaterra as indústrias monopolistas, privilegiadas pelo Estado, não tardaram a desaparecer por completo, essas motivações participaram de maneira decisiva da criação das indústrias que surgiam sem a assistência dos poderes constituídos e, em parte, apesar deles e contra eles.[106] Orgulhosos da superioridade de sua própria moral burguesa nos negócios, que formava a verdadeira razão das perseguições a que foram submetidos por esses círculos, os puritanos (Prynne, Parker) recusavam toda associação com os "cortesãos e projetistas", que carregavam a marca do grande capitalismo, pois os consideravam uma classe suspeita do ponto de vista ético. Defoe ainda sugeriu que se vencesse a luta contra o *dissent* através do boicote às letras de câmbio e da retirada de depósitos bancários. A oposição entre as duas espécies de comportamento capitalista caminhava de mãos dadas com as oposições religiosas. Mesmo no século XVII, os adversários dos não conformistas sempre os ridicularizavam, acusando-os de portadores do *spirit of shopkeepers* [espírito de lojistas] e os perseguiam por terem arruinado os antigos ideais ingleses. *Aqui* também se ancorava a oposição entre o *ethos* econômico puritano e o judaico, e os contemporâneos (Prynne) já sabiam que era o primeiro, e não o segundo, que constituía o *ethos* econômico *burguês*.[107]

Conforme essas exposições pretenderam demonstrar, um dos elementos constitutivos do espírito capitalista moderno, e não apenas dele, mas da moderna civilização, a saber, a conduta de vida racional com base na *ideia de vocação*, nasceu do espírito da *ascese cristã*. Se lermos mais uma vez o tratado de Franklin, citado na introdução deste ensaio, veremos que os elementos essenciais da atitude ali designada como espírito do capitalismo são justamente os que identificamos como o conteúdo da ascese profissional puritana,[108] porém sem a fundamentação religiosa que em Franklin já havia desaparecido. Tampouco é nova a ideia de que o trabalho profissional moderno é marcado por um caráter *ascético*. No mundo atual, limitar-se a um trabalho especializado, renunciando à faustiana universalidade do ser humano que essa limitação implica, é pré-requisito para toda ação meritória de modo geral. Portanto, em nossos dias, "ação" e "renúncia" se condicionam de maneira inevitável e recíproca. Do alto de sua sabedoria, também *Goethe* quis nos ensinar esse motivo ascético e fundamental do estilo de vida burguês — se é que pode ser chamado de estilo, e não de falta de estilo — com seus *Wanderjahre* [Anos de peregrinação] e com o desfecho que deu à vida de seu Fausto.[109] Para ele, esse reconhecimento significava um adeus, uma renúncia a uma época de plenitude e beleza da humanidade que não se repetirá ao longo de nossa evolução cultural, assim como na Antiguidade não se repetiu a época do esplendor de Atenas. O puritano *queria* ser um profissional — nós *temos de* sê-lo. Pois, quando a ascese foi transferida das celas monásticas para a vida profissional e começou a dominar a moralidade intramundana, deu sua parte de contribuição na construção desse poderoso cosmo da ordem econômica moderna, ligada a pressupostos técnicos e econômicos da produção mecanizada, que hoje determina com força esmagadora o estilo de vida de todos os indivíduos nascidos nessa engrenagem, e *não* apenas dos economicamente ativos. E talvez ainda o determine até que se tenha consumido a última porção de combustível fóssil. Na visão de Baxter, a preocupação com os bens externos deveria cobrir os ombros de seus santos apenas como "um fino manto que pudesse ser descartado a qualquer momento".[110] No entanto, a fatalidade transformou esse manto em uma carcaça dura como aço. À medida que a ascese começou a reestruturar o mundo e a influir nele, os bens externos desse mundo passaram a adquirir um poder cada vez maior e, por fim, irresistível sobre os homens, como nunca ocorrera na história. Atualmente, o espírito dessa ascese escapou dessa carcaça — talvez para sempre, quem sabe? Em todo caso, desde que repousa em uma base mecânica, o capitalismo vitorioso já não precisa desse apoio. Mesmo o jovial estado de espírito de seu risonho herdeiro, o Iluminismo, parece empalidecer definitivamente, e a ideia de um "dever profissional" ronda nossa vida como um espectro de antigas crenças religiosas. Hoje, na maioria das vezes, o indivíduo renuncia a interpretar o "cumprimento desse dever" quando ele não pode ser diretamente relacionado aos mais elevados valores imateriais e culturais ou quando, ao contrário, ele não precisa ser sentido também subjetivamente como uma simples coerção econômica. Nos Estados Unidos, região onde mais se desenvolveu, hoje a aspiração ao lucro, despojada de seu sentido ético e religioso, tende a associar-se a paixões puramente agonísticas, que não raro chegam a imprimir-lhe o caráter de um esporte.[111] Ninguém sabe ainda quem no futuro vai morar naquela carcaça nem se, ao final desse enorme desenvolvimento, surgirão profetas totalmente novos ou um poderoso renascimento de antigos pensamentos e ideais, *ou* então — caso não aconteça nem uma coisa nem outra — uma petrificação mecânica, ornada com uma espécie de vaidade convulsiva. Assim, para os "últimos homens" desse desenvolvimento cultural, as seguintes palavras poderiam tornar-se verdade: "Especialistas sem inteligência, hedonistas sem coração: esse nada imagina ter-se elevado a um grau de humanidade nunca alcançado".

Com isso, porém, chegamos ao campo dos juízos de valor e de fé, com os quais não devemos sobrecarregar esta exposição puramente histórica. A tarefa seria, antes, mostrar a importância do racionalismo ascético, que apenas abordamos no presente esboço, também para o conteúdo da ética *sociopolítica*, ou seja, para o tipo de organização e das funções das comunidades sociais, desde o conventículo até o Estado. Em seguida, dever-se-ia analisar sua relação com o racionalismo humanista,[112] seus ideais de vida e suas influências culturais; além disso, com o desenvolvimento do empirismo filosófico e científico, com o progresso técnico e os bens culturais imateriais. Por fim, seguindo uma *metodologia histórica* e observando cada região onde a religiosidade ascética se disseminou, dever-se-ia ter acompanhado sua evolução histórica, desde os primórdios medievais de uma ascese intramundana até sua dissolução em puro utilitarismo. Somente a partir disso se poderia deduzir a *medida* da importância cultural do protestantismo ascético em relação a outros elementos plásticos da cultura moderna. Aqui se tentou apenas — em um único, mas importante aspecto — reconduzir a seus motivos o fato e o *modo* de sua influência. Posteriormente também se deveria demonstrar de que modo a ascese protestante foi, por sua vez, influenciada em sua evolução e sua particularidade pelo conjunto das condições socioculturais, especialmente as *econômicas*.[113] Pois, embora o homem moderno, mesmo com a melhor boa vontade, em geral não costume ter condições de imaginar em sua real grandeza a importância que os conteúdos de consciência religiosos tiveram para a conduta de vida, a cultura e o caráter do povo, obviamente não é o caso de querer substituir uma interpretação unilateralmente "materialista" da cultura e da história por outra unilateralmente espiritualista. *Ambas* são *igualmente possíveis*,[114] porém, se pretenderem ser não um trabalho preparatório, e sim a conclusão da pesquisa, tanto uma quanto outra pouco servirão à verdade histórica.[115]

Notas do autor para a Parte II — Capítulo 2

1. Ver a bela caracterização feita por Dowden, op. cit. Sobre a teologia de Baxter, depois que ele se afastou gradativamente da fé estrita no "duplo decreto", a introdução (de Jenkyn) a seus diferentes trabalhos reproduzidos nos *Works of the Puritan Divines* fornece uma orientação razoável. Sua tentativa de combinar *universal redemption* e *personal election* não satisfez a ninguém. Para nós é essencial apenas o fato de que na época ele também se ateve ao *personal election*, ou seja, ao ponto eticamente decisivo da doutrina da predestinação. Por outro lado, é importante sua atenuação da concepção *forense* da justificação como certa aproximação dos anabatistas.

2. Tratados e sermões de Th. Adams, John Howe, Matthew Henry, J. Janeway, St. Charnock, Baxter, Bunyan encontram-se reunidos nos dez volumes dos *Works of Puritan Divines* (London 1845-1848), em uma seleção muitas vezes um pouco arbitrária. As edições dos trabalhos de Bailey, Sedgwick e Hoornbeek já foram indicadas anteriormente quando citadas pela primeira vez.

3. Do mesmo modo, poderíamos ter considerado Voët ou outros representantes continentais da ascese intramundana. A visão de Brentano de que esse desenvolvimento teria sido "apenas anglo-saxão" é completamente errôneo. Minha seleção baseia-se no desejo de dar a palavra não de maneira exclusiva, mas o máximo possível, ao movimento ascético da segunda metade do século XVII, imediatamente antes da mudança para o utilitarismo. Infelizmente, no âmbito deste estudo, tivemos de renunciar à interessante tarefa de evidenciar o estilo de vida do protestantismo ascético também a partir da literatura biográfica. Em especial a *quaker* deveria ser considerada aqui, pois é relativamente desconhecida por nós.

4. De fato, poder-se-iam consultar tanto os escritos de Gisbert de Voët quanto as deliberações dos sínodos dos huguenotes ou ainda a literatura dos batistas holandeses. De maneira muito infeliz, Sombart e Brentano extraíram de Baxter justamente aqueles elementos que eu havia destacado como "ebionitas", para me contraporem o indubitável "retrocesso" (capitalista) de sua *doutrina*. Porém, é preciso: 1) conhecer realmente a fundo toda essa literatura para utilizá-la corretamente; 2) não ignorar o que eu estava justamente tentando provar: *apesar* da *doutrina* "antimamonista", o espírito dessa *religiosidade* ascética, tal como ocorre nas economias monásticas, gerou o racionalismo econômico porque premiava o elemento decisivo, a saber, os *impulsos* racionais, condicionados pela ascese. É apenas disso que se trata neste estudo, e esse é justamente o ponto alto do que aqui é apresentado.

5. O mesmo em Calvino, que não gostava nem um pouco da riqueza burguesa (ver os violentos ataques a Veneza e Antuérpia, *Comm. in Jes. Opp.*, III, 140 a, 308 a).

6. *Saint's Everlasting Rest*, caps. X, XII. Cf. Bailey, *Praxis pietatis*, p. 182, ou Matthew Henry ("The Worth of the Soul", *Works of Pur. Div.*, p. 319): "Those that are eager in pursuit of worldly wealth despise their soul, not only because the soul is neglected and the body preferred before it, but because it is employed in these pursuits: Psalm 127,2" [Aqueles que buscam avidamente a riqueza mundana desprezam a própria alma, não apenas porque a alma é negligenciada em favor do corpo, mas também porque ela é empregada nessas buscas: Salmo 127,2]. (Porém, na mesma página encontra-se a observação, citada mais adiante, sobre a pecaminosidade de toda sorte de perda de tempo e, em especial, daquela com "recreations".) Isso também se observa em quase toda a literatura religiosa do puritanismo anglo-holandês. Ver, por exemplo, a filípica de Hoornbeek (op. cit., 1, X, caps. 18 e 19) contra a avareza. (De resto, esse autor também sofre influências sentimentais e pietistas: ver o elogio da *tranquillitas animi* [paz de espírito], que agrada a Deus, em oposição à *sollicitudo* [inquietação] deste mundo.) "Um rico dificilmente se salva", pensa igualmente Bailey (op. cit., p. 182) em alusão a uma conhecida passagem bíblica. Os catecismos *metodistas* também desaconselham "o acúmulo de tesouros na Terra". No pietismo, isso é evidente por si só, e para os *quakers* não é diferente. Cf. Barclay, op. cit., p. 517: "(...) and therefore beware of such temptation as to use their callings and engine *to be richer*" [(...) e, portanto, cuidado com a tentação de usar sua vocação e sua inteligência *para enriquecer*].

7. Pois não apenas a riqueza, mas também o *desejo instintivo de ganho* (ou o que valesse como tal) era severamente condenado. Nos Países Baixos, em resposta a uma solicitação, o Sínodo da Holanda Meridional, de 1574, declarava que os "penhores" não podiam ser admitidos na Eucaristia, embora seus negócios fossem permitidos pela lei. O Sínodo Provincial de Deventer, de 1598 (art. 24), estendia essa proibição aos empregados dos "lombardos". O Sínodo de Gorichem, de 1606, estipulava condições severas e humilhantes, sob as quais podiam ser admitidas as *mulheres* de "usurários", e ainda em 1644 e 1657 se discutia se os lombardos poderiam ser admitidos na Eucaristia (em oposição especialmente a Brentano, que cita seus antepassados católicos, embora há milênios existam comerciantes e banqueiros de origem estrangeira em todo o mundo europeu e asiático). Gisbert Voët (*Disp. theol.*, IV, Anst. 1667, *De usuris*, p. 665) queria excluir os "trapezitas" (lombardos, piemonteses) da comunhão. Nos sínodos dos huguenotes não era diferente. *Esses* tipos de estratos capitalistas *não* eram absolutamente os representantes típicos da mentalidade e da conduta de vida de que se trata aqui. Em relação à Antiguidade e à Idade Média, tampouco constituíam algo *novo*.

8. Conceito aprofundado no capítulo 10 de *Saints' Everlasting Rest*: quem quiser repousar eternamente no "abrigo" que Deus dá como propriedade, por Deus será punido também nesta vida. Quase sempre o descanso saciado sobre a riqueza adquirida é prenúncio de ruína. Se tivéssemos tudo o que *pudéssemos* possuir no mundo, seria

tudo o que esperaríamos ter? Não é possível alcançar a *ausência de desejos* na Terra, justamente porque ela não *deve* existir segundo a vontade de Deus.

9. *Christ. Dir.*, I, p. 375-376: "It is for *action* that God maintaineth us and our activities: work is the moral as well as the natural *end of power* (...) It *is action* that God is most served and honoured by [...] *The public welfare or the good of many* is to be valued above our own" [É pela ação que Deus mantém a nós e a nossas atividades: o trabalho é o fim moral e natural do poder (...) É pela ação que mais se serve e se honra a Deus (...) O bem-estar público ou o bem de muitos deve ser valorizado acima do nosso]. Aqui se nota o ponto de partida para a transformação da vontade de Deus nos pontos de vista puramente utilitários da teoria liberal posterior. Sobre as fontes religiosas do utilitarismo, ver mais abaixo no texto e acima, na nota 145.

10. Especialmente a partir dos cluniacenses, o mandamento de *calar-se*, proveniente da ameaça bíblica de punir "toda palavra inútil", é um meio ascético que se mostrou eficaz na educação para o autocontrole. Baxter também discorreu em detalhes sobre os pecados da conversa desnecessária. Sanford (op. cit., p. 90 s.) também reconheceu a importância caracterológica desse princípio. A *melancholy* [melancolia] e a *moroseness* [mau humor] dos puritanos, tão profundamente sentidas pelos contemporâneos, eram consequência justamente da destruição da *espontaneidade* do *status naturalis*, e para esse fim também serviu a proibição de falar sem pensar. Quando Washington Irving (*Bracebridge Hall*, cap. XXX) busca o motivo, em parte no *calculating spirit* [espírito calculista] do capitalismo, em parte no efeito da liberdade política, que conduziria ao senso de responsabilidade, cabe dizer que o mesmo efeito não se produziu entre os povos românicos e que na Inglaterra as coisas se apresentavam da seguinte forma: 1) o puritanismo habilitava seus seguidores a criar instituições livres e, não obstante, a se tornarem uma potência mundial; 2) transformou a "calculabilidade" (chamada por Sombart de *spirit*), que na realidade é um elemento constitutivo do capitalismo, de meio econômico em *princípio* de toda a *conduta de vida*.

11. Op. cit., I, p. 111.

12. Op. cit., I, p. 383 s.

13. De modo semelhante se exprime Barclay (op. cit., p. 14) sobre a preciosidade do tempo.

14. Baxter, op. cit., p. 79: "Keep up a high esteem of time and be every day more careful that you lose none of your time, than you are that you lose none of your gold and silver. And if vain recreation, dressings, feastings, idle talk, unprofitable company, or sleep, be any of them temptations to rob you of any of your time, accordingly heighten your watchfulness. — Those that are prodigal of their time despise their own souls" [Mantém uma alta estima do tempo e, a cada dia, sê mais cuidadoso para não perderes nada do teu tempo do que és, para não perderes nada do teu ouro e da tua prata. E se uma vã recreação, roupas, festas, conversas irrelevantes, companhias que não trazem

nenhum benefício ou o sono estiverem entre as tentações capazes de roubar-te parte do tempo, aumenta proporcionalmente tua vigilância. — Os que são pródigos com seu tempo desprezam a própria alma], opina Matthew Henry ("Worth of the soul", *W. of Pur. Div.*, p. 315). Aqui também a ascese protestante se move por trilhos há muito percorridos. Estamos habituados a olhar como uma característica específica do profissional moderno o fato de ele "não ter tempo" e, como já fazia Goethe nos *Wanderjahre* [Anos de peregrinação], a medir o grau do desenvolvimento capitalista com o fato de que os *relógios* batem os quartos de hora (tal como faz Sombart em seu *Kapitalismus*). Não podemos nos esquecer, porém, de que, na Idade Média, os primeiros homens a viver de acordo com um *tempo segmentado* foram os *monges*, e de que os sinos das igrejas serviam inicialmente à *sua* necessidade de dividir o tempo.

15. Cf. as considerações de Baxter sobre a profissão (op. cit., I, p. 108 s.), em particular o seguinte trecho: "Question: But may I not cast off the world that I may only think of my salvation? — Answer: You may cast off all such excess of worldly cares or business as unnecessarily hinder you in spiritual things. But you may not cast off all bodily employment and mental labour in which *you may serve the common good*. Everyone as a member of Church or Commonwealth must employ their parts to the utmost for the good of the Church and the Commonwealth. To neglect this and say: I will pray and meditate, is as if your servant should refuse your *greatest* work and tye himself to some lesser easier part. And *God hath commandeth* you some way or other to *labour for your daily bread and not to live as drones of the sweat of others only*" [Pergunta: Mas não posso descartar o mundo para pensar apenas em minha salvação? — Resposta: Podes descartar todo o excesso de preocupações ou questões mundanas que te inibem desnecessariamente nas coisas espirituais. Mas não deves descartar todo o empenho físico e o trabalho mental com os quais podes servir ao bem comum. Todo membro da Igreja ou da comunidade deve contribuir com sua parte para o maior bem da Igreja e da comunidade. Negligenciar isso e dizer "vou rezar e meditar" seria como se teu criado se recusasse a fazer o trabalho maior e se limitasse a executar uma parte menor e mais fácil. E Deus te ordenou a trabalhar de uma maneira ou de outra pelo teu pão de cada dia e não viver como um zangão apenas do suor dos outros]. Como acréscimo, são citados o mandamento de Deus a Adão ("com o suor do teu rosto [...]") e a instrução de Paulo ("se alguém não quiser trabalhar, não coma também"). Dos *quakers*, sempre se soube que mesmo seus círculos mais abastados exortavam os filhos a aprender uma profissão (por razões éticas, e não utilitárias, como sugere Alberti).

16. Aqui há pontos em que o pietismo se afasta em razão de seu caráter *sentimental*. Embora enfatize, em sentido totalmente luterano, que o trabalho profissional é um *serviço prestado a Deus*, Spener (*Theol. Bedenken*, III, p. 445) sustenta — também de forma luterana — que a *agitação* dos negócios profissionais afasta de Deus, uma antítese muito característica em relação ao puritanismo.

17. Op. cit., p. 242: "It's they that are lazy in their callings that can find no time for holy duties" [São os indolentes em sua vocação que não conseguem encontrar tempo para os deveres sagrados]. Disso provinha a opinião de que eram preferencialmente

as *cidades* — sede da burguesia dedicada ao lucro racional — os locais das virtudes ascéticas. Em sua autobiografia, assim se expressa Baxter sobre os tecelões em Kidderminster: "And their constant *converse and traffic with London* doth much to promote civility and piety among tradesmen" [E suas constantes negociações e seu comércio com Londres muito fizeram para promover a civilidade e a devoção entre os comerciantes] (excerto em *W. of the Pur. Div.*, p. XXXVIII). A ideia de que a proximidade da capital pudesse fortalecer a virtude espantaria os eclesiásticos atuais — pelo menos os alemães. No entanto, o pietismo também mostra visões semelhantes. Assim escreve Spener ocasionalmente a um jovem colega: "Ao menos se verá que, em meio à grande população nas cidades, embora a maioria seja mal-afamada, sempre se encontram boas almas às quais se pode fazer o bem, enquanto às vezes, nos vilarejos, é preocupante o fato de que dificilmente se encontre algo honestamente bom em toda uma comunidade" (*Theol. Bed.*, I, 66, p. 303). O camponês é pouco qualificado para a conduta de vida ascética racional. Sua glorificação ética é muito moderna. Não entraremos aqui na importância desta e de outras manifestações semelhantes para a questão da relação entre a ascese e as *classes sociais*.

18. Tomem-se, por exemplo, os seguintes trechos (op. cit., p. 336 s.): "Be wholly taken up in diligent business of your lawful callings when you are not exercised in the more immediate service of God. — Labour hard in your callings — See that you have a calling which will find you employment for all the time which Gods immediate service spareth" [Consagrai-vos completamente ao exercício diligente de vossas vocações lícitas, se não exerceis o mais imediato serviço a Deus. Trabalhai duro em vossas vocações. Tratai de ter uma vocação que vos ocupe por todo o tempo não despendido com o serviço imediato a Deus].

19. Ainda recentemente, Harnack tornou a enfatizar que a apreciação especificamente ética do trabalho e de sua "dignidade" não era um conceito *originariamente* próprio nem tampouco característico do cristianismo (*Mitt. des Ev.-Soz. Kongr.*, série 14, 1905, nº 3/4, p. 48).

20. Assim também no pietismo (Spener, op. cit., III, p. 429, 430). Segundo a versão tipicamente pietista, a fidelidade à profissão que nos foi imposta como punição devido ao pecado original serve para *sufocar* a própria *vontade*. Como serviço de amor ao próximo, o trabalho profissional é um dever de gratidão pela graça divina (concepção luterana!) e, portanto, não agrada a Deus se for realizado contra a própria vontade e com desgosto (op. cit., III, p. 272). Destarte, o cristão "deverá mostrar-se tão empenhado em seu trabalho como um homem mundano" (III, p. 278). Evidentemente, isso está aquém da concepção puritana.

21. Apenas uma análise mais abrangente poderá demonstrar em que se baseia *essa* importante oposição, que é manifesta desde a Regra de São Bento.

22. Segundo Baxter, seu objetivo é "*a sober* procreation of children" [uma sóbria procriação de filhos]. De modo semelhante se expressa Spener, embora faça

concessões à rude visão luterana, segundo a qual o objetivo secundário é evitar a imoralidade, que de outro modo seria irreprimível. Como fenômeno que acompanha o coito, a concupiscência é pecaminosa também no matrimônio e, segundo a concepção de Spener, por exemplo, não passa de uma *consequência* do pecado original, que assim transformou um processo natural e desejado por Deus em algo inevitavelmente ligado a sensações pecaminosas e, com isso, em um *pudendum* [algo de que se deve ter vergonha]. Também segundo a concepção de algumas tendências pietistas, a mais elevada forma do matrimônio cristão é aquela em que se preserva a virgindade; a segunda mais elevada é aquela em que o coito serve exclusivamente para a procriação e assim por diante até aqueles matrimônios contraídos por razões puramente eróticas ou externas e que, do ponto de vista ético, são considerados concubinatos. Nesses níveis inferiores, o matrimônio contraído por razões puramente externas (pois, de todo modo, deriva de uma reflexão *racional*) é preferido ao condicionado pelo erotismo. A teoria e a prática dos hernutos podem permanecer fora de nossa análise. A filosofia racionalista (Chr. Wolff) adotou a teoria ascética na versão segundo a qual aquilo que é prescrito como *meio* para se alcançar um fim, a saber, a concupiscência e sua satisfação, não pode ser transformado em um fim *em si mesmo*. A mudança para um utilitarismo de orientação puramente higiênica já foi realizada em Franklin, que, de certa maneira, adota o ponto de vista ético dos médicos modernos, entendendo por "castidade" a limitação das relações sexuais ao que é desejável *para a saúde* e, como se sabe, teorizando sobre o modo de fazê-lo. Esse desenvolvimento apareceu em toda parte tão logo esses assuntos se tornaram objeto de ponderações puramente *racionais*. Racionalistas puritanos e higienistas da sexualidade trilham caminhos muito diferentes, mas aqui "se entendem de imediato": em uma conferência sobre os bordéis e sua regulamentação, um fervoroso defensor da "prostituição higiênica" fundamentou a admissibilidade moral da "relação sexual extraconjugal" (considerada útil *do ponto de vista higiênico*), referindo-se à sua idealização poética em *Fausto e Margarida*. Tratar Margarida como uma prostituta e igualar o poderoso império das paixões humanas à relação sexual por razões higiênicas são ações que correspondem *inteiramente* à visão puritana. O mesmo se pode dizer, por exemplo, da concepção digna de especialistas, às vezes representada por médicos eminentes, de que uma questão que interfere nos problemas mais sutis da personalidade e da civilização, como a importância da abstinência sexual, seja de competência "exclusiva" do foro do médico (como *especialista*): entre os puritanos, o "especialista" é o teórico moralista; para os médicos, é o higienista. Em ambos os casos, naturalmente com uma inversão de sinais, adota-se o princípio da "competência", que nos parece ligeiramente filisteu, para resolver essa questão. No entanto, o poderoso idealismo da visão puritana, com todos os seus pudores, também tem resultados positivos a mostrar, tanto de um ponto de vista de conservação da raça quanto daquele puramente "higiênico", enquanto a higiene sexual moderna, por seu inevitável apelo à anulação de todo preconceito, corre o risco de romper o fundo do recipiente que lhe serve de fonte. Naturalmente, fica fora dessa discussão o modo como aquela interpretação racional das relações sexuais nos povos influenciados pelo puritanismo deu origem a um refinamento e à introdução de elementos espirituais e éticos nas relações matrimoniais, bem como ao florescimento do cavalheirismo conjugal — em oposição às exalações patriarcais, ainda hoje presentes até mesmo nos círculos da aristocracia intelectual, muitas vezes de maneira sensivelmente retrógrada. (Influências anabatistas contribuíram para a "emancipação" da mulher; também nesse caso, a proteção da *liberdade de consciência* feminina e a extensão da ideia de "sacerdócio universal" às mulheres foram as primeiras brechas no patriarcalismo.)

23. O tema é recorrente em Baxter. Regularmente, o tema bíblico é o que conhecemos por intermédio de Franklin (Provérbios 22, 29) ou a glorificação do trabalho em Provérbios 31,16. Cf. op. cit., I, p. 382, 377, etc.

24. O próprio Zinzendorf diz ocasionalmente: "Não se trabalha apenas para viver, mas se vive para o trabalho, e quando já não se tem trabalho, sofre-se ou se adormece" (Plitt, I, p. 428).

25. Segundo citações, há um credo dos *mórmons* que se conclui com as seguintes palavras: "Porém, um preguiçoso ou indolente não pode ser cristão nem se tornar bem-aventurado. Está destinado a ser aferroado até a morte e expulso da colmeia.". Entretanto, a produzir as espantosas obras econômicas dessa seita foi sobretudo a grandiosa *disciplina*, a meio caminho entre o mosteiro e a manufatura, que colocava o indivíduo perante a escolha entre trabalho ou banimento — escolha que por certo estava *ligada* ao entusiasmo religioso e *apenas por ele* era possível.

26. Por isso, seus sintomas são cuidadosamente analisados (op. cit., I, p. 380). Se *sloth* [preguiça] e *idleness* [ócio] são pecados tão graves, é *porque* têm um caráter *continuado*. Chegam a ser vistos por Baxter como "destruidores do estado de graça" (op. cit., I, p. 279-280). De fato, são a antítese da vida *metódica*.

27. Ver acima, nota 57.

28. Baxter, op. cit., I, p. 108 ss. Chamam a atenção especialmente as seguintes passagens: "Question: But will not wealth excuse us? — Answer: It may excuse you from some sordid sort of work, by making you more serviceable to another, but you are no more excused from service of work (...) then the poorest man (...)" [Pergunta: Mas a riqueza não nos dispensará? — Resposta: Poderá dispensar-vos de algum trabalho sórdido, tornando-vos mais adequados para outrem, mas não vos dispensará do serviço do trabalho (...) mais do que ao mais pobre dos homens (...)]. Além disso, op. cit., I, p. 376: "Though they [os ricos] have no outward want to urge them, they have as great a necessity to obey God [...] God had strictly commandeth it [o trabalho] to all" [Embora eles (os ricos) não tenham nenhuma necessidade externa que os pressione, têm uma necessidade igualmente grande de obedecer a Deus (...) Deus ordenou-o (o trabalho) estritamente a todos].

29. Igualmente Spener (op. cit., III, p. 338, 425), que por essa razão combate sobretudo a tendência a se aposentar antes da hora como moralmente preocupante e, refutando

a objeção contra a legitimidade da cobrança de juros, segundo a qual o usufruto dos juros levaria à indolência, ressalta que mesmo quem pode viver de juros tem a *obrigação* de trabalhar, pois esse é o mandamento de Deus.

30. Inclusive o pietismo. Quando se trata da questão da *mudança* de profissão, Spener sempre sustenta que, *ao se optar* por determinada carreira, o dever de obediência à divina Providência exige a permanência nela e a submissão a ela.

31. O caráter extremamente patético e dominante na conduta de vida, com o qual a doutrina *indiana* da salvação une o tradicionalismo profissional às possibilidades de reencarnação, está demonstrado nos ensaios sobre a Ética econômica das religiões mundiais. Justamente com esse exemplo se aprende a diferença entre meros conceitos éticos e *doutrinários* e a criação de *estímulos* psicológicos de determinada espécie por meio da religião. O hindu devoto *só* podia obter possibilidades favoráveis de reencarnação se cumprisse rigorosamente, segundo a *tradição*, os deveres da casta em que nasceu: esse ancoramento religioso do tradicionalismo é o mais sólido que se pode imaginar. Com efeito, nesse ponto, a ética indiana é a antítese mais coerente daquela puritana, assim como, em outra perspectiva (tradicionalismo estamental) é a antítese mais coerente do judaísmo.

32. Baxter, op. cit., I, p. 377.

33. Mas nem por isso pode ser historicamente deduzida a partir deles. Ao contrário, nessa motivação influi a concepção genuinamente calvinista de que o cosmo do "mundo" está a serviço da glória de Deus e à sua autocelebração. A mudança utilitária, segundo a qual o cosmo econômico deve servir à meta de manter a vida de todos (*good of the many, common good*, etc.), era consequência da ideia de que toda interpretação diferente conduziria à divinização (aristocrática) da criatura, servindo não à glória de Deus, e sim a "fins culturais" dos seres humanos. No entanto, desde que se considerem os objetivos *terrenos*, a vontade de Deus, tal como expressa na estrutura teleológica do cosmo econômico (ver nota 35), pode apenas constituir o bem da coletividade, a saber, a *utilidade* impessoal. Portanto, como dito anteriormente, o utilitarismo é consequência da configuração *im*pessoal do "amor ao próximo" e do repúdio a glorificar o mundo com a exclusividade do *in majorem Dei gloriam* puritano. Pois a intensidade com que predominava em todo o protestantismo ascético a ideia de que toda glorificação da criatura atenta contra a glória de Deus e, portanto, é absolutamente reprovável, mostra-se com clareza nas hesitações e no esforço que custou ao próprio Spener — a bem da verdade, em nada inspirado pelo espírito democrático — manter, perante as inúmeras solicitações, o uso dos *títulos* como αδιαφορον [indiferente]. Por fim, acalmou-se ao perceber que mesmo na Bíblia o pretor Festo é tratado pelo apóstolo com o título de κρατιστος [potentíssimo]. O aspecto político da questão não faz parte deste contexto.

34. "The inconstant man is a stranger in his own house" [O homem inconstante é um estranho em sua própria casa], diz também Th. Adams (*Works of the Pur. Div.*, p. 77).

35. A esse respeito, ver especialmente as considerações de George Fox em *The Friends' Library* (ed. W. & Th. Evans, Filadélfia, 1837 ss.), vol. I, p. 130.

36. Além disso, é claro que essa mudança da ética religiosa não pode ser vista como reflexo das condições econômicas reais. Na Idade Média italiana, a especialização profissional certamente era bem mais avançada do que na Inglaterra no mesmo período.

37. Pois, conforme se costuma destacar na literatura puritana, Deus nunca ordenou que se deve amar o próximo *mais* do que a si mesmo, e sim *como* a si mesmo. Portanto, o indivíduo também tem o *dever* de amar a si próprio. Aquele que, por exemplo, sabe melhor do que o próximo empregar sua propriedade de maneira mais proveitosa e, portanto, para maior honra de Deus, não é obrigado por amor ao próximo a partilhá-la com ele.

38. Também Spener se aproxima desse ponto de vista. Contudo, quando se trata de passar da profissão de comerciante (moralmente muito perigosa) para a teologia, ele permanece muito reticente e tende a desaconselhá-lo (III, p. 435, 443, I, p. 524). Diga-se de passagem, as respostas *justamente* a essa pergunta (se é permitido mudar de profissão), que retornam com frequência aos pareceres naturalmente muito ponderados de Spener, mostram quão eminentemente práticas eram na vida cotidiana as diferentes interpretações de 1 Cor 7.

39. Não se encontra nada semelhante entre os principais pietistas continentais, pelo menos *não* em seus escritos. A posição de Spener sobre o lucro oscila entre o luteranismo (ponto de vista da alimentação) e as argumentações mercantilistas sobre a utilidade do "florescimento do comércio" e similares (op. cit., III, p. 330, 332, cf. I, p. 418: o *cultivo do tabaco* traz dinheiro para o país e, *por isso*, é útil, *portanto*, não pecaminoso!) (cf. III, p. 426, 427, 429, 434). Contudo, não deixa de indicar que, como mostra o exemplo dos *quakers* e menonitas, é possível ter lucro e permanecer religioso, e que até mesmo um lucro particularmente alto — do qual ainda falaremos mais tarde — pode ser produto direto de uma probidade devota (op. cit., p. 435).

40. Em Baxter, essas opiniões *não* são um reflexo do meio econômico em que ele vivia. Ao contrário, sua autobiografia destaca que aos sucessos de seu trabalho missionário local contribuiu de maneira decisiva o fato de aqueles comerciantes que se haviam estabelecido em Kidderminster *não* serem ricos, mas ganharem apenas para *food and raiment* [comida e vestuário], e de os mestres artesãos terem de viver *from hand to mouth* [da mão para a boca], tal como seus operários. "It is *the poor* that receive the glad tidings of the Gospel" [É o pobre que recebe as boas-novas do Evangelho]. Th. Adams observa sobre o empenho em lucrar: "He (the knowing man) knows (...) that money may make a man richer, not better, and thereupon chooseth rather to sleep with a good conscience than a full purse (...) therefore desires no more wealth *than an honest man may bear away* [Ele (o homem esclarecido) sabe (...) que

o dinheiro pode tornar um homem mais rico, não melhor; portanto, prefere dormir com a consciência tranquila a ir para a cama com a carteira cheia (...) destarte, não deseja mais riquezas do que um homem honesto pode suportar] (Th. Adams, *Works of Pur. Div.*, LI) — mas *também quer o mesmo tanto*, e isso significa que todo ganho formalmente *honesto* também é *legítimo*.

41. Assim Baxter, op. cit., I, cap. X, tít. 1, dist. 9 (§ 24), vol. I, p. 378, coluna 2. Em Provérbios 23, 4, a sentença "Não trabalhes para ficar rico" significa apenas: "Riches for our fleshly ends must not ultimately be intended" [as riquezas para nossos objetivos carnais não devem ser almejadas como fim último]. A propriedade na forma feudal e senhorial de seu emprego é justamente o que há de odioso (cf. a observação na op. cit., I, p. 380 sobre a *debauched part of the gentry* [parte degenerada da aristocracia]), e não a propriedade *em si*. Milton, na primeira *Defensio pro populo Anglicano*, sustenta a conhecida teoria de que apenas o "estamento médio" pode ser portador da *virtude* — entendendo-se por "estamento médio" a classe burguesa em oposição à "aristocracia", como mostra a fundamentação de que tanto o "luxo" quanto a "necessidade" impedem o exercício da virtude.

42. *Isso* é decisivo. Nesse sentido, cabe fazer mais uma vez esta observação geral: naturalmente, aqui não nos importa tanto o que a teoria ética teológica desenvolveu em termos de conceito, e sim o que na vida prática dos crentes era a moral *vigente*, ou seja, *como* a orientação religiosa da ética profissional *atuava* na prática. Na literatura casuísta do catolicismo, especialmente a dos jesuítas, pode-se ao menos vez por outra ler discussões — por exemplo, sobre a questão da admissibilidade do juro, na qual não entraremos aqui — que soam similares às de muitos casuístas protestantes. Elas parecem até ir além no que consideram "lícito" ou "provável" (mais tarde, com frequência se objetou contra os puritanos que a ética deles era fundamentalmente igual à dos jesuítas). Assim como os calvinistas costumam citar teólogos moralistas católicos — não apenas Tomás de Aquino, Bernardo de Claraval e Boaventura, mas também contemporâneos —, os casuístas católicos tomaram regularmente conhecimento da ética herética, porém aqui não nos aprofundaremos a esse respeito. No entanto, sem levar em conta a circunstância decisiva que a *recompensa* religiosa da vida ascética tem para o *leigo*, a grande diferença na teoria é a seguinte: no catolicismo, essas visões latitudinárias eram produtos, não sancionados pela autoridade eclesiástica, de teorias éticas especificamente *laxistas*, das quais justamente os defensores mais sérios e rigorosos da Igreja se mantinham afastados, enquanto, ao contrário, a ideia protestante de profissão colocava os defensores *mais sérios* da vida ascética a serviço da vida de lucro capitalista de acordo com seu êxito. Aquilo que no catolicismo podia ser *permitido* dentro de certas condições no protestantismo apareceu como algo positivamente *bom* do ponto de vista moral. As diferenças fundamentais das duas éticas, muito importantes na prática, consolidaram-se definitivamente, mesmo para os tempos modernos, a partir da disputa com os jansenistas e da bula *Unigenitus*.

43. "You may labour in that manner as tendeth most to your success and lawful gain. You are *bound* to improve all your talents (...)" [Podes trabalhar da maneira mais

conveniente a teu êxito e a teu ganho lícito. És obrigado a melhorar todos os teus talentos (...)]. Essa frase segue a passagem citada no texto. Um paralelismo direto entre a ambição de riquezas no reino de Deus e a de ter sucesso na profissão terrena encontra-se, por exemplo, em Janeway, "Heaven upon Earth" (in: *Works of the Pur. Div.*, p. 275 infra).

44. Já na profissão de fé (luterana) do duque Christoph von Württemberg, submetida ao Concílio de Trento, afirmava-se contra o voto de pobreza: quem é pobre por sua condição social deve suportar o fato, mas quem faz voto de *permanecer* pobre age como se prometesse ficar constantemente *doente* ou ter sempre *má reputação.*

45. Assim em Baxter e, por exemplo, na profissão de fé do duque Christoph. Cf. também passagens como: "(...) the vagrant rogues whose lives are nothing but an exorbitant course: the main begging" [(...) vagabundos trapaceiros, cuja vida nada mais é do que um curso desmedido: a maioria mendigando", etc. (Th. Adams, *W. of Pur. Div.*, p. 259). Já Calvino havia proibido estritamente a mendicância, e os sínodos holandeses declararam-se com veemência contra as licenças e os certificados que a autorizavam. Enquanto a época dos Stuart, sobretudo no regime de Laud sob Carlos I, havia desenvolvido sistematicamente o princípio da assistência pública aos pobres e da distribuição de trabalho aos desempregados, o grito de guerra dos puritanos foi: "Giving alm is no charity" [dar esmola não é caridade] (título do famoso texto posterior de Defoe). Por volta do final do século XVII, teve início o sistema intimidador dos *workhouses* para desempregados (cf. Leonard, *Early History of English Poor Relief*, Cambridge, 1900, e H. Levy, *Die Grundlagen des* ökonomischen *Liberalismus in der Gesch. d. engl. Volksw.*, Jena, 1912, p. 69 ss.).

46. Em seu discurso inaugural para a Assembleia de Londres, em 1903 (*Baptist Handbook*, 1904, p. 104), G. White, presidente da Baptist Union of Great Britain and Ireland, enfatizou: "The best men on the roll of our Puritan churches were *men of affairs*, who believed, that religion should permeate the whole of life" [Os melhores homens entre os membros de nossas igrejas puritanas eram homens de negócios, que acreditavam que a religião deve permear a totalidade da vida].

47. Justamente *aqui* reside a oposição característica a toda concepção feudal, segundo a qual somente o *sucessor* do *parvenu* (político ou social) pode usufruir do êxito de seu antepassado e da consagração do sangue. (Isso se expressa de modo característico em espanhol com a palavra *hidalgo = hijo d'algo — filius de aliquo*, em que *aliquid* é justamente um *patrimônio* herdado dos antepassados.) Por mais que hoje essas diferenças estejam empalidecendo com a rápida transformação e a europeização do "caráter nacional" americano, neste país vez por outra ainda se defende a visão exatamente *oposta* e de natureza especificamente burguesa, que glorifica o êxito comercial e o *lucro* como sintomas da *produção* intelectual, sem demonstrar nenhum respeito à mera *propriedade* (herdada). Por outro lado, na Europa (conforme já observado por James Bryce), o dinheiro de fato permite comprar quase toda distinção social, *desde que* o proprietário não tenha estado *ele próprio* atrás de um balcão e cumpra

as necessárias metamorfoses de sua propriedade (fideicomissos, etc.). *Contra* a honra do *sangue*, ver, por exemplo, Th. Adam, *Works of the Pur. Div.*, p. 216.

48. Assim, por exemplo, já para o fundador da seita dos familistas, Hendrik Niklaes, que era comerciante. (Barclay, *Inner Life of the Religious Communities of the Commonwealth*, p. 34.)

49. Para Hoornbeek, por exemplo, isso já estava solidamente estabelecido, uma vez que também em Mt 5, 5 e 1 Tim 4, 8 são feitas promessas puramente terrenas para os santos (op. cit., vol. I, p. 193). Tudo é produto da Providência de Deus, mas ele cuida dos seus de maneira especial (op. cit., p. 192): "Super alios autem summa cura et modis singularissimis versatur Dei providentia *circa fideles*". Segue, então, a discussão sobre como se pode reconhecer que um caso fortuito provém *não* da *communis providentia*, e sim desse cuidado especial. Também Bailey (op. cit., p. 191) remete à Providência divina o êxito no trabalho profissional. O fato de a *prosperity* "com frequência" ser a recompensa da vida devota é uma declaração muito presente nos escritos dos *quakers* (ver, por exemplo, afirmação nesse sentido ainda do ano de 1848, em *Selection from the Christian Advices Issued by the General Meeting of the S. of Fr.* Londres, 1851, p. 209). Ainda retornaremos à relação com a ética *quaker*.

50. A análise de Thomas Adams sobre o litígio entre Esaú e Jacó (*Works of the Pur. Div.*, p. 235) pode servir como exemplo dessa orientação para os patriarcas — que ao mesmo tempo é característica da concepção de vida puritana: "His (de Esaú) folly may be argued from the base estimation of the birthright" (essa passagem também é importante para o desenvolvimento da ideia de direito de primogenitura, da qual falaremos mais adiante), "that he would so lightely pass from it and on *so easy condition* as a pottage" [seu desatino pode ser explicado por uma baixa estima do direito de primogenitura, tanto que o vendeu, e por uma condição tão fácil como uma sopa]. Porém, Esaú foi *pérfido* quando quis anular a venda sob o pretexto de ter sido enganado. De fato, é um *cunning hunter, a man of the fields* [um caçador astuto, um homem do campo], um homem sem cultura, que vive de modo irracional, enquanto Jacó é um *plain man, dwelling in tents* [um homem simples, que mora em tendas] e representa o *man of grace* [homem que recebeu a graça]. Esse sentimento de íntimo parentesco com o judaísmo, tal como foi expresso no conhecido texto de Roosevelt, Köhler (op. cit.) também o encontrou amplamente difundido entre os camponeses na Holanda. Por outro lado, porém, o puritanismo estava bem consciente do contraste com a ética judaica em sua dogmática prática, como mostra claramente o texto de Pryne contra os judeus (por ocasião dos projetos de tolerância de Cromwell). Ver adiante nota 252.

51. *Zur bäuerlichen Glaubens-und Sittenlehre. Von einem thüringischen Landpfarrer.* 2ª ed., Gotha, 1890, p. 16. De modo característico, os camponeses descritos nessa obra são produto da Igreja *luterana*. Várias vezes anotei "luterano" na margem, quando o excelente autor via apenas uma religiosidade de caráter genericamente "camponês".

52. Cf., por exemplo, a citação em Ritschl, *Pietismus*, II, p. 158. Spener também fundamenta suas suspeitas em relação à mudança de profissão e ao desejo de lucro *com* sentenças do Eclesiástico. *Theol.*, vol. III, p. 426.

53. Não obstante, Bailey, por exemplo, recomenda sua leitura, e pelo menos em alguns pontos aparecem citações dos apócrifos, que obviamente são raras. Não me lembro (talvez seja um acaso) de nenhuma citação do Eclesiástico.

54. Quando os manifestamente réprobos obtêm um êxito aparente, o calvinista (por exemplo, Hoornbeek) se tranquiliza, de acordo com a "teoria da obstinação", com a certeza de que Deus lhes concede esse êxito a fim de endurecê-los e arruiná-los com mais segurança.

55. Neste contexto, não entraremos em detalhes sobre esse ponto. Aqui nos interessa apenas o caráter formalista da "legalidade". Sobre a importância da ética do Antigo Testamento para a *lex naturae* há muitas referências nas *Soziallehren* de Troeltsch.

56. Segundo Baxter (*Christian Directory*, III, p. 173 ss.), a obrigatoriedade das normas éticas da Escritura tem esse longo alcance porque 1) elas constituem apenas uma "transcript" [transcrição] da "law of nature" [lei da natureza], ou 2) carregam consigo o "express character of universality and perpetuity" [caráter expresso da universalidade e da perpetuidade].

57. Por exemplo, Dowden (com referência a Bunyan), op. cit., p. 39.

58. Para mais elementos sobre esse assunto, ver meus estudos sobre a Ética econômica das religiões mundiais. Não é possível analisar aqui a enorme influência que teve, por exemplo, especialmente o *segundo mandamento* ("Não farás imagens", etc.) sobre a evolução caracterológica do judaísmo e seu caráter racional, estranho à cultura dos sentidos. Não obstante, talvez se possa mencionar como característico o fato de que um dos diretores da *Educational Alliance* nos Estados Unidos — organização que se ocupa com espantoso sucesso e grandiosos recursos da americanização dos imigrantes judeus — tenha referido "a emancipação do segundo mandamento" como primeiro objetivo da humanização cultural, que se tenta alcançar através de toda sorte de ensinamento artístico e social. No puritanismo, à rejeição israelita a qualquer humanização de Deus corresponde a proibição, um pouco diferente, mas que age no mesmo sentido, de divinizar a criatura. No que se refere ao judaísmo talmúdico, certamente ela também tem traços de parentesco fundamentais com a moralidade puritana. Por exemplo, quando no Talmude (cf. Wünsche, *Babyl. Talmud*, II, p. 34) se admoesta que é melhor e será mais generosamente recompensado por Deus fazer algo bom por *dever* do que realizar uma boa ação à qual *não* se é obrigado pela Lei. Em outros termos, o cumprimento de um dever sem amor é eticamente superior à filantropia inspirada pelo sentimento. A ética puritana aceitaria essa proposição em sua essência. Do mesmo modo, Kant — que

era de origem escocesa e, em sua educação, sofrera forte influência pietista — aproximou-se dela no resultado (como, de resto, algumas de suas formulações se vinculam diretamente às ideias do protestantismo ascético, que não poderemos discutir aqui). Todavia, a ética talmúdica encontra-se profundamente imersa no tradicionalismo oriental: "R. Tanchum ben Chanilai disse: que o homem nunca mude um costume" (Gemara *apud* Mischna, VII, 1, fol. 86 b, nº 93, *in* Wünsche. Trata-se da alimentação dos diaristas.). Apenas em relação aos estrangeiros essa obrigação não é válida. Entretanto, a concepção puritana de "legalidade" como *comprovação*, comparada à judaica como mero cumprimento dos mandamentos, evidentemente oferecia motivos bem mais fortes para a *ação* positiva. Por certo, a ideia de que que o sucesso revela a bênção de Deus não é estranha ao judaísmo. Contudo, o significado ético-religioso e completamente divergente que essa ideia adquiriu em consequência da dupla ética (interna e externa) no judaísmo excluiu qualquer parentesco de efeito justamente nesse ponto decisivo. Ao "estrangeiro" era *permitido* o que era *proibido* ao irmão. Já por essa razão, devia ser impossível que o êxito no âmbito desse não "ordenado", mas "permitido", se afirmasse como sinal de comprovação *religiosa* e estímulo a uma configuração metódica da vida no sentido dos puritanos. Sobre todo esse problema, muitas vezes tratado de maneira incorreta por *Sombart* em seu livro *Die Juden und das Wirtschaftsleben*, ver os ensaios citados acima. Não nos cabe entrar nos detalhes aqui. Por mais estranho que pareça a princípio, a ética judaica permaneceu fortemente tradicionalista. Tampouco trataremos aqui do grande deslocamento que a posição subjetiva em relação ao mundo sofreu por intermédio da versão cristã dos conceitos de "graça" e "salvação", que, de maneira peculiar, sempre abrigou em si o germe de *novas* possibilidades de desenvolvimento. Sobre a "legalidade" no Antigo Testamento, cf. também, por exemplo, Ritschl, *Rechtf. und Vers.*, II, p. 265. Para os puritanos ingleses, os judeus de sua época eram os representantes daquele capitalismo voltado para a guerra, dos fornecimentos e monopólios estatais, das especulações imobiliárias e dos projetos de construção e financeiros dos príncipes; ou seja, um capitalismo que os próprios puritanos detestavam. Na realidade, de maneira geral e com as reservas sempre inevitáveis, essa oposição pode ser formulada como segue: o capitalismo judaico era um capitalismo-*pária* especulativo; o puritano era uma organização burguesa do trabalho.

59. Para Baxter, a *verdade* das Sagradas Escrituras provém, em última instância, da "wonderful difference of the godly and ungodly" [maravilhosa diferença entre o divino e o não divino], da absoluta diversidade do *renewed man* [homem renovado] em relação aos outros e do cuidado manifestamente muito especial de Deus com a salvação das almas dos seus (cuidado que, por certo, também pode expressar-se em *provas*). *Christ. Dir.*, I, p. 165, col. 2 marg.

60. Como exemplo característico dessa atitude, basta ler o modo tortuoso como o próprio Bunyan — no qual ocasionalmente se pode encontrar uma aproximação com o estado de espírito de *Da liberdade do cristão*, de Lutero (por exemplo, em "Of the Law and a Christian", *W. of Pur. Div.*, p. 254 infra) — tenta conciliar-se com a

parábola do fariseu e do publicano (ver o sermão *The Pharisee and the Publican*, op. cit., p. 100 ss.). Por que o fariseu é condenado? Na verdade, ele não observa os mandamentos divinos, pois é manifestamente um *sectário* que pensa apenas nos pormenores externos e nas cerimônias (p. 107); porém, acima de tudo, atribui-se o mérito e, "como fazem os *quakers*", agradece a Deus por sua virtude, usando seu nome em vão. De modo pecaminoso, exalta essa virtude (p. 126) e, assim, contesta implicitamente a *eleição pela graça divina* (p. 139 f.). Portanto, sua oração é uma adoração da criatura, e nisso reside seu pecado. Por outro lado, o publicano está internamente regenerado, como demonstra a sinceridade de sua confissão, pois, conforme expresso em uma atenuação caracteristicamente puritana do sentimento luterano do pecado, "to right and sincere conviction of sin there must be a conviction of the *probability* of mercy" [para uma convicção correta e sincera do pecado deve haver uma convicção da probabilidade do perdão] (p. 209).

61. Impresso, por exemplo, nos *Constitutional Documents* de Gardiner. Pode-se fazer um paralelo entre essa luta contra a ascese (hostil à autoridade) e a perseguição comandada por Luís XIV contra Port Royal e os jansenistas.

62. Nesse sentido, o ponto de vista de *Calvino* era essencialmente mais brando, pelo menos no que se refere às formas aristocráticas mais refinadas de desfrutar a vida. A Bíblia é o único limite. Quem a respeitar e mantiver uma boa consciência não precisará olhar com temor e desconfiança todo impulso que leve aos prazeres da vida. As explicações referentes a esse assunto no capítulo X da *Inst. Christ. Rel.* (por exemplo, "nec fugere ea quoque possumus quae videntur oblectationi magis quam necessitati inservire") poderiam, por si só, abrir as portas a uma prática muito laxista. Junto à ânsia crescente pela *certitudo salutis*, também se fez valer entre os epígonos a circunstância — que examinaremos em outro lugar — de que, no terreno da *ecclesia militans*, foram os pequeno-burgueses que se tornaram portadores do desenvolvimento ético do calvinismo.

63. Th. Adams (*Works of the Pur. Div.*, p. 3), por exemplo, inicia um sermão sobre "the three divine sisters" [as três irmãs divinas] ("Porém, o amor é a maior de todas elas"), lembrando que Páris também oferecera a maçã a Afrodite!

64. Não se devem ler romances nem obras afins por serem *wastetimes* [passatempos] (Baxter, *Christ. Dir.*, I, p. 51, col. 2). É conhecida a aridez da lírica e da canção popular, e não apenas do drama, após a época elisabetana na Inglaterra. Nas artes plásticas, talvez o puritanismo não tenha encontrado muito que reprimir. Chama a atenção, porém, a decadência de uma predisposição musical aparentemente muito boa (o papel da Inglaterra na história da música não foi irrelevante) até o zero absoluto, que nesse sentido notamos mais tarde e até hoje nos povos anglo-saxões. Com exceção da Igreja dos negros e dos cantores profissionais que atualmente as igrejas contratam como *attractions* (na Trinity Church, em Boston, por 8 mil dólares anuais em 1904), o que geralmente se ouve também na América como "canto comunitário" é uma gritaria insuportável para os ouvidos alemães. (*Em parte*, também na Holanda ocorrem fatos semelhantes.)

65. Igualmente na Holanda, como demonstram as discussões dos sínodos. (Ver as deliberações sobre a Árvore de Maio na Coleção de Reitsma, VI, 78, 139, etc.)

66. É evidente que o "renascimento do Antigo Testamento" e a orientação pietista a certas percepções cristãs, hostis à beleza na arte, que em última análise remontam ao Dêutero-Isaías e ao Salmo 22, devem ter contribuído para tornar mais possível fazer do *feio* um objeto artístico; é igualmente evidente que a rejeição puritana da divinização da criatura também teve sua participação nisso. Entretanto, todo particular ainda parece incerto. Na Igreja romana, motivos (demagógicos) totalmente diversos produziram fenômenos aparentemente afins, porém com um resultado artístico bem diferente. Quem para diante do *Saul e Davi*, de Rembrandt (no [museu] Mauritshuis), acredita sentir de imediato o poderoso efeito da percepção puritana. A perspicaz análise feita por Carl Neumann em sua obra *Rembrandt* sobre as influências culturais holandesas indicaria a medida daquilo que no momento se *pode* saber a respeito e até que ponto se podem atribuir ao protestantismo ascético efeitos positivos e fecundos para a arte.

67. Para a penetração relativamente menor da ética calvinista na prática da vida e na atenuação do espírito ascético na Holanda já no início do século XVII (os congregacionalistas ingleses que fugiram para a Holanda em 1608 ficaram escandalizados com o insuficiente repouso sabático no país), mas sobretudo sob o *estatuder* Frederico Henrique, e para a menor força de expansão do puritanismo holandês em geral, foram decisivas as causas mais variadas, que não poderão ser apresentadas aqui. Em parte, elas também residiam na constituição política (confederação particularista de cidades e províncias) e em uma capacidade defensiva bem menor (a guerra de independência foi conduzida principalmente com o *dinheiro* de Amsterdã e exércitos mercenários: os pregadores ingleses ilustravam a confusão babilônica de línguas referindo-se ao exército holandês). Desse modo, a gravidade da luta religiosa era, em grande parte, transferida aos outros, mas, ao mesmo tempo, perdia-se a oportunidade de participar do *poder* político. Em contrapartida, o exército de Cromwell, embora fosse em parte recrutado à força, sentia-se como um exército de cidadãos. (Por certo, tanto mais característico é o fato de que *justamente esse* exército incluiu em seu programa a abolição do serviço militar *obrigatório*, pois só se deve combater pela glória de Deus e por uma causa reconhecida como boa pela consciência, e não pelos caprichos dos príncipes. Historicamente, a constituição militar inglesa, que segundo os tradicionais conceitos alemães é *imoral*, teve no início motivos muito "morais" e foi uma exigência de soldados invictos. Somente após a Restauração essa constituição foi colocada a serviço dos interesses da Coroa.) Meia geração após o Sínodo de Dordrecht, os *schutterijen* holandeses, portadores do calvinismo no período da Grande Guerra, já são vistos nos quadros de Hals em atitudes bem pouco "ascéticas". Vez por outra, surgem protestos nos sínodos contra sua conduta de vida. O conceito holandês de "*Deftigkeit*" é um misto de "respeitabilidade" racional-burguesa e consciência patrícia de sua posição social. A graduação dos postos nas igrejas holandesas segundo as classes sociais mostra o caráter aristocrático dessa instituição ainda hoje.

A persistência da economia urbana era um obstáculo à indústria. Esta prosperou quase exclusivamente graças aos refugiados e, portanto, apenas de modo esporádico. No entanto, também na Holanda atuou, no mesmo sentido que em outros lugares, a ascese intramundana do calvinismo e do pietismo (no mesmo sentido, a ser mencionado em breve, de "obrigação ascética de poupar", como atesta a passagem citada de Groen van Prinsterer na nota 280. Obviamente, a ausência quase absoluta de belas-letras na Holanda calvinista não é casual. Sobre a Holanda, ver, por exemplo: Busken-Huët, *Het land van Rembrandt*, também editado em alemão por Ropp). A importância da religiosidade holandesa como "obrigação ascética de poupar" ainda aparece claramente no século XVIII, por exemplo, nos registros de Albertus Haller. Para as particularidades características do juízo estético holandês e seus motivos, comparar, por exemplo, com as anotações autobiográficas de Const. Huyghens (escritas em 1629-1631) em *Oud Holland*, 1891. (O já citado trabalho de Groen van Prinsterer, *La Hollande et l'influence de Calvin*, 1864, nada oferece de decisivo para *nossos* problemas.) Do ponto de vista social, a colônia da Nova Holanda na América foi um domínio semifeudal de "patronos", ou seja, de comerciantes que antecipavam o capital. Ao contrário do que ocorreu na Nova Inglaterra, foi difícil persuadir as "pessoas simples" a emigrar para lá.

68. Vale lembrar como as autoridades puritanas de Stratford-on-Avon fecharam o teatro da cidade quando Shakespeare ainda era vivo. (Shakespeare não perde a oportunidade de manifestar seu ódio e seu desprezo pelos puritanos.) Ainda em 1777, a cidade de Birmingham negou a permissão para a abertura de um teatro sob a alegação de incentivo ao "ócio" e, portanto, de prejuízo ao comércio (Ashley, infra, nota 289, op. cit., p. 7, 8).

69. Também aqui é decisivo o fato de que, para o puritano, havia *somente* a seguinte alternativa: vontade de Deus ou vaidade da criatura. Por isso, para ele, não podiam existir os *adiaphora* [indiferentes]. Como já dito, outra era a posição de Calvino: o que se come, o que se veste, etc., é indiferente, desde que a consequência não seja a sujeição da alma ao poder da cobiça. Como entre os jesuítas, a liberdade em relação ao "mundo" deve exprimir-se em indiferença ou, segundo Calvino, no uso indiferente e sem cobiça dos bens que a Terra oferece (p. 409 ss. da edição original da *Institutio Christianae Relig.*) — um ponto de vista que, na prática, estava visivelmente mais próximo do luteranismo do que o preciosismo de seus epígonos.

70. O comportamento dos *quakers* nesse sentido é conhecido. Porém, já no início do século XVII, durante uma década, a comunidade dos exilados em Amsterdã foi sacudida pelas mais intensas tempestades em virtude dos chapéus e dos trajes da moda usados pela mulher de um pastor. (Deliciosamente descrito em *Congregationalism of the last 300 years*, de Dexter.) Já Sanford (op. cit.) acenou para o fato de que o "penteado" masculino atual é o mesmo dos tão ridicularizados *roundheads* [cabeças redondas], e que o traje masculino dos puritanos, ridicularizado da mesma forma, é essencialmente semelhante ao de hoje, ao menos em seu *princípio* fundamental.

71. A esse respeito, ver a obra já citada de Veblen: *The Theory of Business Enterprise.*

72. Retornaremos sempre a esse ponto de vista. A partir dele se explicam declarações como esta: "Every penny, which is paid upon yourselves and children and friends must be done as by Gods own appointment and to serve and please him. Watch narrowly, or else that thievish carnal self will leave God nothing" [Cada centavo destinado a vós mesmos, a vossos filhos e amigos deve ser pago por designação de Deus, para servi-lo e agradá-lo. Há de se tomar muito cuidado; do contrário, aquele ladrão carnal que reside em vós mesmos nada deixará para Deus]. (Baxter, op. cit., p. 108, infra, à direita.) Isto é decisivo: o que se destina a objetivos *pessoais* é *subtraído* do serviço para a glória de Deus.

73. Com razão, costuma-se recordar (por exemplo, Dowden, op. cit.) que Cromwell salvou da destruição os desenhos de Rafael e o *Triunfo de César*, de Mantegna, que Carlos II tentou vender. Como se sabe, em relação à literatura nacional inglesa, a Sociedade da Restauração também mostrou uma postura totalmente fria e de rejeição. Por toda parte nas cortes, a influência de Versalhes era onipotente. Analisar em detalhes a influência do afastamento dos prazeres espontâneos da vida cotidiana no espírito dos representantes supremos do puritanismo e de todos que passaram por sua escola é uma tarefa que, de todo modo, não poderia ser concluída nos limites deste estudo. Washington Irving (*Bracebridge Hall*, op. cit.) formula esse efeito na usual terminologia inglesa "It [refere-se à liberdade política, enquanto nós diríamos o puritanismo] evinces less play of the *fancy*, but more power of *imagination*" [revela menos atuação da fantasia, porém mais poder de imaginação]. Basta pensar na posição dos *escoceses* na ciência, na literatura, nas invenções técnicas e na vida mercantil da Inglaterra para perceber que essa observação, formulada de maneira um tanto limitada, aproxima-se da verdade. Não falaremos aqui de sua importância para o desenvolvimento da técnica e das ciências empíricas. Por si só, essa relação já se manifesta em todos os aspectos da vida cotidiana. Segundo Barclay, as *recreations* permitidas para os *quakers* são, por exemplo: visitar os amigos, ler obras históricas, fazer *experimentos matemáticos e físicos*, praticar a jardinagem, discutir questões de ordem comercial e demais acontecimentos no mundo, etc. A razão para tanto já foi tratada anteriormente.

74. Brilhantemente analisado em *Rembrandt*, de Carl Neumann, a ser comparado, de modo geral, com as observações anteriores.

75. Segundo Baxter na passagem já citada (I, p. 108, infra).

76. Cf., por exemplo, a conhecida descrição do Coronel Hutchinson (citada com frequência, por exemplo, em Sanford, op. cit., p. 57) na biografia escrita por sua viúva. Depois de apresentar todas as suas virtudes cavalheirescas e sua natureza tendente à serena alegria de viver, lê-se: "He was wonderfully neat, cleanly and genteel in his habit, and had a very good fancy in it; but he left off very early the wearing of anything that was costly (...)" [Ele era admiravelmente alinhado, asseado e elegante

em seus trajes e gostava muito de ser assim; porém, muito cedo deixou de vestir qualquer coisa que custasse caro (...)]. Muito semelhante é o ideal da mulher puritana cosmopolita e bem-educada, mas que economiza em duas coisas: 1) tempo e 2) despesas com "pompa" e diversão. Ver descrição no discurso fúnebre de Baxter para Mary Hammer (*Works of the Pur. Div.*, p. 533).

77. Dentre *muitos* outros exemplos, recordo-me em especial de um fabricante extraordinariamente bem-sucedido em seus negócios e abastado em sua velhice. Acometido por persistentes problemas digestivos e aconselhado por seu médico a saborear algumas ostras todos os dias, somente com enorme dificuldade foi convencido a fazê-lo. Por outro lado, as elevadas doações com fins beneficentes que fizera em vida e sua "mão aberta" mostravam que, nesse caso, não se tratava de algo relacionado à "avareza", mas apenas de um resíduo daquele modo de sentir "ascético", que considera moralmente condenável usufruir da própria fortuna.

78. A *separação* entre oficina, escritório, "negócio" de modo geral e moradia privada — entre empresa e nome —, entre capital comercial e patrimônio pessoal, além da tendência a fazer da "empresa" um *corpus mysticum* (inicialmente, pelo menos o patrimônio comercial), tudo isso ia na mesma direção. A esse respeito, ver meu estudo *Sobre a história das companhias comerciais na Idade Média*.

79. Em seu *Kapitalismus* (1ª ed.), Sombart já indicara esse fenômeno característico de maneira pertinente. Contudo, há de se observar que o acúmulo de patrimônio tem origem em duas fontes psicológicas bem distintas. Em sua eficácia, uma delas alcança a mais remota Antiguidade e se expressa em fundações, bens de família, fideicomissos, etc., de maneira tão pura e clara, ou com pureza e clareza ainda maior do que no equivalente desejo de morrer carregado de bens materiais e, sobretudo, garantir a continuidade do "negócio", mesmo em detrimento dos interesses pessoais da maioria dos filhos herdeiros. *Nesses* casos, além do desejo de ter uma vida ideal após a morte em sua própria criação, trata-se de manter o *splendor familiae*, ou seja, uma vaidade que, por assim dizer, dedica-se à personalidade ampliada do fundador e, no fundo, a fins egocêntricos. Não é o que acontece com aquele motivo "burguês" com o qual estamos lidando aqui. Neste, a sentença da ascese "deves renunciar" é convertida em outra, positiva e capitalista — "deves lucrar" —, que em sua irracionalidade pura e simples aparece diante de nós como uma espécie de imperativo categórico. Aqui, entre os puritanos, apenas a glória de Deus e o próprio dever constituem o motivo, e *hoje*, *apenas* o dever para com a "profissão". Quem sente prazer em ilustrar uma ideia até as últimas consequências há de lembrar-se daquela teoria de certos bilionários americanos segundo a qual *não* se devem deixar aos filhos os bilhões adquiridos para não os privar do benefício moral de terem de trabalhar e ganhar seu dinheiro por conta própria. Por certo, *hoje* isso não passa de uma bolha de sabão *teórica*.

80. Como sempre se terá de ressaltar, em última instância, *esse* é o motivo religioso decisivo (além dos pontos de vista puramente ascéticos da mortificação da carne), o que aparece de modo bastante claro entre os *quakers*.

81. Baxter (*Saints' Everl. Rest.*, 12) a rejeita por motivos que também são comuns entre os jesuítas: há de se conceder ao corpo o que ele necessita, sob pena de tornar-se seu escravo.

82. Esse ideal se mostra claramente presente em especial nos primórdios do quakerismo, tal como desenvolvido por Weingarten em pontos importantes de sua obra *Englische Revolutionskirchen*. Também as aprofundadas argumentações de Barclay (op. cit., p. 519 ss., 533) ilustram isso da maneira mais clara. Devem-se evitar: 1) a vaidade da criatura, ou seja, toda ostentação, todo ornamento e uso de coisas que não tenham uma finalidade *prática* ou que sejam apreciadas apenas por sua raridade (portanto, por vaidade); 2) o uso inconsiderado da propriedade, como a despesa *desproporcional* com necessidades menos importantes do que aquelas imprescindíveis para a vida e do que a previdência para o futuro: portanto, o *quaker* era, por assim dizer, a "lei" ambulante "da utilidade marginal". É totalmente admissível o "moderate use of the creature" [uso moderado da criatura], mas era preciso dar importância particularmente à qualidade e à solidez dos tecidos, etc., desde que isso não conduzisse à "vanity" [vaidade]. Sobre todas essas questões, cf. *Morgenblatt für gebildete Leser*, 1846, nº 216 ss. (Quanto ao conforto e à solidez dos tecidos entre os *quakers*, cf. em especial Schneckenburger, *Vorlesungen*, p. 96 ss.).

83. Já foi dito que não entraremos *aqui* na questão da relação entre movimentos religiosos e o pertencimento a determinadas classes sociais (a esse respeito, ver os ensaios sobre a Ética econômica das religiões mundiais). No entanto, para perceber que Baxter, por exemplo, que é particularmente utilizado neste estudo, não enxergava as coisas apenas pela óptica da "burguesia" de seu tempo, basta ter presente que também para ele, na série que elenca das profissões agradáveis a Deus, depois das profissões eruditas, aparece, em primeiro lugar, o *husbandman* [lavrador] e somente *então* os *mariners, clothiers, booksellers, tailors*, etc. [marinheiros, comerciantes de roupas, vendedores de livros, alfaiates, etc.] em uma grande confusão. Talvez os *mariners* mencionados (de maneira bastante característica) também sejam entendidos tanto como pescadores quanto como navegadores. Nesse sentido, diferentes são algumas sentenças do Talmude. Cf., por exemplo, em Wünsche, *Babyl. Talmud*, II, p. 20, 21, as sentenças do rabino Eleazar (que por certo não permaneceram incontestadas), todas com o sentido de que as relações comerciais são melhores do que a agricultura. (Como posição intermediária, II, 2, p. 68, sobre o investimento aconselhável de capital: 1/3 em terras, 1/3 em mercadorias, 1/3 em dinheiro vivo.) Para aqueles cuja consciência causal não se tranquiliza sem uma interpretação econômica ("materialista", como infelizmente ainda se diz), vale notar que considero muito significativa a influência do desenvolvimento econômico no destino da formação dos conceitos religiosos e mais adiante tentarei expor como, em nosso caso, se constituíram os processos de adaptação e as relações recíprocas. Entretanto, esses conteúdos conceituais e religiosos *não* podem simplesmente ser *deduzidos de forma econômica*; de sua parte — e não há o que possa ser mudado nisso —, eles são o elemento plástico mais poderoso do "caráter nacional" e

carregam em si sua própria legalidade e sua força coercitiva. À medida que intervêm fatores extrarreligiosos, as *principais* diferenças — entre luteranismo e calvinismo — são determinadas sobretudo por condições *políticas*.

84. Nisso pensa Ed. Bernstein quando diz em seu já citado ensaio (p. 681 e 625): "A ascese é uma virtude burguesa". Suas considerações na obra citada *foram as primeiras* a sugerir essas importantes relações. Contudo, a conexão é muito mais abrangente do que ele supõe. Pois o elemento decisivo não era o mero acúmulo de capital, e sim a racionalização ascética de toda a vida profissional. No que se refere às colônias americanas, Doyle já havia ressaltado claramente o contraste entre o Norte puritano, onde, em consequência da "imposição ascética à poupança", sempre havia capital a ser investido, e as condições do Sul.

85. Doyle, *The English in America*, vol. II, cap. 1. De um ponto de vista puramente econômico, a existência de empresas siderúrgicas (1643) e de tecelagem (1659) para o mercado (e, de resto, também o grande florescimento da manufatura) na Nova Inglaterra, durante a primeira geração após a fundação da colônia, é um anacronismo e contrasta fortemente não apenas com as condições do Sul, mas também com Rhode Island, que não era calvinista, mas gozava de plena liberdade de consciência. Nessa ilha, apesar do excelente porto, ainda em 1686 o relatório do Governor e do Council dizia: "The great obstruction concerning trade is the want of merchants and men of considerable Estates amongst us" [O grande impedimento em relação ao comércio é a falta entre nós de mercadores e homens de posses consideráveis] (Arnold, *Hist. of the State of R.*, I, p. 490). De fato, dificilmente pode-se pôr em dúvida o fato de que nisso também influiu a imposição de sempre reinvestir o capital poupado, exercida pela restrição puritana ao consumo. Acrescente-se a isso o papel da disciplina eclesiástica, que ainda não é o momento de tratar aqui.

86. Contudo, a exposição de Busken-Huët (op. cit., vol. II, caps. III e IV) mostra que esses círculos diminuíram rapidamente nos Países Baixos. Entretanto, ao se referir ao período posterior à Paz de Vestfália, Groen van Prinsterer diz: "De Nederlanders verkoopen veel en verbruiken wenig" [Os holandeses vendem muito e consomem pouco].

87. Quanto à Inglaterra, Ranke (*Englische Geschichte*, IV, p. 197) cita, por exemplo, uma petição apresentada por um nobre monarquista após a entrada de Carlos II em Londres, recomendando proibir por lei a aquisição de propriedades fundiárias por parte do capital burguês, que assim deveria ser obrigatoriamente destinado apenas ao comércio. Enquanto "estamento", os "regentes" holandeses distinguiam-se do patriciado burguês das cidades *mediante* a aquisição de antigas terras senhoriais. (A esse respeito, ver a reclamação, datada de 1652 e citada em Fruin, "*Tien jaren uit den tachtigjarigen oorlog*", segundo a qual os regentes eram rentistas, e não mais comerciantes.) Na realidade, intimamente esses círculos nunca foram calvinistas convictos. Por si só, o notório desejo de nobreza e títulos em amplos círculos da burguesia holandesa na segunda metade do século XVII mostra que ao menos para

esse período deve-se aceitar com prudência aquela oposição entre as condições inglesas e as holandesas. Nesse caso, a supremacia da herança em dinheiro rompeu o espírito ascético.

88. Na Inglaterra, a intensa aquisição de propriedades fundiárias pelo capital burguês foi seguida pela grande época da agricultura inglesa.

89. Até o presente século, não foram poucas as vezes em que os *landlords* anglicanos se negaram a aceitar não conformistas como arrendatários. (Atualmente, os dois partidos eclesiásticos são quase iguais em número; antes os não conformistas eram sempre a minoria.)

90. Com razão, H. Levy (no ensaio recém-publicado em *Archiv f. Sozialwiss.*, 46, p. 605 ss.) chama atenção para o fato de que, segundo os inúmeros traços que permitem deduzir o "caráter" do povo inglês, provavelmente este era o *menos* disposto a aceitar um *ethos* ascético e virtudes burguesas do que outros povos: um dos traços fundamentais do seu ser era (e é) uma alegria de viver grosseira e rústica. A força da ascese puritana, na época de seu predomínio, mostra-se justamente no grau espantoso com que esse traço de caráter foi *temperado* em seus seguidores.

91. Esse contraste retorna constantemente na exposição de Doyle. Na visão dos puritanos, o motivo religioso sempre teve uma influência decisiva (mas, é claro, não *exclusiva*). A colônia de Massachusetts (sob o comando de Winthrop) tendia a autorizar a imigração de *gentlemen* e até mesmo uma câmara alta com a nobreza hereditária, *desde que* os *gentlemen* entrassem para a *Igreja*. Em prol da disciplina *eclesiástica*, mantinha-se uma colônia *fechada*. (A colonização de New Hampshire e Maine foi feita por grandes comerciantes anglicanos que ali estabeleceram grandes criações de gado. Entre eles os vínculos sociais eram muito escassos.) Em 1632, já se reclamava da intensa "avidez por lucro" (ver, por exemplo, *Economic and Social History of New England*, I, p. 125, de Weeden).

92. É o que já ressalta Petty (op. cit.), e todas as fontes contemporâneas, sem exceção, falam em especial dos *sectários* puritanos — batistas, *quakers*, menonitas — como de uma classe em parte desprovida de recursos, em parte feita de *pequenos* capitalistas, contrapondo-os tanto à aristocracia dos grandes comerciantes quanto aos aventureiros das finanças. Porém, justamente dessa classe de *pequenos* capitalistas, e não dos grandes financistas — monopolistas, provedores e financiadores do Estado, empresários coloniais, *promoters*, etc. — proveio o que se tornou *característico* do capitalismo ocidental: a organização burguesa do trabalho industrial com base na economia privada. (Ver, por exemplo, Unwin, *Industrial Organization in the 16th and 17th Centuries*, Londres, 1914, p. 196 ss.) O fato de que esse contraste já era bem conhecido dos contemporâneos pode ser constatado em Parker, *Discourse Concerning Puritans*, de 1641, no qual também é ressaltado o contraste com projetistas e cortesãos.

93. Sobre o modo como esse fato se manifestou na política da Pensilvânia no século XVIII, especialmente na Guerra de Independência: Sharpless, *A Quaker experiment in Government Philadelphia*, 1902.

94. Ver essa passagem em *Life of Wesley*, cap. 29, de Southey. Devo essa referência, que eu não conhecia, a uma carta do professor Ashley (1913). E. Troeltsch (a quem a transmiti com essa finalidade) já teve a oportunidade de citá-la.

95. Recomenda-se a leitura dessa passagem a todos aqueles que atualmente queiram dispor de mais informações e conhecimento do que os líderes e os contemporâneos dos *próprios* movimentos que, como se vê, sabiam muito bem o que estavam fazendo e quais riscos estavam correndo. É realmente inaceitável contestar de maneira tão leviana, como infelizmente fizeram alguns de meus críticos, fatos indiscutíveis e que até agora não foram contestados por ninguém, cujas forças motrizes internas apenas estudei um pouco mais. No século XVII, ninguém pôs em dúvida essas relações (cf., ainda, Manley, *Usury of 6% examined*, 1669, p. 137). Além dos escritores modernos anteriormente citados, poetas como H. Heine e Keats, representantes da ciência como Macaulay, Cunningham, Rogers ou escritores como Mathew Arnold trataram-nas como algo evidente. Na literatura mais recente, ver Ashley, *Birmingham Industry and Commerce* (1913), que oportunamente me manifestou também por carta sua total concordância. Sobre o problema como um todo, cf. o já citado ensaio de H. Levy, referido na nota 284.

96. Talvez nada prove de maneira mais clara o fato de que precisamente as mesmas relações já eram evidentes para os puritanos da época clássica do que as argumentações de Bunyan em *Mr. Money-Love*: "É permitido tornar-se religioso *para enriquecer*, por exemplo, para aumentar a própria clientela", pois é indiferente *a razão pela qual* alguém se torna religioso (p. 114 da edição de Tauchnitz).

97. Defoe era um não conformista fervoroso.

98. Também Spener (*Theol. Bedenken*, op. cit., p. 426 ss., 429, 432 ss.) considera a profissão do comerciante repleta de tentações e armadilhas, porém, ao ser indagado, declara: "Agrada-me ver que, no que se refere à associação de comerciantes, o querido amigo não conhece escrúpulos, mas a reconhece como um modo de vida — o que de fato ela é — com o qual muito se pode fazer pelo gênero humano e no qual, portanto, *a caridade* é praticada segundo a vontade de Deus". Em outras passagens, essa ideia é justificada de maneira mais detalhada com argumentos mercantilistas. Se ocasionalmente, à maneira luterana, conforme a Primeira Epístola a Timóteo (6,8 e 9) e referindo-se ao Eclesiástico — ver acima! —, Spener descreve a avidez pelo enriquecimento como a principal insídia a ser absolutamente evitada e adota o "ponto de vista da alimentação" (*Theol. Bd.*, III, p. 435 supra), por outro lado, atenua essas afirmações, aludindo aos sectários que prosperavam e, no entanto, levavam uma vida devota (p. 175, nota 4). Também para ele a riqueza como efeito do trabalho profissional diligente é inofensiva. Em consequência da influência luterana, seu ponto de vista é menos coerente do que o de Baxter.

99. Baxter, op. cit., II, p. 16, adverte contra o emprego de "heavy, flegmatic, sluggish, fleshly, slothful persons" [pessoas pesadas, fleumáticas, lerdas, mundanas, indolentes] como "servants" [servidores] e recomenda a preferência por "godly servants" [servidores devotos], não apenas porque "ungodly servants" [servidores ímpios] seriam meros "eye-servants" [servidores que só cumprem seus deveres quando vigiados], mas sobretudo porque a "truly godly servant will do all your service in obedience *to God, as if God himself had bid him do it*" [um servidor realmente devoto prestará todo o seu serviço em obediência a Deus como se o próprio Deus assim lhe tivesse ordenado]. Por outro lado, outros tenderiam a "to make no great *matter of conscience* of it" [não fazer disso uma questão de consciência]. Inversamente, o sinal de santidade no trabalhador não é a confissão externa da religião, a "conscience to do their duty". Como se vê, o interesse de Deus e o do empregador coincidem aqui de maneira questionável. Spener (*Theol. Bed.*, III, p. 272), que normalmente exorta com veemência a reservar um *tempo* para pensar em Deus, pressupõe como evidente que os trabalhadores devem contentar-se com o mínimo de tempo livre (mesmo aos domingos). Com razão, escritores ingleses chamaram os imigrantes protestantes de "pioneiros do trabalho qualificado". Ver também as comprovações em H. Levy, *Die Grundl. des* ökonom. *Liberalismus*, p. 53.

100. A analogia entre predestinação de apenas alguns, "injusta" segundo critérios humanos, e a distribuição de bens, igualmente injusta, mas desejada por Deus, era bastante evidente e aparece, por exemplo, em Hoornbeek, op. cit., vol. I, p. 153. Além disso, segundo Baxter (op. cit., p. 380), muitas vezes a pobreza é sintoma de indolência pecaminosa.

101. Th. Adams (*Works of the Pur. Div.*, p. 158) também é da opinião de que, se Deus permite que tantas pessoas permaneçam pobres, supostamente é porque, segundo seu conhecimento, elas não teriam maturidade suficiente para resistir às tentações que a riqueza comporta. De fato, com frequência, a riqueza expulsa a religião do homem.

102. Ver acima nota 239 e o trabalho de Levy nela citado. Exatamente a mesma constatação é ressaltada em todas as descrições (como a de Manley sobre os huguenotes).

103. Elementos semelhantes não faltaram na Inglaterra, onde também havia, por exemplo, aquele pietismo que, vinculando-se ao *Serious call* de Law (1728), pregava a pobreza, a castidade e — originariamente — o isolamento.

104. Quando Baxter chegou a Kidderminster, a comunidade se encontrava absolutamente degradada. Sua atividade no local alcançou um êxito quase sem precedentes na história da prática pastoral. Ao mesmo tempo, constitui um exemplo típico do modo como a ascese educava as massas para o trabalho ou, em termos marxistas, para a produção de "mais-valia", *tornando possível* sua valorização na relação de trabalho capitalista (indústria doméstica, tecelagem). De modo geral, essa é a relação causal. De seu próprio ponto de vista, Baxter pôs a serviço de seus interesses ético-religiosos a inserção de seus protegidos na engrenagem do capitalismo. Do ponto de vista do

desenvolvimento do capitalismo, foram esses interesses que se colocaram a serviço do desenvolvimento do "espírito" capitalista.

105. Mais uma observação: pode-se até levantar dúvidas sobre até que ponto a tão falada "alegria" do artesão medieval com "sua criação" atuou como fator psicológico importante. Seja como for, não há dúvida de que tenha havido algo nesse sentido. Em todo caso, a ascese *despiu* o trabalho desse atrativo mundano — atualmente destruído para sempre pelo capitalismo — e dirigiu-o para o Além. *Como tal*, o trabalho por vocação é desejado por Deus. A impessoalidade do trabalho atual: sua falta de sentido e de alegria do ponto de vista do indivíduo ainda são transfiguradas religiosamente aqui. Na época de seu surgimento, o capitalismo precisava de trabalhadores que, por razões de consciência, se colocassem à disposição da exploração econômica. Hoje esse capitalismo está bem consolidado e consegue obter sua disposição para o trabalho sem ter de oferecer recompensas ultraterrenas.

106. Sobre esses contrastes e desenvolvimentos, ver H. Levy na obra já citada. Típica da Inglaterra, a forte hostilidade da opinião pública ao monopólio surgiu historicamente de uma combinação da disputa *política* pelo poder contra a Coroa — o Longo Parlamento excluiu os monopolistas do Parlamento — com os motivos éticos do puritanismo e com os interesses econômicos do pequeno e médio capitalismo burguês contra os magnatas das finanças no século XVII. Além da abolição dos impostos sobre o consumo, das taxas alfandegárias, dos impostos indiretos e da introdução de uma *single tax* sobre os *estates*, a *Declaration of the Army*, de 2 de agosto de 1652, e a petição dos *levellers*, de 28 de janeiro de 1653, exigiam sobretudo *free trade*, ou seja, a abolição de todas as barreiras monopolistas ao comércio (*trade*) interno e externo por violarem os direitos humanos. Algo semelhante já ocorrera na "Grande Remonstrância".

107. A esse respeito, cf. H. Levy, *Ökon. Liberal.*, p. 51 ss.

108. O fato de os outros componentes que aqui ainda não foram remetidos às suas raízes religiosas terem origem puritana — em especial a sentença "Honesty is the best policy" [A honestidade é a melhor política] (considerações de Franklin sobre o *crédito*) — pertence a um contexto um pouco diferente. (A esse respeito, ver meu ensaio "As seitas protestantes e o espírito do capitalismo".) Aqui se reproduzirá apenas a seguinte observação de J. A. Rowntree (*Quakerism, Past and Present*, p. 95-96), para a qual Ed. Bernstein chamou minha atenção: "Is it merely a *coincidence*, or is it a *consequence*, that the lofty profession of spirituality made by the Friends has gone hand in hand with shrewdness and tact in the transaction of mundane affairs? Real piety favours the success of a trader by insuring his integrity, and fostering habits of prudence and forethought: — important items in obtaining that standing and credit in the commercial world, which are requisite for the steady accumulation of wealth" [É mera coincidência ou uma consequência o fato de a elevada profissão da espiritualidade, exercida pelos Amigos, ter andado de mãos dadas com a astúcia e o tato na transação dos negócios mundanos? A verdadeira piedade favorece o sucesso

de um comerciante, assegurando sua integridade e estimulando hábitos de prudência e previdência: itens importantes para obter aquela reputação e aquele crédito no mundo comercial, que são requisitos para a acumulação constante de riquezas]. (Ver o ensaio "As seitas protestantes e o espírito do capitalismo".) No século XVII, a expressão "honesto como um huguenote" era tão proverbial quanto a probidade dos holandeses, admirada por Sir W. Temple, e um século mais tarde a dos ingleses em comparação com os continentais, que não haviam passado por essa escola de ética.

109. Bem analisado no *Goethe* de Bielschowsky, vol. II, cap. 18. Quanto ao desenvolvimento do "cosmo" *científico*, também Windelband expressou ideia semelhante na conclusão de seu *Blütezeit der deutschen Philosophie* (vol. II da *Gesch. d. neueren Philosophie*).

110. *Saints' everlasting rest*, cap. XII.

111. "Com seus 75 mil dólares anuais, o velho não podia se aposentar? Não! A fachada de sua mercearia tem de ser ampliada em 400 pés. Por quê? *That beats everything* [Isso supera qualquer expectativa], opina ele. À noite, quando sua esposa e suas filhas leem juntas, ele não vê a hora de ir para a cama; aos domingos, consulta o relógio a cada três minutos para ver quanto falta para o dia terminar: que existência mais equivocada!". Com essas palavras, o genro (imigrado da Alemanha) do principal *dry-good-man* [merceeiro] de uma cidade em Ohio resumia seu julgamento sobre o sogro. Um julgamento que ao "velho", por sua vez, sem dúvida, pareceria totalmente incompreensível e um sintoma da falta de energia dos alemães.

112. Essa observação (que aqui permaneceu inalterada) já poderia ter mostrado a Brentano (op. cit.) que nunca lancei dúvidas sobre a importância *autônoma* do racionalismo humanista. Recentemente, nos *Abhandl. Der Münchener Ak. der Wiss.*, 1919, Borinki torna a enfatizar que o humanismo não era "*puro* racionalismo".

113. O discurso acadêmico de v. Below (*Die Ursachen der Reformation*, Freiburg, 1916) não se ocupa desse problema, e sim daquele da Reforma em geral e de Lutero em particular. Quanto ao tema aqui tratado, especialmente as controvérsias relacionadas a este estudo, remete-se ao texto de Hermelink, *Reformation und Gegenreformation*, que, no entanto, dedica-se em primeira instância a outros problemas.

114. Com efeito, o presente esboço só levou em conta, deliberadamente, as relações nas quais é de fato indubitável uma influência de conteúdos religiosos de consciência sobre a vida cultural "material". Teria sido fácil avançar até uma "construção" formal, que *deduzisse* logicamente do racionalismo protestante *todos* os elementos "característicos" da civilização moderna. Todavia, é melhor deixar esse modo de proceder àquele tipo de diletante que acredita na "unidade" da "psique social" e em sua redutibilidade a *uma* fórmula. Vale observar apenas que o período do desenvolvimento capitalista *anterior* à evolução por nós considerada também foi condicionado *em toda parte* por influências cristãs que ora o dificultaram, ora o *promoveram*. Em um

capítulo ulterior, trataremos da natureza dessas influências. De resto, não é certo que um ou outro dos problemas delineados anteriormente possa ser discutido no âmbito *desta* revista, dado o escopo de atividades ao qual ela se circunscreve. Contudo, não me sinto inclinado a escrever livros mais espessos, que, como seria o caso aqui, teriam de apoiar-se intensamente em trabalhos (teológicos e históricos) alheios. (Deixo inalteradas essas frases.) Sobre a tensão entre ideal de vida e realidade no período dos "primórdios do capitalismo" *antes* da Reforma, ver Strieder, *Studien zur Geschichte der kapitalist. Organisationsformen* (1914), livro II (igualmente contra o escrito de Keller, citado anteriormente e utilizado por Sombart).

115. Acho que essa frase, bem como as observações e as notas que imediatamente a precedem, deveria ser suficiente para excluir todo o mal-entendido sobre o que este ensaio *pretendia* realizar, e *não vejo razão para acrescentar o que quer que seja.* Em vez da intenção original de dar-lhe a sequência imediata, no sentido do programa anteriormente exposto, decidi em momento oportuno registrar inicialmente os resultados de estudos comparativos sobre as relações entre religião e sociedade na história *universal.* Agi desse modo em parte por razões circunstanciais, sobretudo devido à publicação da obra de E. Troeltsch, *Soziallehren der christlichen Kirchen* (que resolveu alguns pontos a serem tratados por mim de um modo que eu, por não ser teólogo, não teria conseguido), mas em parte também para retirar essas considerações de seu isolamento e colocá-las na totalidade do desenvolvimento cultural. Esses estudos vêm na sequência. São precedidos por um breve ensaio ocasional para esclarecer o conceito de "seita" empregado anteriormente e, ao mesmo tempo, para expor a importância da concepção puritana de *Igreja* para o espírito capitalista dos tempos modernos.

Este livro foi impresso pela Grafilar
em fonte Minion Pro sobre papel Pólen Bold 70 g/m²
para a Edipro no outono de 2020.